U0936253

“传统村落与乡村振兴”丛书

MIAOZU LIYI ZHILÜE NANHUA CUN

苗族礼仪志略

南花村

余 舒 / 著

贵州大学出版社
Guizhou University Press

图书在版编目（CIP）数据

苗族礼仪志略：南花村 / 余舒著. -- 贵阳：贵州大学出版社, 2019.12
（传统村落与乡村振兴丛书）
ISBN 978-7-5691-0308-3

Ⅰ.①苗… Ⅱ.①余… Ⅲ.①苗族－礼仪－研究－凯里 Ⅳ.①K892.26

中国版本图书馆CIP数据核字(2020)第010101号

苗族礼仪志略：南花村

著　　者：余　舒

出 版 人：闵　军
责任编辑：郭晓林　方　曦
校　　对：江　琼
装帧设计：陈　丽

出版发行：贵州大学出版社有限责任公司
地址：贵阳市花溪区贵州大学北校区出版大楼
邮编：550025　电话：0851-88291180
印　　刷：贵州思捷华彩印刷有限公司
开　　本：710 毫米×1000 毫米　1/16
印　　张：20
字　　数：320千字
版　　次：2019年12月第1版
印　　次：2019年12月第1次印刷

书　　号：ISBN 978-7-5691-0308-3
定　　价：60.00元

版权所有　违权必究
本书若出现印装质量问题，请与出版社联系调换
电话：0851-85987328

总　序

◎李建军

中国传统村落和民族特色村寨，均是指村落形成较早，拥有物质形态和非物质形态，具有一定历史、文化、科学、艺术、经济、社会价值，应予以保护的村落。传统村落被认为是农耕文明的“活化石”。随着我国工业化、城镇化的快速推进，传统村落正迅速消失，面临着消亡的危机。2000 年，我国的自然村总数为 363 万个，到 2010 年锐减为 271 万个，这对传统的农耕国家来说是个惊人的数字，它显示了村落消亡势头的迅猛和不可阻挡，也警示了传统村落的拯救与保护刻不容缓。因此，自 2012 年 4 月起，国家住房和城乡建设部、文化部、国家文物局、财政部联合开展了中国传统村落的系统调查。同年 9 月，上述部委联合成立了由民俗学、建筑学、规划学、艺术学、人类学、遗产学等专家组成的专家委员会，评审、编制“中国传统村落名录”。

贵州一直以来都是一个多民族共居的省份，丰富的少数民族文化和独特的少数民族风情构成了贵州独具魅力的风景线，民族特色村寨遍及各地。贵州又是我国传统村落的“大本营”，传统村落与丰富多彩的非物质文化遗产交相辉映，具有分布密集、保存完整、民族特色鲜明的特征。2016 年，贵州启动了评选、保护少数民族特色村寨的活动；2017 年，贵州省人民政府颁发了《贵州省传统村落保护和发展条例》。根据相关记载，截至 2019 年底，中国传统村落数量已达到 6819 个，其中贵州省有 724 个，占全国总数的 10.62%，位列全国之首；其中贵州省的全国少数民族特色村寨共计 312 个，占全国总数的 18.89%，位居全国第一；属于贵州省级少数民族特色村寨的共计 1329 个。数量众多的传统村落和少数民族特色村寨，是贵州山地文化和农耕文明的结晶，是贵州民族历史文化的重要载体和靓丽的文化软实力名片。在贵州，“看得见山，望得见水，记得住乡愁”的美丽乡村景观比比皆是，这对巩固脱贫成果、建设美丽乡村和推进乡村振兴战略具有极为重要的价值。保护和发展传统村落、民族特色村寨，无疑是贵州乃至全国一项集保护传统、传承文化、留住乡愁、振兴乡村、全面小康、人与自然和谐共生为一体的系统而又重要的工程。而利用民族学、历史学、文化学、社会学、人类学等学科理论与研究方法，记录传统村落的民风民俗、精神风貌、地方性知识、文化教育，寻索传统村落依托资源、因地制宜、绿色发展、可持续保护之路，探究传统村落“保护优先、突出特色、科学规划、活态传承、合理利用”之策，不仅势在必行，而且迫在眉睫。

正是基于上述诸端，贵州大学历史与民族文化学院于2019年启动了“传统村落与乡村振兴”中长期持续联动项目。项目第一期主要聚焦于传统村落、少数民族特色村寨富集的黔东南苗族侗族自治州，选取其中最为典型、最具范式意义的村落13个，按照一村一题、一村一书的形式，结合当地实情和田野调查素材，从方志著述、历史研究、史志结合、村落保护等角度展开研究。呈现于读者面前的是由贵州大学出版社出版的首批项目成果。

该丛书以马克思列宁主义、毛泽东思想、邓小平理论、“三个代表”重要思想、科学发展观、习近平新时代中国特色社会主义思想为指导，坚持辩证唯物主义和历史唯物主义的立场、观点和方法，存真求实，注重知识性、学术性与资治性的结合，较为全面、客观、系统地记述了村落的发展变化进程和改革开放成果，在内容上体现了特色鲜明、个性突出而又科学系统的特征。丛书图文并茂，文风严谨、朴实、简洁、通俗，注重记叙性与可读性、资料性与学术性的统一。在传承和抢救乡土历史文化、激发爱国爱乡情怀、保护发展传统村落和民族特色村寨、实现乡村振兴等方面具有积极的意义和重要价值。

贵州大学是我国西部历史悠久的综合性大学。学校正在紧紧围绕立德树人的根本任务，加快推进“双一流”高水平大学的建设。百余年来，特别是在改革开放以来的办学进程中，学校十分注重学生自信心、自豪感、自主性、创造性的提升，尤其高度重视文科的人才培养、科学研究、服务社会、文化传承创新与国际合作交流等工作。全面推进和深入开展“新文科建设”和“大地论文”工程已成为学校内涵发展、质量提级的重要途径。学校期待文科师生在科学研究与人才培养上以党的教育方针和习近平总书记关于高等教育的讲话精神为引领，紧密结合贵州“三大战略”，走进乡村联系实际，深入调查科学研究，产出一批批源于大地、服务发展的优秀成果，为实现全面小康，为开创百姓富、生态美的多彩贵州新未来做出更多、更大的贡献。

是为序。

内容简介

南花村苗族礼仪内容丰富，是地方社会文化振兴、旅游开发、经济发展的重要内容。它是在地方社会不断发展的过程中动形成的，其运行逻辑与国家政策、地方经济、社会、文化等因素紧密关联。本书以社会变迁理论为基础，从动态结构主义理论视角，结合民族学、人类学的理论与方法，把礼仪放在具体时空中，整体性地分析南花村苗族礼仪实践样态，揭示了南花村苗族礼仪文化实践、运行、调适的过程和地方苗族人民如何适应经济和文化全球化的转型历程。具体来说，即以贵州省黔东南苗族侗族自治州凯里市三棵树镇南花村苗族礼仪文化作为研究切入点，从社会变迁视野中整体性地结合上述因素进行描述，进而分析其整体性实践，从而揭示文化实践、运行来自我调适的过程。人们在长时间的文化交流、交融过程中，如何更好地通过调适来适应变化的世界，本书基于此问题，旨在探索传统村落文化之苗族礼仪所蕴含的地方社会文化变迁、文化传承与发展的基本逻辑。笔者认为，以礼仪为切入点对文化传承逻辑问题探讨的理论意义和实际意义表现在以下几方面：一是黔东南苗族礼仪是苗族人民在结合地方地理环境、国家政策、经济、文化等方面的整体性互动才得以传承的结果。因此，建立在跨文化、跨区域比较的基础上，个案式地展开对苗族礼仪的研究，即以社会变迁视野对苗族复杂礼仪进行整体研究，对传统文化保护、文化多样性、多元文化一体等概念理论的实践证实具有理论意义。二是该项目建立在文献和田野个案基础上对流失的民族传统文化、地方知识等资料的收集整理、书写，对文化保护和传承提供了现实意义。三是苗族礼仪作为地方重要文化遗产，它的运行关系到地方经济发展、人们的美好生活等，同时也是长期以来人类学学科整体观灵活应用的重要领域。因此，对它的研究有利于精神文明建设的探索。总之，对于文化与地方社会如何互动的理论问题，探讨南花村礼仪的运行、实践或许能有所贡献。本书主要内容如下：

前言是关于礼仪的研究综述。礼仪研究一直是民族学、人类学及其他学科关注的热点，当然，不同学科对其研究是不同的，民族学以苗族作为切入点来探究礼仪与人们社会生活的互动。

综观前人对礼仪的研究成果，其特点如下：第一，西方学者主要关注非西方形态的礼仪，黔东南苗族礼仪是东方国家与地方、地方与地方等方面互动的结果。礼仪运行逻辑有其差异性，他们也主要关注其差异性。第二，中国礼仪研究多集中于单一民族或者单一文化背景下的礼仪，而对于黔东南苗族礼仪来说，仅仅关注单一文化背景的礼仪是无法整体性理解苗族社会文化的。如以"人生礼仪"来说，它不仅包含了苗族的文化，同样也交融了西方基督教文化、道教文化等多元文化，南花村苗族礼仪亦是如此。第三，黔东南苗族礼仪研究成果多集中在宏观礼仪内容的收集、整理，而整体性地结合地理环境、国家政策、经济、文化、人们的观念等因素，用民族学、人类学的理论和方法，从宏观和微观、历时和共时的角度进行研究的成果较少，特别是专题性的礼仪研究成果还没有。而且黔东南丰富的礼仪是在长期社会历史发展过程中传承和发展起来的，在发展和传承的过程中，同一区域由于地方社会历史、地理环境、经济、文化、人们的观念等方面的差异性，礼仪的互动内容也是不同的。因此，本项目选择具有一定代表性的南花村作为重要考察点，结合民族学、人类学展开研究。

第一章是田野调查点概况。该部分从以下内容展开：一是南花村的地理环境，如地势、气候、农业、土地等地理生态知识。二是南花村的人文环境，如地方人口、民族构成、历史文化、民居文化、服饰文化等方面的综合知识。三是苗族礼仪，包括人生礼仪，如出生礼仪、结婚礼仪、葬礼等；地方节庆礼仪，如按照年份划分的节日、按照地方年辰的好坏和地方人们的意愿而进行的节日活动中的礼仪；民间宗教礼仪，如为了治病或者消除灾难等而进行的各种祭祀中包含的礼仪。黔东南的苗族礼仪内容丰富多彩，但各地方由于地理环境、地方经济、社会历史发展、人们的观念等方面的差异，礼仪内容各有不同。以南花村为例，礼仪分为基督教式和非基督教式的，虽然两种文化中的礼仪在很多方面也有相似性，但是由于宗教观念的差异，人们的观念也存在差异，作为文化实践的礼仪，其内容也是不同的。下文的礼仪内容主要以南花村为对象，在跨文化比较、跨区域比较的基础上进行描述。

第二章是人生礼仪。南花村主要是苗族聚居，但它又是一个多元文化交融的空间，是一个苗族文化、道教文化、基督教文化交融的村寨。有的人群信仰基督教，而有的人群不受基督教的影响，这里说的影响主要是指人们的社会实践，比如礼仪就是典型。人生礼仪也可以称为通过礼仪，不同信仰的人，其人生礼仪内容不同。因此，具体分为基督教式的和非基督教式的出生礼仪、结婚礼仪、丧葬礼仪等。

第三章是节日礼仪。南花村如同中国的很多传统村寨一样，节日礼仪内容丰富多彩，保护得相对完整。当然，该区域礼仪的丰富性也奠定在一定的基础之上，如国家政策的帮扶、当地人关于传统文化的记忆、礼仪为当地带来的发展等，地理生态和人文生态共同作用才能使其活态式地发展。当然，各种礼仪并不是均衡发展的。有的礼仪原来比较隆重，但随着社会的发展，由于不适合人们的社会生活就逐渐被淘汰了；也有的在消失的过程中又复兴起来；还有的在各种因素的推动下，一直以来不断发展。当地的节日主要包括苗族年、香炉山节、吃新节、姑妈节、端午节、鼓藏节等，除了这些具有地方和民族特色的节日外，在南花村还有大众节日，如妇女节、清明节、七月半、中秋节等，节日活动也体现了流行文化和地方民族文化的交融。

第四章是日常生活礼仪。日常礼仪包括上梁礼仪，还有出于消除灾难、祈求平安的礼仪，如祭桥仪式、捆树仪式等。当然，有的又进行细致分类，又把第二类归于苗族民间宗教礼仪之列。

第五章是礼仪与社会互动。南花村的礼仪是动态发展的，是随着国家政策、地理环境、人们的观念、经济、文化等多种因素的变化而发展的。这一章主要分析礼仪是如何随着上述多种因素而互动发展的。

最后是小结。南花村的礼仪内容丰富，在社会发展的过程之中不断地发展。其发展是建立在社会变迁的大背景下、建立在与多方社会互动的基础上发展的，具体来说，是与地方地理环境、国家政策、经济、文化等进行整体性互动、调适的结果，也是人们适应社会变迁的反映。

前言

一、课题缘由

保护传统村落文化是乡村振兴的重要内容。传统村落是农耕文明的结晶，是民族历史文化的重要载体和文化软实力的标志，保护传统村落文化也是全国保护传统文化、促进乡村振兴、推动人与自然和谐发展等结构系统中的一项重要工程。随着国家现代化、工业化、城镇化发展的推进，传统村落也在逐渐消失，传统村落的保护、建设是乡村振兴亟须解决的问题。中国传统村落也可以称为古村落，这是因为它具有长时段的、丰富的物质和非物质形态，而且还拥有一定历史、科学、艺术、经济、社会价值。在社会转型的时代背景下，存有传统文化的村落应纳入重点保护对象之列。中国传统村落众多，拥有丰富的文化资源，但在社会现代化的过程中其数量不断减少。据统计，21 世纪初，我国的自然村寨总数为 363 万个，2010 年减少到 271 万个。对此，国家和地方都采取了一系列保护传统村落、促进乡村振兴的措施，如 2017 年 8 月 3 日发布的《贵州省传统村落保护和发展条例》等。

贵州如同中国其他很多地方一样，是传统村落比较集中的区域，有着丰富的物质、非物质文化遗产。黔东南就是一个传统村落分布多、文化保存完整、非常具有民族特色的地区之一。据 2018 年统计，中国传统村落数目有 6799 个，贵州占了 700 多个，黔东南就有 400 多个，占了全省的一半多，占全国总数的百分之六点几。黔东南的传统村落中，有 7 个历史文化名村、5 个国家级生态村，有 21 个已列入中国世界文化遗产名录，有 14 个少数民族特色村寨。

该项目的实施需要采取多学科理论视角及方法，如民族学、历史学、文化学、社会学等。民族优秀传统文化需要结合因地制宜、可持续发展、保护优先、突出特色、科学规划等方案活态地进行传承和保护，具体研究内容包括资源环境、人口、生计、民风、民俗、地方知识、文化教育等。上述内容是该项目实施的重要背景，同时也是实施的重要缘由之一。

二、研究综述

礼仪的整体性社会互动也是本书选择礼仪作为研究对象的重要缘由之一。综观前人对民族文化的研究成果发现，礼仪一直以来被民族学、人类学作为探究社会的重要领域之一，该领域是认识世界、认识地方社会的重要切入点之一。关于该方面的综述，在笔者《象征人类学视野下彝族葬礼文化研究》[①]一书中已有具体的梳理和分析。

首先，以礼仪作为切入点谈论礼仪与宗教、科学的关系。泰勒与弗雷泽以民族学、人类学的理论与方法研究礼仪，从而提出礼仪为宗教与文化的来源提供基础，泰勒的《原始文化》和弗雷泽的《金枝》中有大量的论述。英国人类学家泰勒被公认为是现代人类学之父，他的《原始文化》一书详细描述了众多的礼仪场景。他在书中指出，原始人认为山有山神、水有水神，万物都是有灵魂的，礼仪背后反映的灵魂观与他们的社会生活是密切联系的，表现了礼仪与社会生活的互动。实际上，笔者在考察很多苗族礼仪时也发现，村庄礼仪是人们文化观念的反映，是与社会系统互动的。因此，这一研究也为本项目的撰写奠定了一定的理论基础。另外，弗雷泽的《金枝》考察礼仪与科学的关系时，他认为宗教从巫术开始，进而发展为宗教，再由宗教发展到科学。本文撰写南花村苗族民间宗教礼仪时，也发现其中有一套社会生活的逻辑。

其次，社会结构功能理论学派也对礼仪做了很多研究。仪式是社会生活的反映，人们举行仪式有一定的社会价值，这是毫无疑问的。不同的仪式，其价值意义、社会功能不同，人们的关注点也不一样。社会学重要奠基人涂尔干认为，宗教与社会是互动的，我们必须知道如何通过礼仪的符号去触及它们代表的现实，礼仪和神话都转述了人类的某些需要，即个人或社会生活的某些方

---

① 余舒：《象征人类学视野下彝族葬礼文化研究》，知识产权出版社，2017，第 8 页。

面，因而不存在虚假的宗教，所有宗教都是按照人们的方式来实施的。尽管方式不同，但所有的宗教都是对人类存在的某些特定条件的回应。布朗的社会功能论探讨的是社会结构与社会生活之间的关系，他在《原始社会的结构与功能》中谈到，人类学家所观察、描述、比较、分类的具体事实不是一种实体，而是一个过程，即生活过程，调查单位是某一时期、某个特定地区的社会生活，这个过程由人们的各种行动和互动构成，从而把仪式和社会结构紧密联系在一起。拉德克里夫布朗试图解释一个社会为什么会选择一些礼仪而不是另一些礼仪，他指出，凡是与社会集体的物质福利直接有关的礼仪，到头来都会上升到精神上的价值，在维持社会秩序方面起了很大的作用。这一观点在笔者考察南花村礼仪时得到印证，其丰富的人生礼仪、节日礼仪等都有着社会价值意义。功能学派研究礼仪时强调其社会整合性，而容易忽视社会冲突的这一事实。

再次，随着社会的发展，理论也有所发展，到了20世纪70年代，象征人类学也以礼仪为切入点来分析其社会整合性的同时关注冲突性。如维克多·特纳在范根纳普的仪式分类基础上把仪式看成一场表演戏剧，在功能理论基础上指出仪式能够减轻一定社会结构的压力与紧张感，同时也在涂尔干理论的基础上指出，仪式不仅对社会群体有一定的整合作用，而且使这种团体整合性不断生产，作为社会戏剧的仪式并不是静止的，而是在不断恢复社会平衡的同时也不断地对自身进行复兴，这一过程融合了群体内部的很多冲突。他对恩丹布人的仪式进行研究后指出，象征符号指的是物体、行动、关系、事件、体态和空间单位，研究符号时要与事件的相关时间序列联系起来，因为象征符号是社会过程的一部分，仪式表演是社会过程的特别形式，需要调整以适应内部变化和外部环境。总的来看，特纳通过对仪式一系列象征符号系统研究认为，仪式由象征符号系统构成，是社会生活的表达，是解决社会矛盾的方式，因而总体上强调仪式的积极作用。在之后，又出现了解释人类学，如代表人格尔兹进一步指出，实际上，仪式由一系列的符号系统构成，并且这些符号不仅仅是反映具体的人、物的具体性符号，并且还包括如行为等一系列动态的符号，这些符号就是社会生活的反映。因此，了解礼仪不能仅仅关注其关注符号本身反映的静态文化，还需要动态地与人们的社会生活空间联系起来才能最终了解人们的社会生活。他同时指出，布朗提出的结构功能主义学派和马氏的功能学派注重的是社会结构平衡、稳定、永恒的特征，而不注重历史的发展过程，因而忽视了社会的变迁。格尔兹认为，文化是由人们广泛使用的象征符号构成的，人类学研究主要是解读这些符号的意义。因此，人类学家的使命不是孤立地解释文化的成分，而是通过了解文化的其他相关成分来阐述其本身。真正的人类学家能够阐明文化系统的某个事物是如何通过同一系统的其他事物呈现意义的，因为解说就是让人看到事物的来龙去脉，这才是阐释的意义所在。列维•斯特劳斯也指出，神话与礼仪表演是我们窥见人类心灵、体察人类文化深层结构的途径。本文对于礼仪的撰写也受到其理论和方法的影响，对其描述也需要建立在具体人群的生活时空中系统进行。也就是对仪式符号文化进行系统性研究的过程之中，不仅需要关注其本身，更需要从纵向、横向等角度进行整体思考才能理解其仪式的文化意义，才能整体性地理解和把握其与中国区域历史和现实的联系。总之，考察一种礼仪现象必须放在特定的情景之中，尤其是人类学的微观社区研究。只有用本土的实证研究才能与西方理论形成对话，才能丰富和发展本土理论，从而为此学科和社会的发展做贡献。

当然，关注中国礼仪的国外学者也不少。首先是关注中国的礼仪与国家的关系。美国学者杨庆堃关注中国宗教礼仪在社会生活和社会组织中的作用，指出宗教的礼仪和信仰对于中国社会家庭、经济活动等都是必不可少的，从而展示了宗教礼仪和社会秩序的关系。还有法国社会学派著名汉学家葛兰言借助《诗经》来研究民间礼仪如何与农作物的生长季节相联系，从而指出上古中国社会的最高秩序与诗歌有着密切的联系。又如王斯福的《帝国的隐喻》其中一个核心问题是民间宗教组织如何将分散的个人组织在一起，如何通过隐喻的修辞学来模仿帝国的行政、贸易和惩罚体系的，在模仿中，意义会发生逆转，并不是复制和一一对应。还有施坚雅的《中国农村的市场与社会结构》一书，不仅关系礼仪，还涉及神话传说、神庙、戏剧等与民间文化的多层关系。又如杜赞奇在研究文化权力与国家关系时，认为民间礼仪也是权力文化网络中的一个重要部分，并考察了礼仪与权力相互作用的变迁。萨林斯的《石器时代的经济学》研究石器时代礼仪中的礼物交换也是反映地方经济与文化的关系。

当然，还有不少中国学者也关注礼仪与社会的互动。如王铭铭在《社会人类学与中国的研究》中指出，回答文化与社会互动的问题首先应考虑历史感在现实社会生活中的作用，如历史感在民间的关系、民间文化复兴的作用等，反映了民间把过去的文化改造为能够表述当前社会问题的交流模式。他在社会变迁的背景下探讨民间礼仪，揭示了民间礼仪在社会发展的过程中不断复兴传统文化的同时，也在吸收新的文化以适应其所处的社会环境，写成了《村落视野中的文化与权力》《社区的历程：溪村汉人家族的个案研究》等书籍。还有由王铭铭、潘忠党主编的《象征与社会：中国民间文化的探讨》，郭于华主编的《仪式与社会变迁》，郑振满、陈春声主编的《民间信仰与社会空间》，从历史学的角度解决中国民间宗教这一社会空间如何存在这一问题，以揭示其中所包含的文化内涵，从而了解乡村社会，如乡村社会结构、社会组织等。

具体来说，礼仪重点关注以下几个方面：第一，主持礼仪的人员、伴随仪式的歌舞。第二，参与礼仪的不同身份的成员。第三，礼仪特征。第四，仪式与国家在场。第五，仪式与社会等。目前看来，仪式作为行为活动的文化反映方式，并没有消失在多重压力之中，而是随着社会的发展依然保持活力，这是引起笔者关注的原因之一。

纵观其他学者丰富的研究成果，依然存在一定的局限性，主要表现在以下几个方面：第一，由于笔者选取的社区范围长期以来交通不便，很多关注此地的学者只获得一些表面信息，具体细节未进一步探索。因此，对此地的研究相对较少。第二，很多学者缺乏从本地人的角度入手进行分析他者文化的方法，主要从自身角度对特定礼仪文化进行解读，不遵从当地人看待社会、理解社会的眼光，导致在理解方面有很多偏见。马歇尔·萨林斯在他的《石器时代的经济学》中写到：人类学对旧石器时代的偏见，恰是来自人类学自身的田野，来自欧洲人对既存狩猎采集者观察的文本，这些走马观花的观察者对沙漠生活萌芽如是之想，“这地方教人如何活下去呢”。观察者进而对原住民的生活下结论，认为原住民仅仅以此为生。萨林斯指出这样的结论大多出现在早期，多见于探险家或传教士的日记，而非人类学家的专著，但也正由于探险家的报告更接近于原生态，为我们了解原住民的生活留下了某种认识上的误导。但是，据笔者调查，仅从当地人的角度对符号象征意义进行解释也有很多不可理解的地方，因为当地行为者对他们很多生活活动包含的真正含义并不理解。第三，学术界对苗族礼仪的研究不少，不过，大多是选取其中一个仪式或者对所有礼仪进行概括性地描述，从人类学的角度进行专题研究的不多。纵观国内学者对礼仪的研究，主要表现以下趋向：一是对仪式的研究偏重于理论上的探讨，缺乏实证的支持和推动，往往从自身角度对特定文化进行理解，缺乏以本地人的思维方式看待自然、理解社会的眼光，缺乏从当地人的价值观或者地方知识的角度进行分析他者文化的方法，即缺乏深入调查，从而形成错误的对地方文化的建构，造成对当地文化的偏见理解。二是很多学者对于地方文化研究只停留在对当地文化现象的描述及简单的分析，而缺乏整体的解读。三是对于其他民族丧礼习俗的研究比较丰富，并且大多数学者主要关注部分礼仪，对黔东南苗族礼仪整体性的撰写相对少，并且没有注意到同一个区域的不同村寨的礼仪在地方社会之中的运行、实践都存在差异。因此，本项目选择苗族聚居的南花村作为个案，对于整体性了解苗族地方社会文化变迁也是重要的补充。总的来看，从理论意义的角度来说，从民族学、人类学学科的整体性的角度研究礼仪，如结构性、象征性 、阐释性等理论，本文也从比较的视野关注到具有文化多样性的礼仪，这对于文化多样性、多元一体格局等民族学、人类学等方面的理论都具有重要的实践和补充意义。另外，从实际应用意义来看，至少在几方面有所贡献：一是礼仪材料的收集、整理。二是该项目主要是对礼仪的整体性描述，礼仪是随着社会的发展而发展的，在不同时期，礼仪的运行、实践、变迁等都是不同的。所以，对礼仪变迁的关注是了解苗族社会的途径之一。三是礼仪是苗族文化的活化石，它随着社会发展而变化，并在人们的社会生活中扮演了重要的角色，通过礼仪可以透视苗族的历史文化和发展，礼仪的梳理、研究对保护文化遗产也有着重要的意义。

总之，对于礼仪的研究，不同理论学派都从不同视角展开，这也反映了学科的发展、变迁。从上述国内外研究成果来看，18 世纪至 19 世纪的很多人类学家通过对非西方的各种礼仪研究，展开讨论巫术与科学的关系问题，或者展开研究方法上的讨论。20 世纪的人类学家们以礼仪作为切入点，讨论非西方社会的生活文化秩序等问题，后来的结构功能大师们通过对礼仪的结构功能进行静态分析，展示了礼仪对社会群体的整合。后来，象征人类学学派的学者们又以礼仪作为切入点来探讨社会不仅有整合，也有难以避免的冲突。再后来，格尔兹将礼仪作为切入点来阐释社会文化，对文化的解释进行再解释，从而对前人关于文化的解释又做了反思。总的来看，以礼仪作为切入点深入分析社会发展、文化变迁、学科理论方法等都是一个重要的途径。因此，对于传统村落礼仪志的撰写，都是在前人的理论和方法的指导下进行的，并且我们利用了整体观、深描等方法对其进行描述和意义的分析。从学科的角度来讲，是理论的实践和个案的扩展。

目　录

第一章　村寨概况

第一节　地理生态

图1.1　南花村全景（村委会提供）

一、迁徙说

苗族是一个迁徙的民族，大多数是从平原地带迁徙到各地。在西南一带流传的苗族古经中，有这样的迁徙词：“从前，我们的老父老母住在什么地方？据老人们说，在平原好种庄稼，靠河好种田。棉花产在什么地方？据老人们说，老父老母叫年轻的姑娘摘棉花来织布，用布缝成衣裳。老父穿过冬，老母穿御寒。平原宽又平，是个好地方。成熟的稻谷黄盈盈，刺得红了眼。老父老母住不下，老父老母找寻逃路。老父老母在哪里造城，造在平原上。城面向东方，城背朝西方。又长又平的大田啊，整整齐齐并排在平原上。老父老母年年被攻击，老父老母找寻逃亡，老父老母找寻走向。老父老母生活像牛马，苦痛酸辣说不了，苦痛酸辣说不清。时间过了好久好久，老父老母再也不能住下去，老父老母又随居姑娘来，来到属于自己居住的地方。”

不同地方的苗族的迁徙之地由于迁徙的路线不同，内容有些差异，如贵州威宁一带的苗族迁徙地写的是“嘎梭居”(彝族乌撒土司名)。人们丢下了最长的水田，丢下肥沃的庄园而迁徙到了彝族乌撒土司居住区域。南花村苗族也不例外，迁徙到此地的潘家的一位老人也向我们诉说了他们的迁徙史的部分内容，这些历史都是老一辈给他们说的，当地都是以代代相传的方式传承他们的迁徙史。

> 我们村的潘家是最先来此村居住的苗族人，从家谱源头追踪来看，我们是中原一带逐渐迁徙而来的，从河南一带迁徙到湖南、江西，然后再迁徙到贵州、云南等地的。目前，从家谱中人们的分布来看，分布在不同的区域，如湖南、江西、云南、贵州等，而且同一谱系的人们由于居住、迁徙和分布的领域不同，各地方的人民族不同，有的被认同为汉族，有的被认同为侗族。

二、区域地理生态

本文选择的南花村属于黔东南苗族侗族自治州凯里市，该村如同该区域的其他很多村寨一样，有着与州、市相似的地理环境。因此，为了对其地理环境有整体性的理解，在对该村的地理环境介绍之前，先对该州、市的地理环境作简单概括。下文主要从地理位置、地形、气候、土壤、水文、矿藏、植物等方面展开。

黔东南苗族侗族自治州地处贵州高原东部向湘西丘陵和广西盆地过渡的斜坡地带，总面积3万多平方千米，管辖着凯里、麻江、丹寨、黄平、镇远、黎平、从江、雷山等16个县。黔东南如同贵州很多地方一样，山多，分为中山、低山、中低山、低山、丘陵和盆地。中低山多分布在中部的雷山、台江等县；低山多分布在三穗、从江等县，山势陡峭，山腰多夷平，共有面积1800多万亩。盆地多分布在天柱县、黎平、凯里等县的清水江、都柳江等河谷地带，共有60平方千米至70平方千米。①

该地区管辖的范围包括1个市、15个县，总面积3万多平方千米，是贵州省乃至全国最大的苗族侗族聚居区。水系属长江水系，主要河流有清水江、珠江水系的都柳江；地貌特征属于山地地貌，地势由北向西南，三面高，东面低，北部为武夷山脉的部分，中部是苗岭山脉的主峰——雷公山，南部是九万大山；气候属中亚热带季风湿润气候，其特点是四季分明、雨量充沛、湿度较大，境内地形复杂，气候多变，差异明显。全境有低温、中温、高温三个气候区，气候有明显差异，麻江、丹寨、凯里等地属于低温区。黔东南整体气候夏长秋短，春早冬迟，四季分明，无霜期长，冷冻少；冬无严寒，夏无酷暑，气候环境满足了农事活动的需要。降水分布随着季节而转移，春季西南部如雷山、丹寨等地多雨，秋季如凯里、丹寨和东部多雨等。2月水节后，降水量逐月增多。入夏后，各种秋收农作物开始大量种植，5～6月，降水量出现高峰，入秋雨量减少。10月播种作物，雨量出现次高。入冬后降雨量减少开始下雪。黔东南灌溉用水资源丰富。②

黔东南的气候、地理位置也为农产品种植提供了条件。该地属于山地农业，高度相对较小，农田多水田，旱地比重大，粮食作物丰富，如水稻、玉米等，经济作物主要有烤烟、茶叶，历史上还种植过棉花、柑橘、桐油树等产业。该区域山地丰富，资源也丰富，为农业的生产提供了有利的条件。其山区的地貌适于梯田、梯土种植，比例为60%～70%，梯田主要集中于高坡，通常离山寨有一段距离，也会出现缺水的现象，对粮食的生产有极大影响。因此，当地人采取了多方面的蓄水办法，对水田进行灌溉。

---

① 黔东南苗族侗族自治州地方志委员会编《黔东南苗族侗族自治州志·农业志》，贵州人民出版社，1993，第8页。

② 黔东南苗族侗族自治州地方志委员会编《黔东南苗族侗族自治州志·农业志》，贵州人民出版社，1993，第8、10页。

图1.2　梧桐树（余舒摄）

实际上，南花村丰富的植被不仅表现了生态的美，同时也构成人们经济收入的重要产业。当然，在不同的年代，产业经济的类型不同。据村民介绍，桐树油就是经济的重要来源之一，特别是在民国时期。当地老人回忆说，在民国时期，江西的油商老板们驻扎在凯里，设点收购桐油。南花村是桐子油加工的主要场所，并且是村寨的人家自己加工。潘崇义就是其中一个典型，他起初不会这门手艺，后来他想办法设计出木质的桐子榨油器，由于需要的人力多，他就带动村寨的人一起加工桐油。于是南花村的人们自己收桐子、自己加工。南花村山多地少，林地资源比较丰富，但桐子也不多，大家都去其他村寨收集桐子后回到南花村加工，如雷山、毛笔领、西江、开怀等盛产桐子的地方。当时到其他村寨收购到的都是生桐子，以升为计算单位，单价为几毛钱。当时桐子油的价格为 1 元左右 1 斤，1 升桐子打出来的油有 2 ～ 3 斤。加工后的桐子主要售卖到凯里。油的制作过程通常包含这些步骤：采摘桐子后，首先把外皮剥掉，其次就是要晒干，产量少便是自然的阳光晒干或者风干，时间周期较长，产量多的（一般有 100 ～ 200 斤）便放在棚子里用火烤，在不停的翻滚下，一天一夜就可晒干。接着就用碾子把晒干的桐子碾碎（碾子是放在河水旁靠水力带动类似于传统石磨的工具。水力转动碾子，出来的桐子就是一团一团的），接着把团状的桐子拿去蒸熟，然后再用稻草或者其他植物把团状的桐子包着，放入人力的“桐油榨油器”，村民用树木打击、挤压而出油，最后就用桶在榨油器的出油口接油了。南花村的榨油器是苗族人民智慧的体现，也是当地人适应环境的体现。南花村树多、树大，且在巴拉河旁边，这些都是建造和使用木制榨油器的必要条件。南花村的木制榨油器主要是用两截大木材来挤压榨油。木材选取一抱以上的树木，然后分为两半，将两半木材的中心部分挖空，桐子也就是放在木材挖空处，把木材合并以后，再用工具进行挤压便可出油了。南花村村民除了农业种植外，主要以榨油为经济来源。“责任承包制”时期，凯里市粮食局在巴拉河周边的如排罗、挂丁、开怀等盛产桐子的地方收购桐子，而南花村则负责帮忙加工赚取加工费；在分小队时，村民一共有一个碾子、一个榨油器；到了改革开放初期，南花村油桐籽产量较高。潘崇义带动了南花村村民的桐子油加工热潮，大多数人家除了种田维持生活以外，也靠加工桐油获取收入，有的人家生意越做越红火，后来到其他地方买了田土定居。如今不再大量收购，桐油就失去了销售市场，桐油产业不再红火了。但是，目前有的还在使用桐油，用来抹在房屋上可以防虫蛀等。

凯里市有苗岭明珠之称，是黔东南的州府所在地，自古以来就有少数民族居住。主要世居有苗、汉、畲、仡佬族和革家人与西家人。据 2007 年的数据，少数民族人口 46.78 万人，少数民族人口 35.33 万人，占全市总人口的 75.52%，是一个以苗族为主体、多民族聚居的县级市。凯里市位于清水江上游，西高东低。气候温和，雨量充沛。主要河流有清水江、巴拉河，其中，巴拉河过境 42 千米。土壤类型多样化，有自然土、旱作土、水稻土，森林植被属于常绿植被带，主要为人工林和天然次生植被，森林覆盖率 53.5%。野生树种有 67 种，以杉树、松树为主；医药用植物 400 多种，其中，有重要价值的如天麻、三七、金银花、龙胆草、透骨草、三角风等几十种；环保风景林 40 多种，属于国家保护的珍稀树种有伯乐树、马蹄杉、银杏树等；野生牧草 100 多种；野生动物 400 多种，其中，珍稀动物有穿山甲、猴面鹰等。

图1.3　南花村寨森林（黄启香摄）

图1.4　南花村寨枫树（黄启香摄）

图1.5　村寨后面的植被（余舒摄）

在南花村当地特色原料是他们生活中的必需品，如竹子是他们很多工艺品的材料，由他们自己种植，成本低。虽然原料成本低，但是制作成品的时间消耗较多，如用竹子编织的箩筐或者艺术产品、竹子制作的芦笙都需要精细的工程。还有当地种植的树木也是他们建筑物的主要原料，不仅包括房屋，还有家具，如床、椅子、凳子、衣柜等都要选松木之类的原料。因此，这些作为当地生态景观的植物也与人们的社会生活相互关联。实际上，当地人大多数的生活用品都来自他们所处的环境之中。

图1.6　当地栽种的红薯（余舒摄）

图1.7　当地栽种的玉米（余舒摄）

图1.8　水稻（余舒摄）

凯里是一个多民族的家园，民族民间文化丰富多彩。有得天独厚的自然风光、古老朴素的民族风俗、悠久的民族文化，是人们心灵栖息的家园。各民族节日丰富，具有百节之乡、芦笙之乡、斗牛之乡等称号。节日时，有悦耳的芦笙之歌、情意浓浓的苗族飞歌、美丽鲜艳的民族服饰、朴素古老的旗鼓舞蹈，还有各种竞赛节目，如斗鸡、斗牛，还有丰富美味的饮食，吸引了许多的外来游客。

图1.9　药酒（余舒摄）

图1.10　用药酒招待来客（余舒摄）

凯里还是贵州工业之地，如电子、轻纺、建材、冶金、医药、木工加工、煤炭等，与黔东地区资源开发形成相适应的工业体系。农业主要以水稻、玉米、豆类为主；还有丰富的基地，如大坝、平茶、三棵树辣椒基地等。凯里地理位置明显占有优势，它是东部沿海地区进入西南，四川、云南两省通往华东、华南的交通要道。2007 年，国家投资了大量的经费扩展、改修、建设各级公路，实现了村村通公路，乡镇通油路。还有湘黔铁路、凯玉高速和 320 国道等贯穿全境。南花村喂养牲畜以猪、牛为主，猪通常在节日中使用，喂养牛的目的不仅是耕田，还有在一定的礼仪之中用来参加斗牛活动。通常，对于用来斗的牛，人们喂养时会特殊照顾，因为人们看到的不仅仅是牛本身，更重要的是喂养牛的人家，若一头牛在斗牛活动中获胜，村寨乃至于周边的人们都会以不同的眼光看待其主人。在村寨斗牛赢了，他们的名声传出，就会受到外面的邀请再参加大型礼仪活动中的斗牛比赛，并且不同级别的斗牛活动奖励不同，规模越大的斗牛奖励数额越高。因此，这样的斗牛都会受到主人的特殊照顾，斗牛通常都是比较高大、毛色光滑的。

喂养的牛还用来销售，也是人们的重要经济来源。

> 礼仪中的猪是我们自己喂养的，吃不完可以卖，不同年份猪肉的市场价格不同，最贵的可以达到30多元一斤，因为人们都认为我们村的人喂猪是用粮食喂养的，很多游客来我们村旅游，他们都会提前和我们联系预订猪肉。当然，还有很多其他食物，如香肠、米酒等。他们说，我们信任你们，在市场上销售的猪肉很多都是喂饲料，所以，我们村寨的猪肉销售比较好，通常还没有到市场上时就早已预订完了，并且能够放置的时间也比较长，味道也鲜美。

图1.11 当地养殖的牛（余舒摄）

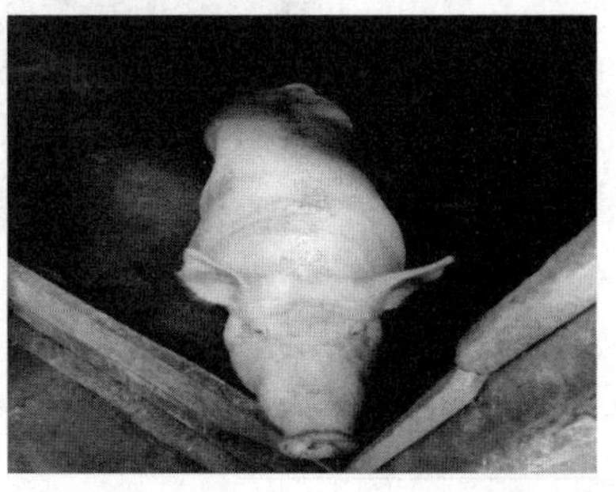

图1.12 当地养殖的猪（余舒摄）

村寨还喂养鸡、鸭等禽类，此类家禽主要喂养来用于各种节日礼仪活动中，这些都是不可缺少的食物。除了这些以外，人们还喜好喂养鸟来参加很多活动中的斗鸟活动。斗鸟也是如同上述的牛一样，都会受到人们的尊重，因为鸟和人们的名望相互联系，人们认为，自己的鸟喂养不好，斗争实力不强，也会给个人和村寨丢脸。因此，人们会建立特定的空间和制作特殊的食物（比如人们常常吃的米饭、肉）来喂养斗鸟。

南花村的经济得到了迅速的发展，同时也促进了教育、卫生、文化等得到发展。在经济迅速发展的同时，政府坚持富民为本的理念，重视改善民生，从教育、医疗、文化体育业等方面，改善民生和丰富群众的生活。[①]

图1.13　干稻草（余舒摄）

三、南花村地理生态

图1.14　村寨简介（余舒摄）

① 贵州省凯里市地方志编委会编《凯里市志》，方志出版社，2016，第15页。

南花村位于凯里市三棵树镇巴拉河畔，距三棵树集镇 9.8 千米，距市区 16 千米，高速公路东出口 8 千米。全村 187 户，人口 824 人，全部为苗族，全村耕地面积 364 亩，林地 2000 亩，森林覆盖率 83.2%。

图1.15 栽种的杉树（余舒摄）

南花村交通比较便利，到村寨有从乡镇出发经过该村的中巴车。一般的乡村公路可以直接到达山顶的村寨，但是没有专门的车直接到达。因此，很多要到达村寨的人通常选择自驾游或者跟着旅游大巴，若从山脚走路上去一般需要几十分钟，比较吃力。人们把河旁的寨子称为下寨，坡上的寨子称为上寨。村庄几乎都是苗族，只是有极个别的汉族姑娘嫁来此地。全村主要由三个姓氏组成，潘姓、杨姓和刘姓，其中潘家人口较多，居住在上寨，家族相对较大，居住历史时期久远；杨家和刘家居住于下寨，离巴拉河较近。旅游地主要是上寨，无论是村寨的设施建设还是传统文化和浓厚风情，上寨旅游区都比较明显，因此旅游打造主要以上寨为主，下寨为辅。当然，上寨和下寨之间除了有一条乡村公路联通外，还有很多山间小路。这些路的修通与旅游是分不开的，政府为了打造地方的传统文化和构建美丽山村的传统村落，做了不少的工作，修路、传统文化的复兴等方面都得到了政府的重视，政府的重视，也带动了地方群众的大力支持，如文化展演、地方传统的保护和传承不仅有国家力量的扶持，而且掌握地方传统文化根基的群众也参与进来，在村庄打造的过程中各尽其责，发挥各自的才能，如老年人们提供自己掌握的歌舞表演、服饰、语言。南花村形成较早，因而相对于其他村庄来说，无论是耕地面积还是山林占据面积都比较多，据村委会资料得知，南花村耕地面积 364 亩，山林的面积共 2010 亩，森林覆盖率为 68.3%。

该村现今经济收入呈现了多样化的形式，除了以传统农业、旅游产业为主以外，外出打工的收入成了他们经济收入的主要来源，农业和旅游发展主要靠老一辈劳动力较弱的这部分人来完成。该村苗族建筑遵循了地方的地势特点和资源形成了地方特色，如前面所述的依山而居；还有当地林木的丰富，为他们的房屋构建创造了条件，房屋的构建主要是吊脚楼的形式，这是依当地的地势而定。若以平地建筑来看，人力和物力都花费较多，比如还需要大量的泥土来填补。因此，通常采取吊脚楼的形式建设。下一层通常以 5 根或 7 根柱子来支撑，这样，最底层可以作为牲畜的圈，或者放置一些杂物。通常最底层靠着斜坡，三层依靠柱子支撑，与平地相平行，第二层主要作为厨房。因此，第一层和第二层之间就在斜边搭建楼梯来连接，第三层通常是人居住的地方。现今房屋的材料不仅以林木来构建，还以水泥来共同完成，即房屋的基础部分主要以水泥来堆建，只是楼之间的衔接部分需要林木。据当地人介绍，现在选择这样的混合材料，一方面是考虑水泥安全、保持的时间长，另一方面是交通方便了，水泥的搬运更方便，而大量的木料需要的经费比较高，即使自己家有树木，但是木料的加工需要很多工程，花费比较大。特别是今天，大家需要的木料都是靠在外面购买，且质量上比不上自己的材料，但是为了节省，大家都会以相对较低的价钱购买。笔者认为，也是这方面的原因，使得当地的林木保护比较好，大多数树都作为风景树而存活。

图1.16 正在建设的房屋（余舒摄）

南花村是一个由森林、高山围绕起来的古村落。经历了几百年的南花村，依旧保留着老辈人留下来的古吊脚楼，由于这样的干栏式建筑大多由木制成，火是木制房屋的克星，又加上树木环绕，所以防火是南花村的重要任务。防火主要有三种，第一种防火方式是通过政府提供的规章制度来防火，即鸣锣（广播）值班制度。从南花村村委会里得知，鸣锣喊寨制度就是为有效地预防火灾事故发生而制定的。从这一制度就可以看出南花村对于防火的重视。听村民说，有时候需要通知什么事，就会用广播来告诉大家。鸣锣喊寨主要是让喊寨人员要坚守岗位，遵守喊寨规章制度，每天定时用喊话的方式提醒村民注意安全，对整改不力或不整改的村民，按村规民约处理。

苗族沿山而居，他们居住的地势、地理生态等也是造就了他们民族文化的特点，形成了一系列与地理环境相互适应的山地文化。这一区域与黔东南其他地方如台江有些差异，台江地势比较平坦，而此区域是一个山势相对较多的地方，但土质也较相似，如土质肥沃，水源充足，宜于耕种。

图1.17　下寨门前的巴拉河（余舒摄）

南花村苗族依山而住，依水而居，他们把山上的很多水井都尊为各种神圣水井，如神水井、长寿水井等称号，展现了对水的尊敬和保护观念。村寨有“山有多高，水有多高”的俗语。因此，居住地的选择不仅考虑山势，也要考虑水势。当然，该村不仅有丰富的山泉水源，还有村前一年四季长流的巴拉河。他们对于不同的水有不同的行为方式，如山上的水是不能够嬉戏的水，是神圣的、长寿的水，需要对其充满敬意，还有很多净水仪式；而对于巴拉河，大人小孩们夏天会去河里游泳，因为当地比较炎热，气温高达35℃，而巴拉河可以给当地人提供凉意。当然，村寨丰富的水源离不开当地丰富的植被。听当地的老人介绍，1958年此地树木也受到了大量的砍伐，目前丰富的植被都是后来才栽种和保护起来的，特别是近几年国家政策对于生态保护的重视，在政府一系列保护生态的方针政策的驱动下，当地人也对生态保护也有一系列的规章制度。南花村的植被保护较好，是多方面的共同努力下的结果。总的看来，水源给他们的生产、生活都带来了很多便利。如农业种植需要丰富的水源，每一年到了干旱或者是稻谷虫多的季节，都需要大量的水，村民就会到离田地不远的神水井中取水来解决遇到的问题。

图1.18　南花村上寨（余舒摄）

树木在南花村里随处可见，可以说南花村的村民是生活在多树多山的环境中的，进村看到树木，是非常平常的事了。那么，这么多的树，村民们是不是就可以随意砍伐了呢？并不是这样的。国家规定，山上的树是不可以任意砍伐的，如果你需要用到树木，那也一定要经过村委的调查、监督等一系列程序才能上山砍树。南花村对村寨里树木的砍伐都有一定的制度条例，严禁在风景林区、封山育林区盗伐树木，违者按村规民约三条的规定进行处罚：

第一条　盗伐他人自留山、责任山、责任田、土四周范围内的用材木、经济林木，均以看到树木的全部重量（包括树叶在内）处以每市斤 3 ～ 5 元。

第二条　未经允许，不准以捡干柴等为由进入他人的自留山内偷砍柴。违者罚款 50 元，偷砍得的柴全部没收归还原主。

第三条　村民的自留山、责任山、田土四周范围内的各种树木如有枯死、风吹雨打、冰雪封冻、折断、山崩树倒的，任何人不得乱砍，违者仍然按照盗伐正常树林的规定罚款 50 元。

关于南花村的环境，人们是有目共睹的。这里环境优美，进村以后，随着坡道就可以看到一路上非常干净，树木茂盛，房子有高有低，看起来非常错落有致，那么这些美丽的环境是如何保持的呢？村里的潘老人这样说：

村里的卫生都是人们出钱找一些人专门打扫，当然这也是要在得到林业部门的同意以后才能实行。虽然平常有人来打扫卫生，但是村民们自己的保护意识也比较高，大家都很爱护环境，有的行人丢了垃圾，当地人只要看见就会自然捡了。我们的村寨就写有祖祖辈辈教导我们不能到处乱扔垃圾的语言，不能破坏环境，至今还写在广场上。我们都一代一代地教导子女不能随便砍伐树木。这样的道理都是一代传给一代的。我们要想有一个良好的环境，想要良好的空气，很重要的一部分原因来自教育，来自每一个人、每一家人对环境的重视。因此，在环境保护方面，南花村的大多数村民是非常爱护的，原因之一是祖辈留下的传统文化对我们影响深远。

从村规民约中，我们也可以看出他们对环境的重视，如村寨的标语：

村两委　班子硬　谋发展　靠群众　定村规　树新风　立民约
见行动　新风尚　齐响应　学法律　懂法纪　违法者　严打击
村民间　讲团结　不斗殴　少怄气　不赌博　禁偷盗　遵章法
守规矩　新农村　有秩序　讲文明　懂礼仪　宽他人　严自己
讲道德　都受益　讲科学　不迷信　旧风俗　要革新　不信邪
是非明　红白事　节俭办　不铺张　受欢迎　创环境　标准高
屋前后　勤打扫　禁止晒　猪牛粪　路通畅　蚊虫少　垃圾箱
很重要　有垃圾　分类倒　屋内外　各家包　轮值日　定岗哨
讲卫生　疾病消　体健康　乐陶陶

对于地方生态的美丽，村里有这样的三字语：

三棵树 南花村 寨荣好 景色新 山林茂 河水清 环境美
民风正 唱苗歌 吹芦笙 跳铜鼓 齐欢腾 最炫耀 民族风
旅游业 扬美名 调结构 思路清 搞生产 不放松 粮果蔬
多经营 养殖业 也看重 发展好 收入丰 村民富 感恩情
政策好 万事兴。南花村 凉水井 井中水 能治病 生态好
延寿命 护山林 不放松 谁伐盗 不容情 山水好 风景好
爱护好 子孙情 爱学习 重教育 适龄童 上学去 学文化
长志气 要生育 按条例 生男女 都满意 倡晚婚 重优生
爱女儿 破旧俗 计生户 受奖励 南花村 有特点 吊脚楼
紧相连 美人靠 好景观 苗族风 代代传 村落美 是遗产
要保护 要传承 不乱搭 不乱建 爱故乡 爱国家 防火警
保安全 消防队 常演练 易燃物 善保管 危险品 严管理
老电线 快更换 进山林 不抽烟 无火灾 万家欢 要实现
中国梦 要奋斗 靠群众 讲路线 反四风 重实践 党风正
村支部 来践行 讲廉政 尊规定 有八项 记得情 爱人民
惠民生 来评议 讲公正 既公开 又公平 查摆透 方向明
团结紧 干劲增 新农村 新面貌 南花村 评价高 齐拥护
党领导 好传统 是珍宝 好班子 挑重担 众村民 向党靠
跟党走 不动摇 小康路 快步跑

南花村苗族如同黔东南很多村寨的苗族一样，其居住空间与山相伴，抱山而居，地势相对较高，坡度陡峭，形成了居住格局与其他民族相区别的特征。南花村地势属于典型的山地地势，山脉呈现缓坡形，由于该居住特点又把他们称为高山苗族。关于依山势居住的格局，明代有这样的记述："择悬崖凿窍而居，不设茵茅，构竹梯而上下，高者百仞"，清代也有相关记载"行黔西五尺道，左右高山矗矗，皆苗所蔫居"。[①] 山脉对于他们比较重要，山为他们提供了

① 谢荣幸等：《贵州黔东南苗族聚落空间特征解析》，《城市发展研究》2017 年第 4 期，第 54 页。

打猎、畜牧、种植、采集等，有“坐山吃山”的俗语，就是能够满足他们生存的基本需要，并且还满足了他们的经济需求、文化需求等；山上并不是光秃秃的，而是有浓密的山林树木笼罩。因此对于涵养水源、调节气候、保护土壤等都有积极作用。历史上的动荡不定也同样在苗族的心里留下了居安思危和高度防卫意识，为了在内忧外患中更加有效地保护自己，苗族选择在高山密林处安村扎寨，借助自然环境的防御优势来增强村寨本身的自卫能力，这种选址的防卫效果是显而易见的。①

第二节　人文环境

南花村所属的黔东南苗族侗族自治州是一个多民族居住的区域，主要居住着苗族、侗族、汉族、布依族、瑶族、壮族、土家族等33个少数民族，其中，苗族占据总人口的42.5%，侗族占据29.5%。我们知道，中国苗族主要分布在贵州、湖南、云南、四川、广西等省（自治区），其他省的苗族人口较少。贵州黔东南苗族侗族自治州是苗族聚居的区域，有140多万人，不仅是中国最大的苗族聚居区，同时也是苗族丰富传统保留传承完好的地区。黔东南的苗族主要分布在都柳江以北的广大地区，从贵阳、龙里、贵定向西部延伸到天柱、锦屏一直到湘黔边境，呈现了东西走向的分布特点。

南花村所在的凯里市长期以来在不同历史时期受到了国家不同程度的治理。也就是说，村寨不是封闭的村寨，南花村如同其他很多村寨一样无论是政治上还是文化上都被外来文化渗透。据地方志记载，凯里从元开始设治，就有地方接受了中央的管辖。宋以前，有的虽列入某行政区域，但没有具体的地方机构，没有达到有效的统治，主要是实行各小区域或者村寨自治的形式。在元朝，地方建行省，省下设路、府、州、县，同时对原来羁縻和有少数民族建立的地方政权推行土司制度。凯里同其他很多地方一样，实行土司管辖，世代相

① 王媛：《贵州黔东南苗族传统山地村寨及住宅初探》，天津大学，2005，第16页。

承，并根据各地的大小、人口的多少、力量的强弱、地位的高低，分别授予了各种政治名号，如宣慰府、蛮夷长官司等。各行政区域与少数民族政权范围相互交错。今凯里区等一带为土司管辖，隶属播州，播州隶属于湖广行省，后隶属于四川行省。清朝，地方行政机构分省、府、县三级，对疆界做了调整，增设地方机构，改为府、州、县实现分治，对土司地区实行改土归流。雍正时期，开辟苗疆，进一步改土归流，设凯里卫。乾隆元年（1736），调整原凯里卫领的十三屯堡军为乐土堡（今平乐）、乐郊堡（平乐乡）等堡军。辛亥革命爆发，贵州宣告独立，清廷在贵州所设的巡抚和布政司、都司等均已废除，但对府、州、县等行政设置予以保留。1951 年凯里区实行民族自治，成立苗族自治区人民政府。凯里市民族构成有汉族、苗族、侗族、布依族、水族、彝族、壮族、仡佬族、土族等。[①]

一、村寨社会结构

南花村的人口在不同时期有不同记载：1977 年，112 户，590 人；1978 年，112 户，603 人；1979 年，115 户，608 人；2008 年，181 户，811 人；2010 年，193 户，824 人；2013 年，194 户，867 人；2019 年，213 户，854 人，其中 0 ～ 6 岁儿童 62 人，约占总人口的 7.3%。

南花村的民族构成特点是以苗族为主，约占总人口的 98%，只有极少数汉族，都是由外地外嫁到本村的。如上所述，黔东南是苗族集中居住的地方，特别是有的区域几乎是苗族，南花村也具有这一特点。实际上，这样的单一民族居住格局也是形成南花村苗族丰富礼仪的重要缘由之一。

与南花村相邻的村寨的其中一个就是小平乐村，也是苗族集中的区域。该村寨的名字由来与南花村有着重要的联系。小平乐村（苗语：Ghab Lot Eb Dik，意思为跳水口）位于南花村村委驻地往西 1 千米的巴拉河左岸，与平乐相邻而小于平乐，就称为小平乐。此名的由来与南花村的联系，还需要从村寨的一个传说说起，传说内容如下：

---

① 凯里市人民政府编印《贵州省凯里市地名志》，1989，第 3-5 页。

以前南花村附近有个名叫阿保东的姑娘，小时候脸被烫水弄伤，后来疤痕影响容貌，无人提亲，父母亲就给她10多亩的田地作为嫁妆。后来父母相继逝世，她有两个弟弟，叫金保东和相保东，相保东受到妻子的怂恿后就起了坏心，把她推下了河。阿保东就被河水冲去了很远的地方，最终被放木排的青年救起，后来与这位青年结为夫妻，后来生活富裕起来。而她的两个弟弟由于享受了她的土地，也很富裕，但是时间非常短，由富裕变贫穷，各处去当帮工，随后遇到了姐姐，感到羞愧和后悔，回到了小平乐的岩头上，跳河而死。

该村由此而得名。这个传说在南花村和小平乐村流传，乃至于周边寨子的人也知道。人们说，这故事流传于村寨，就是时刻告诫人们不能作丧失良心的事情，人要行善。

图1.19　平乐寨位于对面山顶（余舒摄）

从该村寨的建筑来看，他们没有特别建筑围墙之类的建筑物来标示村寨之间的边界，但是村落之间有边界物作为标示。如南花村和老雅村之间主要以巴拉河作为自然村寨的边界。当然，行政村的界限主要是依靠政府行为，如老鸦寨目前被镇政府纳入南花村，目的是减轻村寨的行政消费等，但是当地人并不是以行政村的划分来形成人们的边界，他们的边界意识受到了长期的居住环境或者社会历史等因素的影响。如南花村的人们认为，南花村主要以巴拉河为界，往凯里去的方向，左边属于南花村，右边属于老鸦寨，南花村和老鸦村之间以桥来连接。当然，南花村中又有群体的边界划分，主要以姓氏和历史传说、居住的空间来区分，分为上寨和下寨，上寨主要居住的是潘家，下寨主要是刘家和杨家。两寨之间以一个缓坡为界，下寨主要居住在河流旁，上寨主要居住于山腰。而且两寨的宗教信仰也存有差异性，上寨主要居住的是潘家，信仰基督教，而下寨的杨家和刘家信仰苗族民间宗教。因此，彼此之间在文化上和历史上都有区分。

二、南花村的上寨和下寨

图1.20　上寨（余舒摄）

南花村村民关于祖先的记忆一直在流传，也涉及关于蚩尤祖先的记忆。在调查中，一位潘家老人向我们讲述了关于祖先的记忆。从上文可知，潘家在该村人口多，迁徙到此的时间比其他姓氏长，对南花村建设的贡献大。关于潘家，从其讲述，除了了解前面对于家谱的家族迁徙记忆以外，还透露了他们的老祖先是军人，他们是军人的后裔，并且还告诉了我们关于他们家族军人的贡献如今广泛地传播于村寨，成为村寨人学习的榜样，他还向我们提供了关于他们老祖先们的英雄事迹（后面附录有潘家的家谱和英雄的事迹内容，在此不赘述）。南花村苗族同其他村寨的很多苗族一样，据老人们诉说，都是由其他地方不断迁徙过来的。关于他们迁来此地居住有很多传说，充满了神话色彩，表现出该地是一个充满仙境之地。其传说体现的是该地并不是个人自己的选择，而是人和物的神性统一。

我们村从过去到现在居住格局相对稳定。最先来此居住的是潘家，集中居住于上寨，下寨的刘姓和杨姓人口不多，是后来才迁徙过来的。据我的老人们说，他们搬迁来此的缘由是帮助潘家赶鬼，后来就居住在此了。我们搬迁来此的时间比较长，听说是随着明清时期官方王朝军队对西南地区实行整治派遣而来的。我们的家族也经过了很长时间的迁徙，有的随军来自河南，后来又迁徙到湖南、江西一带，后来又经过了多次的搬迁到了南花村。首先在村寨居住选址的是上寨，随后搬来的其他姓氏居住于下寨，他们沿着巴拉河居住。这种传统居住模式即使在今天村寨的开发也没有影响他们的居住格局，因为人们的长期生活方式、生活空间、生活观念都与空间居住格局密不可分，而且我们定居此地是因为这是一个适合人居住的地方，这里的发现与鹅有着紧密的关系。南花村在人们迁来之前没有人居住，但是从传说可知，没有人居住不代表此地荒凉、贫瘠。起初来到此地的是充满灵性的鹅，是鹅发现的新大陆。

有的老人还讲了另外的迁徙版本，认为是鸡发现的：

传说在老鸦村，有一个村民养了一只鸡，后来飞到南面的山上生了十二个蛋，孵出十二只小鸡，人们既然鸡能在此生蛋，气温等方面肯定都比较适合人们居住，才搬迁到南花村。

另外一个关于鸡发现南花村的版本是：

老鸦村一位老妇人养了一只鸡，老母鸡飞到现在的南花村，之后老妇人找到母鸡，便对着母鸡说要是你能孵出十二只小鸡来，我们就搬来此地生活，最后母鸡真的孵出了十二只小鸡。因此就搬迁至此了。

图1.21 苗族人始祖——蚩尤的简介（余舒摄）

南花村关于栖居地的选择的记忆并不是同凯里其他地区，在其他地方，苗族人迁来之前是有其他民族居住的，如仡佬族、革家人等。苗族迁来之前，土地、林地等被其他民族所掌握、控制，他们迁来时，坝子都被原住的民族所占有，苗族只能于其他民族中讨生活，后来经过了不断磨合，有的民族就迁往其他地方去了，苗族才逐渐有了居住空间。

而南花村并没有这样多个民族相互拥挤居住在同一个村寨的情况，而是充满灵气的鹅最先来居住于此，人们就通过鹅栖居的适应性来推断该地也适合人居住，认定这里是一个山清水秀、物产丰富、生态优美、气候宜人的居住地，在此也反映了人物相通、人物相互统一的哲学。据当地苗族说，起初迁到此地居住的先祖们，由于对当地的土质、气候、农作物比较陌生，除了栽种些粗糙的粮食作物作为食物以外，还依靠打猎、采集野果等方式解决食物问题。随着居住时间变长，人们逐渐了解、习惯当地的环境，向周围寨子学习相关的农业生产知识后，生产力得到了提高。人们在不同季节的劳作也伴随有相应的礼仪活动，这一习惯一直延续至今。

三、南花村土地分配

根据人们居住的地理环境、姓氏、信仰的差异性、迁徙的时间等方面的差异，南花村可分为上寨和下寨。地方政府为了方便管理，又把两个寨子分为四个小组，其中第一组和第三组分布在上寨，第四组分布在下寨。

图1.22　南花村上寨（余舒摄）

图1.23 南花村下寨（余舒摄）

四、土地分配

南花村的土地分配是与国家的农村联产承包责任制密切联系的。国家联产承包责任制在1982中共中央批转《全国农村工作会议纪要》中涉及农村实行各种责任制，包括联产到劳、包产到户、到组、包干到户等内容。据调查，南花村在1984年年底就将此政策贯彻实施。南花村土地分配主要由村委会、南花村村主任和各组组长共同负责，分配的原则主要按照人口的数量。由于很多土地都不是方方正正的，无法利用皮尺来准确测量，只能根据具体的地形特点来进行大概的划分。据当地人介绍，亲自参与测量的人家有可能会分到多的土地，因为人们在场的话，会时刻提醒如何量化相对公平、简便等。据有的人说，分配时通常利用竹竿的长度来计算，实际上，土地的分配是根据土地的地形、地理位置来计算的，不仅仅是南花村这样的传统村落，还有很多其他地方也是根据这些方法来实现的。因此，通常只是一个大概的数字，主要根据肉眼来测量。当然，在分配土地方面，各地在据国家的制度、规则下进行以外，也结合自己的情况进行具体实施。如有的地方会留一部分土地作为公共田地，或者留给后代。在同一个村庄也会有不同的土地的分配规则，如南花村，一组的分配情况是依据1982年国家土地分配原则主要按照村庄各户人口数量和年龄阶段按比例分配：16岁以上，可分得土地1亩左右；6～16岁可分得土地8分左右；6 岁以下可分得土地 6 分左右。显然，国家分配土地与性别没关系。但是各地在官方的指导下分配土地后，村庄按照各地的习俗或者按照各家的情况又对土地进行分配。如有的村庄在分配时候就按照地方传统，认为女儿嫁出去以后就不能分得土地，需要把土地实行二次分配，给家中的男儿；还有的按照当地的习惯，若家里有在外有固定职业的人要对土地实行家庭内部再分配。因此，女儿比较多的人家或者在外工作人口多的人家，他们的土地按照平均数目来看就相对多些；对于家里人都在外有固定职业的人家，通常就会把土地按照原来的形式保持不变。实际上，对于各地的土地分配的原则，各地甚至于同一地方、每个家庭针对这些原则都会有所变通。也有的人家不按照村庄的规则进行，而是按照自己的家庭或者为了各个儿女的公平程度，女儿也可以分到相应的土地，只是相比之下会少些。还有的人家，即使儿女在外有固定的职业，父母都会为他们留下相应的土地，因为在他们传统的思想里面，认为即使在外的人们最终也都会回乡，受叶落归根的思想的影响，老人们都会为他们留下相应的土地，土地对于人们的归属感具有很大的重要性。大多数人认为，若家里还有土地，回去时对家乡的情怀就会加深。目前来说，即使没有人在当地居住，人们都不会把自己的土地或者家屋卖给其他人家，除非决定以后不再回来等特殊情况。很多都会把自己的老家管理好，把家屋卖出都是万不得已的情况。在南花村，女儿出嫁后，土地就归父母所有，若父母年龄大了不能再种植土地，就会把土地再分配给赡养他的儿子，若没有子女就再把土地分配给兄弟们。当然，分配土地的情况不仅仅与地方习俗、家庭情况等有关，还与时代变迁、地方经济的发展等方面都有关系。以南花村来说，由于地方土地的增值空间不大，人口外流比较多，土地相对不太受到人们的重视。地方发展经济的方向呈多样化，如发展旅游业、许多人在外打工等，多数人家都认为在家种地的收入不理想，闲置的土地就比较多。因此，人们对土地的分配不是很在乎。土地都是给有劳动力、有意愿种植的家庭成员管理，若老人把土地分给女儿，儿子们也不会有大意见，或者是儿子中哪个有能力劳动就由哪个来继续耕作。针对不同情况也有不同的处理原则，在村子里也有这样的情况：若是有过继的孩子或是从外面带来本村的孩子 ，财产继承权与亲生孩子的继承权是一样的，土地的分配都是同等对待。土地栽种的松散性也是促进社会交流的重要途径。到了栽种的季节，女儿们也回来种植自己分配到的那一份土地，不仅增加了交流的机会，同时也增强了一种家园感。

五、村治

南花村村庄治理在不同时期也存在差异。据当地的老人们说，村寨过去很长时间都是实行村寨寨主调控，内容如下：

> 我们南花村过去很长时间并不是由村委会管理，很多村寨的大事小事都是由寨主安排。寨主组织领头人管理村务，他作为村里一个使村子的秩序变得良好的代表。南花村那时候选寨主并不是国家选举而来，主是由那些在平时能够帮助人们解决纠纷，当本村受到别村欺负的时候能够站起来说服别人、给村民做主的人。这样的人是通过平时的作为，一天天地在人们心中有了一定的威望以后，自然选出来的。至于那些有钱有米但是不能够为老百姓出头，甚至欺凌老百姓的人家，人们是不会同意他作为这个村的寨主的。所以，寨主这个人物在南花村应该是一个正义而且公正的形象，这样的形象也带领以后的村风变得纯洁而质朴。寨主选出来以后，需要为大家做事，在村里需要帮助的时候出面解决事情。南花村主要是履行村规民约，在以前，人们行事会依照村寨的行事条例，就像现在的人依照国家的法律来约束自己，在法律允许的范围内活动。人们会一起商议，哪种行为值得提倡，哪种行为应该受到惩罚，品质的好坏应该得到相应的奖惩，把社会风气树立起来，把人们的行为约束起来，从而尽量使村子里有个良好的秩序。在商议好村规以后，寨主会拟成一个协议，写在一张纸上，之后把它挂在村里一个大家都能够看到的地方。比如，张三偷了李四家的瓜，那么这时候就可以按照这个协议，对张三做出相应的惩罚。寨主还要对村民内部的纠纷进行调解。如果说，两家人有矛盾，那么寨主就应该对这两家人

图1.24　法制宣传牌（余舒摄）

进行调解，合理地评说。当村民遭到欺凌的时候，寨主也应及时站出来，为村民出头，为村民撑腰。现在我们南花村很多事情都是由村委会安排，村委会的很多干部对我们村的人的情况都很了解，他们经常都会来我们村的各家各户了解情况，如这家人有哪些人在家里，哪些人外出打工，哪些人可以参加旅游的开发，哪些方面需要进行改造，哪些方面需要加强建设才能发展村寨等，他们都会亲自来考察，而且很多情况都是由村寨的人向他们汇报。当然，我们村的很多事情都是地方行政机构在管理，如在地方政府、村委会各级机关、机构的调控之下行事之外，再根据我们的实际情况和传统文化的基础之上逐渐制定我们自己的一些村规，即结合村寨的情况，建立在和大家一起商量的基础上，把地方传统的、优秀的地方制度上升成为一定的条例，形成文书的形式，让村民们时刻谨记村规，使村寨的秩序更加完善、合理。我们的村规民约并不是一个大家商量就可以形成的成文法，而是制定出大概的制度以后，把它传上去给政府审查，经过政府审核通过以后，还要给每家签字，当这些所有的程序都完成以后，村规民约就形成了。通常，村规形成、确定之后，就会利用牌子的形式放在南花村村口。现在你们看到的那些村规民约就是以这样的形成的。这些牌子并不是静态的、当摆设用的，这些牌子上的内容都会随着时间、社会的变化等而发生变化，但是无论变化与否，只要是上面的内容，都是大家应该遵守的行为规范。

图1.25　村里的宣传牌（一）（余舒摄）

图1.26　村里的宣传牌（二）（余舒摄）

图1.27　村寨治理目标（余舒摄）

六、地方工艺

刺绣是当地手工技艺中重要的内容。刺绣不仅表现苗族服饰之美，同时也是社会历史文化的活化石。苗族服饰上的刺绣图案起到了文字的作用，苗族在刺绣图案艺术中形成了自己的“无字史书”。苗族分布在不同区域，由于各地方社会历史文化、生态环境等方面的差异性，不同区域乃至于同一区域的服饰都不同，刺绣内容显然也是不同的。因此，苗族服饰种类多，颜色各异，花纹、图案纷繁复杂。尽管种类风格多，但也有很多相似之处，如花纹的样式主要为龙、鸟、铜鼓、花卉、蝴蝶等动植物。

苗族刺绣历史悠久、精美绝伦，享誉国内外。先不说刺绣的花纹复杂美妙，光是刺绣里包含的爱就很伟大了，刺绣花费时间很长，一针一线都是良苦用心。

苗族刺绣内容丰富，但是随着社会的发展，各地传承和保护的状态不同。以南花村来说，在传统社会之中，刺绣是当地女性必须掌握的一门手艺，也是鉴定女性本领的标志之一。因为在很多礼仪场合之中，服饰都是很重要的，如在婚礼上，男女双方都要穿上刺绣的服饰；在很多节日活动中，人们也都要穿上漂亮的刺绣服饰等。此外，刺绣不仅仅存在于苗族人的生活用品中，同时也是可供欣赏的重要工艺品，这一特点在现在更为明显。在南花村旅游业发展的过程中，刺绣也成为当地人赚钱的一个路径。许多妇女把刺绣的工艺与现代元素结合，制作成刺绣包、挂壁刺绣等精美的工艺品卖给游客。刺绣花费时间长、消耗精力大，所以价格也很高，一般游客不会购买，而且成品过少也不能做到真正的规模化售卖。后来，其他地方的人开始使用机绣，刺绣品大量出现，价格适中，游客可接受，南花村的许多妇女便以进货的方式开始售卖刺绣品。也有些妇女利用自家的刺绣服饰出租获利，为游客提供苗族服饰拍照，一次收费 10 元或者 20 元。游客不仅体验了苗族服饰的精美，还留下了照片纪念，而且价格便宜，这一赚钱方式在村子里随处可见。有的村民爱惜刺绣服饰，害怕游客损坏，后来还到凯里买了比较轻便的、抗损坏的服饰。

凯里周边的苗族男装基本相同，而女装有挂丁型、凯棠型、舟溪型、湾水型四种。据行政区划，两板凳与挂丁都属于开怀区，据服饰花纹等，南花村的服饰属于挂丁型。女装的独特之处便是它的刺绣精美。苗族的刺绣有着悠久的历史，具有独特的民族风格和技巧，光是刺绣的针法就有很多种，有平绣、辫绣、缠绣、绉绣、贴花、抽花、打子秀、堆绣等。苗族的刺绣色彩鲜艳明亮，形成了很强烈的对比，给人以醒目的视觉冲击，让人目不暇接、过目不忘。有的纹绣还保存着许多远古文化和原始艺术的特征，它使用的诸多奇幻的形象蕴涵着神秘的观念意识。从某种意义上来说，他们是铭记在服饰上的一部鲜活历史，从一个侧面体现出苗族社会历史的发展。所以说，苗族服饰是“记载着历史的史书”，一件衣服就是一部史书，苗族服饰有“穿在身上的无字史书”之美誉。

刺绣用的线是蚕吐出来的丝经染色加工而成的真丝线。在民国时期，南花村的家家户户都养蚕来制作白线缝制衣物。在技术不发达的情况下，利用蚕丝制作白线的方法是较为复杂的。据文正英介绍，养蚕会得到一个个完整的蚕茧，剥去外面较乱的丝后，把蚕茧放在开水里泡半个小时左右，用一根小木棍找到蚕茧的丝头，再用一个可以转动的工具来转动收线，之后再把蚕丝两两缠绕在一起就形成了线。刺绣的颜色较多，只有黄色可以到山坡上摘一种植物进行泡水染色，而其他的颜色就只能赶集时到凯里购买。刺绣线备齐后，妇女们就开始缝制盛装了，在纸张或者布上勾画花纹，按照不同的绣法一针一线地缝制。完成一件带刺绣的盛装通常需要两三年之久，工序烦琐，需要很大的耐心才可以绣完。

男性服饰。据老人们回忆，不同年代的服饰不同。清代男性留长发，头包青布帕。有的穿短衫，下装穿宽裤，通常穿自己做的草鞋，有的还用青色布裹脚。民国时期留短发，头包青色布帕，身穿对襟衣、中山装等。目前还有一些老人仍然穿着传统的服饰，如上衣是黑色的对襟衣，裤子是宽裤长裤，或者穿中山装等。总的来看，现在的男性服饰呈现多样化。

女性服饰。民国以前头饰为倌髻、别银簪、插木梳、搭青布帕，上身穿翻领开胸下交叉素服，下着百褶长裙过膝，脚穿草鞋或者花布鞋。民国时期头饰如故，衣镶嵌花边，胸前系花围裙，部分下装改长裤。1949 年后，特别是20世纪80年代以后，除了头饰和上装基本保留原风格外，其他的基本现代化了。盛装在盛大节日、喜庆时穿，布料为家机青布或青、蓝等深色绫罗绸缎，大袖开领，胸前开叉（右襟盖左襟），衣襟、衣袖、背肩镶嵌刺绣花边。中下部缀银片、挂银铃、嵌银泡。藏青色家机布百褶裙（实际有1000余褶），长至脚背，重约两千克，前围绣花裙帕，两根帕带往后打结，带头撤须系圆珠下吊。头绾发髻，戴银花，插银梳、银簪、银角，耳戴耳柱或者耳环。颈戴银项链、银项圈、银压领，手戴银手钏，指戴银戒指。一套完整的盛装，有5千克左右的银。①

竹制品也是地方工艺的重要部分。我国竹子分布广泛，产量高。竹子的种类多，不同生态环境适合于不同竹子的生长。我国的西南部不但是亚洲竹子的主要起源地，也是现在竹子的重要分布中心。以贵州来说，其气候类型属于亚热带湿润季风气候，气候温暖湿润，大部分的竹子都可以在贵州栽种，比如毛竹、凤尾竹、紫竹、早园竹、刚竹等。由于竹子的品种和生长程度不同，各地制作的竹子工艺品也有区别。如黔西北一带相对于其他地方来说，气候稍微干燥些，该区域的竹子就没有黔东南等地的竹子长得茂盛，做的工艺品的类型也就不同。黔西北的竹子主要用来做简单的箩筐之类的工具，他们按照竹子的大小将竹子分为文小竹和大竹，很多家庭用小竹来做扫把或编制细密的箩筐，用来装玉米的竹箩、用来挑菜的菜篮子、打渔用的鱼兜、用来装家禽的透风竹筐等。而黔东南一带气候更湿润、温度较高。因此竹子比黔西北的好，人们除了制作箩筐外，还制作各种精致的乐器，如芦笙。

竹在各民族的历史文献中都有记载，这也与各地方种植竹子的长久历史有关，人们种植竹子一方面与生态有关，同时也是人们精神文化的反映。许多古代文献都从不同的角度描述了竹子的种类、形状、分布和特性等，以及竹在我国古代社会生产和人们日常生活中的广泛用途，这对我们进一步认识中国竹的自然属性和文化属性很有帮助。如《山海经》有这样的记载："竹生花，其年便枯，竹六十年一易根，易根必经结实而枯死等。"

① 凯里市地方志委员会编《凯里志》，方志出版社，1998，第180页。

竹子的再生能力很强，存活的时间也很长，南花村的人还会借竹子来推断某地是否曾经有人居住。南花村也栽有很多竹子，一方面作为当地的风景线，另一方面会用它来做日常生活需要的很多工具、乐器等。竹子也用在很多礼仪中，如出生礼仪、建桥礼仪、葬礼、苗族年、清明节等，都表现了竹子的文化象征。出生礼仪中，竹子主要象征生命的旺盛，寓意祈福刚出生的小孩茁壮成长。建桥礼仪中，竹子是鬼师祭祀时不可或缺的；还有在葬礼之中也是不可缺少的物品之一，比如很多地方的人们在竹子上写上祖先的名字，以此来象征祖先等。

竹编这种工艺不仅仅满足了当地人的日常生活需要，也为他们带来了一大笔经济收入。当然，竹编工艺带来的经济收入不仅来自直接的方式，也有间接方式。直接经济收入如把以前所掌握的技艺转化成为商品，当地一位老人说："以前我们用竹编制的箩筐等，都是自己家里背东西用，或者很多筛东西用的筛子都是帮别人做的，没有想到现在还可以挣点盐巴钱。我们编织的东西都要随着时代的改变而变化，以前主要是农业用品，现在主要编织一些袖珍的工艺品，如古代人下雨天佩戴的竹帽、手提的竹箩，还有芦笙等。"制作这些竹编工艺品的目的并不是销售，实际上销售量也不大，主要是增强了文化氛围。游客来了，欣赏这些传统工艺也是他们旅游的重要内容，从而带来了游客的增加，是一种间接的创收方式。我们调查发现，村子里有一位苗族芦笙制作传承人，后来被旅游公司雇用，夫妻俩每天在游客集中的地方制作芦笙，而且只用传统的纯手工方式，竹子等原料都是由旅游公司提供。他们在制作的同时也解答游客的疑问，告诉他们如何吹奏等。这些都是给地方带来经济收入的间接方式。而旅游也是推动当地苗族文化传承的重要动力，当地苗族文化丰富，在不同时期的地方生态、文化交融、多民族互动等背景下，当地的苗族文化、苗族村寨、人们的观念也发生了变化。依靠地方历史文化打造地方文化生态，促进了经济收入的提高，也使得当地人产生了归属感和自豪感。他们会努力还原、传承传统的竹编文化，也使得一系列与之相关的故事、传说、民族的迁徙等地方知识再现，进而使得各种文化得到了结构性的、活态的传承。显然，手工技艺等地方历史文化记忆，促进了当地人的族群文化认同和文化自觉意识的增强，同时也如中国的很多地方一样，促进了地方经济的发展。经济的发展不仅仅带动了物质方面的发展，也促进了地方的精神文化更加饱满。

图1.28　当地对手工匠人的介绍（余舒摄）

当地人制作竹编工艺品，需要用很长的时间来选材料，根据老一辈的经验，水竹的坚韧性更好些，不容易折断，更合适制作各种工艺品。制作的步骤如下：第一步是选择好的竹子，并且以茂盛的家边的竹子作为首选，因为茂盛的竹子砍了后，能促进新竹子发芽、成长。砍下竹子后，要把叶子去除，然后用他们打制的小刀把竹子划成很多片（当然，制作不同的工具会把竹子划成不同的形状，这里讲的是制作箩筐之类的工艺品），还需要把里面白色的皮除去。第二步，用较粗的竹片来做主体，用柔韧性强的竹片来作为辅助的部分。制作箩筐时，是先把底部编好，由于底部承重更大，选择的竹片都是比较厚实的。制作用来装酒的筐时，也是选用宽厚的竹条，并且编织的空隙大，用的竹子相对少些。而制作手提的竹箩筐时，选用的竹条较小，编织得比较密，需要的竹条量大。第三步是在基本支架的基础上依次用细竹条有规律地交叉分布，竹条与竹条相互固定，调整成一定的形状。最后一步是封口，通常选择长的竹条来做，让它不会散开。

目前来看，当地掌握竹制技艺的人并不多，多数是很长一段时间以来通过各种方式坚持下来的，如有的是想外出打工而被当地留下打造地方旅游文化的，而有的人是在比较他的技艺在当地的收入和外地打工收入后而留下来的；有的是因为掌握这门技术时间长，经验丰富，加之如今又有了市场；有的是因为年龄大，只能靠这一门技艺来获得经济收入，但是这样的人为数不多，这些老人不仅为自己编织农业用具，同时还帮助寨子里的人们制作。当然，目前制作这些东西的人少，他们又受到了地方人们的重视，有的邻居村寨的人也来请老人帮忙制作，老人也会象征性收取的费用。当然，在制作工艺上，不同的师傅能力不同，有的人编织的竹制品具有一定的审美性，这样的人在当地是比较受到欢迎，并且他们的活儿也很多，主要通过当地人之间相互宣传的。

他们通常是为自己家庭编织的生活用具，若邻居有需要的，他们也帮助编织，不收取任何资金，不用于买卖，多数出于关系、交情，但在有的情况下，若是有其他村或不认识的人登门，请求自费帮忙制作，老人会收取一小部分的费用。当然，编织手工艺的发展、目的、材料等也是随着社会的发展而发生变化的。

图1.29 木桶（余舒摄）

图1.30 竹筐（余舒摄）

房屋建筑。首先是居住地的选择。苗族居住空间同很多其他民族一样，也是经历复杂的程序形成的，当然，其程序也因社会的发展、人们的观念、不同的宗教信仰等因素存在差异。但是总的来看，适合居住是人们共同的目标，下面对南花村苗族居住空间展开分析：

第一，迁徙故事。当地人回忆，他们的祖先起初选择居住地点与鹅的传说故事紧密相连。从前述的故事内容可知，他们的祖先通过观察鹅的生活情况得知该地适合居住，于是选择此地作为居住地。他们发现鹅这个地方生蛋、孵出小鹅，在天气热的时候，鹅就会带着它们的孩子去巴拉河里游泳，还发现山上有清凉的山泉水，所以饮水方面就不会存在困难。人们还发现山上有很多能吃的野果，山上植被丰富，环境优美。人们了解到这些得天独厚的条件之后就决定选择南花村作为居住地了。从栖居地的多方考虑来看，不能仅用“风水”或“迷信”等简单的词来解释他们选择房屋的文化逻辑。总之，他们选择栖居地是他们文化智慧的体现。

第二，宗教因素的不同构成了同一村寨人们选择居住地的差异。从上述田野点的介绍可知，村寨信仰基督教的人群在选择居住地时，由于对于地方的认知不同于非信仰基督教的人群，在行为实践方式上具有差异性，他们主要看重于世俗性，有的看重生活是否方便等。但是信仰苗族民间文化的人群不仅关注世俗性，还要关注有关神圣性的方面，神圣性的仪式主要是由当地的苗族鬼师来负责，鬼师的任务就是主持苗族人群社会生活的神圣性实践。因此，不同信仰的人群在同一行为事件中由于认知不同，行为方式也是存在差异的。

第三，房屋的构造。南花村房屋的建筑通常依山傍水，由于地势的特点，通常选择杆栏式吊脚楼的结构。也就是说，吊脚楼建在斜坡上，把地削成一个“厂”字形的土台，土台之下用木柱支撑，按土台高度，取一段装上穿枋和横梁，与土台齐高。吊脚楼一般为多层，有两层、三层至四层，层数的多少依据家庭经济条件来定，通常三层居多，最顶层用于储存粮食或者堆放杂物，中间层供人居住，最下层由于比较空旷、通风，通常用作牲口圈或放杂物。房顶大多盖青瓦，平顺严密，一幢幢吊脚楼沉浮于朝雾夕烟之中，有如海市蜃楼。

目前，随着村寨旅游的发展和外出打工人员的增多，村寨建房的手艺人逐渐减少。有个别的人在坚持，主要是因为从小就已经学到此门技艺。

第四，建筑的程序。一是选好建房地址打好地基，在不同年代选用不同的材料。当地人向我们讲述了这样的内容：

> 在我们这些地方，20世纪70年代以前买不到水泥，只能用泥土和石沙混合打基础，所以不牢固，通常雨天就会被冲坏，并且不平。到改革开放后才有水泥，从那时起家家户户打地皮就选水泥来铺设，当时水泥价格也比较贵，多数采用土和水泥混合。现在水泥到处都有，价格相对便宜，并且牢固、平滑、好打扫，家家户户都选用水泥来打地板，还有的条件好的人家为了美观，会选用不同的瓷砖来铺地板。

二是时间的选择。人们建设房屋时，都会选择恰当的时间，如避开农忙季节和旅游高峰期。南花村一年四季比较分明，人们通常选择冬季建房，因为冬季旅游属于淡季，人们比较闲暇。还有，他们认为冬季木材已干透，即使是新砍伐的木材也不易被虫蛀。

三是木匠画设计图。通常，木匠在建筑房屋之前都要预先设计图纸，主人家同意之后才能建。木匠为房子主人专门设计出符合地基与主人要求的设计图以及房子各个部分的比例，然后再计算好所需的木材。

四是木材的选择。当地树木种类丰富，有松树、杉树、毛栗树等。当地每家人都有自己的山林，除特殊需要外都不愿意砍伐，他们认为保护森林也是保护生态。在2000年之前，建筑房屋的木材来源于自家的山林，建房木材以笔直的杉树为最佳，一般要直径10厘米以上的。若杉树不够也可选松树，砍伐的树需要经过一段时间的加工才能用来建设房屋。先把树木的皮层刮去等其晾干，不能让太阳暴晒以防裂开，有的是先用长锯子锯成板子之后再进行晾晒，干后才能使用。目前，人们通常不用自己的树木来建房，因为砍伐木材和制作木材等程序需要花费的人力和财力比直接购买的多得多。人们出于省时省力等方面的考虑，多从周边市场上直接购买。

五是立柱子。此过程就是将按比例加工好的木料，按设计图架好房子的一面柱架，再将架好的几面柱架用榫卯连接、巩固，形成整栋房子的框架。

六是上梁。上梁是当地人建设房屋中的重要礼仪，需要摆酒席，邀客人来喝酒，举行上梁的仪式，从房梁上撒糖、糯米粑等。

七是盖瓦。南花村房屋用的瓦一般从黄平等地购买，一间房子通常需用到1万片瓦左右，盖瓦讲究密集、防破、不漏水，一栋三间的吊脚楼至少要花费2万至3万元的瓦。铺盖瓦片之前，需要用木条均匀铺于房梁上，再将瓦片按一排正面一排反面的顺序铺在木条上，盖好之后将房顶两端交接的地方用瓦片盖好，再于房顶中间用瓦片搭出一个塔一样的形状，两端搭成牛角的形状，于瓦檐处将木块钉上一块小木块（木块可以是多种形状的，如三角形、五角星形等），这样做的目的是使瓦片更加固定、不易掉落，也更加美观。

八是装修。先装墙壁，再装修楼层，然后装修窗户。装修房屋的各部分都按照需求进行，窗户样式多样。随着外来文化的影响，人们的选择呈现多样化，越来越丰富，从简单的传统纯木板窗到当今的推拉式雕花窗，窗格之间也用木板镶嵌其中，采光好且更美观。装修门时也会留下一个空格，由于木材没有完全晾干，缩水后出现缝隙，待到一定时间之后进行修补。装修完之后，还会刷桐油。将桐油煮热，在刷的过程中才易渗入，利于防虫、防渗水、防腐蚀，经济条件好的人家会进一步在上面再刷一层清漆。木工们利用的工具也呈多样化，从传统的刨、锯、弹墨等发展为多种电力工具，更方便、省力。当地木工不仅会修建房子，也会做其他木工，如凳子、人靠、桌椅、柜子等。现在，人们经济宽裕，物质更丰富，审美多样化，很多人家的家具都会从外面购买。传统的手工打造的全木家具价格比较昂贵，并且式样比较单一。因此，当地木工做的很多生活用具并不是很畅销，这也使得很多人不愿意花费时间去学习这种技术，导致匠人的技术传承也受到了限制。

图1.31　翻修房屋顶部的瓦片（先放梅摄）

当地人传统技艺内容丰富，如修建吊脚楼、锻造银饰、纺纱织布、制作芦笙、豆腐、酿酒、编草鞋、编鱼篓等，丰富多彩的传统工艺凝聚着地方特色和民族特色，为地方增添了区别于其他地方的个性。有的技艺靠旅游业市场的发展获得了生存空间，甚至从濒临消失的处境走向了繁荣。

七、多元文化交融的宗教背景

从上述内容可知，南花村几乎是一个单一民族居住的区域，但它也如同其他地方一样，是一个多元文化长期交融的村寨，它不仅具有少数民族文化，还受到了西方文化等多元文化的影响，其中，礼仪也是表现多元文化影响的重要方面之一。因此，介绍礼仪的内容前，需要对村寨的多元文化背景有所了解，下面从宗教的角度介绍多元文化渗透的南花村。

南花村上寨和下寨在地理、人文方面所体现出来的宗教特点既有相同性也有差异性。上寨有一个基督教教堂，从上寨人的屋内布置来看，信仰基督教的家庭在空间布置上明显有基督教文化的影响，如堂屋中摆有十字架，还有很多展现基督教文化的照片，也有主人和牧师一起照相的照片、在教堂做礼拜的照片、因为得到资助到外地进修交流的照片等。除了照片以外，信仰基督教的家庭还有很多关于基督教的典籍，如《圣经》、赞美诗等。不仅仅有这些物的符号，还有社会记忆。很多基督教徒向笔者介绍说，基督教传播到他们的村寨已经有很长的时间了，老一辈的人都信仰基督教，而且有的还对信仰有了新的演绎，如说祖辈们搬迁来此是由于牧师的发现等。他们把宗教文化渗入到居住空间和日常生活的各个方面，在他们的话语中也不时表露着信仰给人们带来的意义等。基督徒通常在星期天都要休息，大家都集中在教堂唱诵礼拜歌，也要过圣诞节、感恩节等西方节日。可以说，上寨是一个多元文化交互的文化空间，有着汉文化、苗族文化和基督教文化的交融。

图1.32　基督教教堂（余舒摄）

据人们介绍，南花村的潘家信仰基督教的时间比较久远，而且老一辈在传教方面做了很多努力和贡献，村寨的教堂里对此有所展示。

图1.33　南花村教堂（黄启香摄）

基督教于光绪三年（1877）传入贵州，在贵州传教期间，曾兴办学校、报刊、医疗及慈善事业。光绪二十一年（1895），基督教内地会总会命令其在西南地区的传教士，要求他们尽快学会苗族语言，开展在苗族中的传教。1896年，英国传教士韦伯和苗族布道员潘寿山，为吸引苗族群众，在清水江流域及巴拉河南花村等苗寨传教，一边替人看病，一边传教，吸引了部分苗族群众参加基督教。光绪二十四年（1898），韦伯因病回国，澳大利亚传教士弗莱明和潘寿山接替传教工作，并结识了年仅15岁的勤奋好学的苗族少年潘崇德。潘崇德在南花村等地传教，为当地群众做了许多公益性事业，并在南花村苗寨建立教堂，受到了群众的尊敬和爱戴。据当地老人口述，在南花村，180户的居民中有20户信仰基督教。据村主任潘海荣口述，在南花村的基督教徒中，会有两三个人去管理、组织基督教徒。在每个周末，基督教徒纷纷自发地到南花村的基督教教堂里做礼拜，他们一起唱歌、看书或者诵经。当然，基督教徒有他们的禁忌，据当地人介绍，南花村的基督教徒吃的肉必须不是星期日杀的动物。参加教会活动的人多数是信仰基督教的人和他们的儿女们，通常，不信仰基督教来教堂的人通常都是教徒的朋友，他们来参加活动主要是在特别的活动场合中，如圣诞节、感恩节等节日活动时，教徒会邀请朋友们一起来参加活动，但在平时周末做礼拜时不会来参加。当然，有时年轻人举行婚礼时也会来到教堂里请牧师做祷告，这样也表现信仰的虔诚，同时反映出信仰也渗透于人们的实际生活之中。其实，基督教的信仰渗透到了很多社会活动之中，如葬礼、婚礼、出生礼仪等方面。人们举行很多上述礼仪活动时，都会邀请当地基督徒或者牧师们唱颂歌、讲道等，根据不同的礼仪活动，讲道的内容也不同。

图1.34 男女青年举行婚约承诺仪式的教堂（黄启香摄）

对于基督教，普通人大概只知道“圣经”“耶稣”“祈祷”等几个重要的关键词，但没有十分深入的了解。“做礼拜”也是基督教中一个必须要有的程序，礼拜是基督教的重要活动。南花村有十分虔诚的基督教徒，我们有幸在星期天的时候，看到了南花村的基督教徒在教堂里做礼拜的过程。上午十点左右，我们来到教堂，最先来的是一位老人，他来了以后就整理书桌上的书，由于我们的采访，他暂时停下了手中的活。老人名叫潘仁欧，出生于 1963 年，是这里的神父，老人说他每个星期天都会来这里，我问老人要是严寒或是酷暑他还会来吗，他说：“当然要来，从小时候到现在，我已经坚持了几十年了。”我不禁诧异了一下，一个信仰对人的影响多么大啊，几十年来的虔诚信仰，正体现了信仰给人的影响不只是行动，更有一种坚强有力的美好品质。其他的基督教徒也陆续到了，十点半左右，老人开始坐到钢琴面前，翻开歌本弹奏起来，坐在下面的基督教徒很熟练地跟着唱起歌来，内容大概是赞美耶稣的，之后便是反复地唱歌、诵经。在这期间，有的基督教徒认为自己做完礼拜了，就自行离开了。在教堂正面的墙壁上，我看到了一份关于圣诞节的账单，单子上标明了花生、饼干、杯子等用来过圣诞节的物资明细。

定期参与基督教活动早已成为南花村信仰基督教的人们生活中重要的组成部分。虽然村委基本上不过问基督教会的事务，但在基督教堂左边的墙壁上，我们发现了几款牌子，《宗教场所政治学习制度》描述了在基督教场所基督教徒的学习计划、学习内容、学习时间、学习档案。学习内容包括马列主义、毛泽东思想、邓小平理论、“三个代表”重要思想和科学发展观等基本理论和党的路线方针政策。《爱国爱教公约》的大致内容是要拥护中国共产党和社会主义，遵守政府的政策，提高警惕，加强团结等。其中有这样的表述：“拥护中国共产党的领导和社会主义，热爱祖国，遵守《中华人民共和国宪法》积极为社会主义现代化建设贡献力量。”“与各派之间加强团结，互相尊重，互相爱护，共同构建和谐社会。”这一定程度上体现了国家允许宗教在国家法律法规所规定的范围内活动的，不能超过这一范围组织活动。可以说，村委与基督教的关系既是分离的，又是统一的。

图1.35　教堂内的一些书籍（黄启香摄）

八、旅游

由上所知，南花村是个群山环绕、资源丰富的苗族自然村寨。村寨的房屋依山势建设，一排排的吊脚楼层层叠叠，在参天大树和绿竹的映照之中更显其壮美，其良好的地理环境和得天独厚的美丽风光、丰富多彩的民族风情引来了很多国外国内的游客，传统文化促进了该村寨传统文化旅游的发展，进而使得村民经济收入的方式、渠道多样化，提高了人们的社会生活。

南花村的旅游开发比同地区的其他苗族村庄更早，由于地理位置的优势，交通的开发也比其他地方更好。自 1998 年南花村开始发展旅游以来，村民收入不断提升，特别是 2003 年至 2005 年，可以说是南花村旅游发展的鼎盛时期。但 2008 年南花村村寨前的公路需要扩建，交通不便，同时，西江千户苗寨此时开始发展旅游，南花村的游客转向了西江千户苗寨，受此影响，南花村旅游业开始衰落；在公路扩建完成以后，政府亦没有进行相应的扶持与宣传，南花村的旅游业想要兴起，仅仅靠村民很困难。但是此区域的传统文化长期以来保留得相对完整，并不是很多学者所说的地方传统文化的保留程度和它与外界的交流程度成反比。从南花村来看，他们一直以来都受到了外界的影响，他们的文化、经济等一直都与外界有着密切的联系。2018 年，为了响应国家乡村建设的政策，政府对南花村的旅游进行重建，与凯里市的歌舞团合作，歌舞团也就成了南花村的帮扶单位。在旅游团带游客前往南花村的时候，歌舞团就安排相关的人员去南花村进行表演，让游客欣赏苗族人民的歌舞。在调查的过程中也发现，南花村的旅游旺季一般在春季和夏季，秋季和冬季由于天气寒冷，几乎没有游客。春夏两季游客众多，秋冬时寨子里人烟稀少，农家乐、副食店、摆在院坝的小摊点都不再营业。

显然，他们的文化传承相对较好与外界的关注有关，当然，还与他们的民族居住特点有密切的联系。南花村几乎处于单一民族居住的状态，是一个自然风光秀丽、民族风情浓郁的苗族村寨。自然生态和人文环境的丰富性使南花村被列为贵州省乡村旅游示范点，之后，政府为了打造村庄旅游，先后建成了南花村桥（由贵州省原省长王朝文同志题字），实施了“农家乐”旅游项目，在传统的基础设施上建设、完善各种设施，如完成了村寨步道铺设，重建苗家祭坛、后寨门、神泉、新芦笙堂、苗族图腾柱等传统文化浓厚的建筑，使南花村传统文化旅游设施进一步完善，旅游接待能力也日趋增强。村庄的专栏上还记载了接待过很多突出人物，如原国家副主席曾庆红，全国人大常委会副委员长许家路，铁木尔达瓦尔买提及王文元、朱铁龙等中央领导人和非洲国家的政党领导人。南花村村委分别被中央、省、州授予“全国先进党组织”“省先进基层组织”和“全州先进基层组织”，被黔东南苗族侗族自治州委命名为“红旗党支部”“文明村寨”等称号，现在的南花村已经脱贫，从一个追求物质经济发展的村落逐渐过渡到追求美好精神生活的村寨，村庄的旅游使南花村扩大了声望和知名度。一方水土养一方人，地方的生态和人文共同构建了和建构了当地丰富的礼仪。正是风景秀丽、具有丰富的自然资源和人文资源奠定了南花村丰富多彩、具有民间深厚意蕴的礼仪，如富有哲理又悦耳、押韵的苗族歌曲，文化内涵丰富的锣鼓舞蹈、祭祀礼仪、节日礼仪、建筑礼仪等，还有独特的带有民族文化风格的村寨建筑模式、居住模式、饮食文化等。这些丰富的与其他地方有差异性的文化深深地吸引了游客。

据当地人介绍，地方政府在不同的时期都对当地的旅游发展做了很多工作。如 1994 年，跨过巴拉河连接南花村和其他村寨的主要桥梁——南花村桥开始修建，交通逐渐得到改善；1995 年，凯里市人民政府多方筹资后拨款 60 万元修通了长 70 多米的跨河大桥，还对南花村的通电照明、进寨公路等一大批基础设施加强建设；1996 年以后，交通和当地电网等现代化工程逐渐改善之后，慢慢地就有了不少游客前来，旅游业慢慢在这个地方兴盛起来，这也促使地方政府制定了发展旅游的方案。村委领导对地方群众进行多方面的培训，从而开阔了地方群众的意识，如进行了多方面、多机构的对各方面需要的人才进行培训等，并且对不同人员结构、不同社会组织、不同性别结构进行分工，切合地方人们的特点进行专门的培训。群众的意识观念从开始的迟疑、忧郁转变为主动、积极。人们直到今天还经常回忆起最初发展旅游的艰难。

据当地老人介绍，南花村发展旅游困难重重，特别是当初得不到村民们的支持，大家认为旅游会破坏原有的文化，而且当时很多人不会讲汉语，要和游客交流比较困难，现在的很多老人家都是后来和游客接触多了以后，才慢慢学会汉语的。很多妇女、老人都没有上过学，不认识多少字。因此，当时地方政府和村委花了很多人力资源来对他们进行培训，特别是以上夜校的方式来教授他们认字、说汉语。因为此区域长期是一个单一民族居住的地方，特别是2000年之前，很多人都是以自给自足的方式生活。因此，和外界交流的机会也相对较少，虽然这里长期以来受到了外来文化如基督教文化的影响，但是在很多场合都是以自身民族的交流为主，即使有基督教堂，但是多数情况都是本民族在一块学习外来文化，如讲道、唱赞美诗等都是运用苗族语言来授课的。现在，很多村寨人们的经济收入多元化了，不像以前只能靠自己喂牲畜、种田地才能获取收入。在过去，因为经济收入单一，人们特别看重每一块土地，很多纠纷都是因为土地的界限不明确而引起的。今天，人们不再像以前那样重视土地，很多收成不好的、贫瘠的、离家远的土地就被闲置成了荒地，或者用来撒草喂牲畜从而获得可观的收入。很多人家只是选择几块肥沃的土地来种植，而且都是大多靠老人来完成。村里的很多老人都是早上迎接游客，下午种田、喂养牲畜。他们每天一大早起来就穿上盛装，开始各理其事。村委员通常根据老人们各自的特长进行任务分配，唱歌好的老人就集中在迎接地迎接客人，迎接客人时主要唱诵苗家的欢迎歌、飞歌，游客们也在这些歌曲中感受到浓浓的苗族风情。

各种礼仪的礼节都是按照传统的一套进行，女老人唱诵丰富的飞歌、祝词歌，老人们都是很乐意来迎接游客的，因为他们认为自己这个年龄也干不了多大的事，唱歌在娱乐的同时还能获得一点收入。村寨也为老人们修建了长凳等，需要唱诵迎接游客时，她们才起来唱诵，空闲时就可以坐下来休息、聊天。吹芦笙、跳芦笙的是一些男性老人，因为迎接的人只能得到一点象征性的费用，年轻人一般不会参加这种接待。年轻的、长得俊俏、普通话好的男女通常会被挑选去当导游，导游的收入相对高些。当然，还有其他丰富的社会分工。有一定技艺的人也是给当地旅游带来客观收入的重要部分，村里就有专门制作芦笙、制作米酒的人家。但游客们通常只是看看，真正大量购买的人较少，对此，当地政府也给予了一些补贴。

村干部为了发展旅游也给村民做了很多思想工作，让村民们了解旅游是怎么一回事，旅游可以给大家带来一些怎样的实惠，希望把村民们组织起来，表演芦笙歌舞给游客欣赏。尽管工作在做着，但还是无法深入下去，有两类人群是发展旅游的最大困难。一类是村里的老人们，因为他们恪守传统，坚信古板的教条，不允许这些年轻人引外面的人来这里玩耍，他们认为这将会破坏寨子的宁静，还会损害这些神秘的古树；另一类便是一些性格比较内向的人，村里面组织迎接游客的芦笙活动，他们害羞，不敢去参与，导致参与的人数不够。大家没有参与旅游发展的意识，更谈不上行动了。这里的人从迁居到此地之后，世世代代都居住在这里，有着自己的民族语言，他们全都是苗族，只会说苗语，跟外界人沟通比较困难。困难虽多，南花村村组织还是迎难而上，继续把旅游朝前推进。南花村曾组织100多人的芦笙表演队，接待了来自西南各省七市、区在凯里召开中小城市协作会的代表，与会代表多达300多名，表演受到了高度赞誉。

1998年，陆续有单位和旅行团、游客等过来参观，他们会事先打电话预约南花村的村民，告知时间和人数，村里的主持人就会召集村民们开始组织活动，以便接待即将到来的游客。时间久了，旅游发展中遇到的问题开始慢慢得到缓解，村民们开始习惯了游客的到来，慢慢地接受了村里发展旅游，而且他们还从旅游中得到了实惠，从开始的抵制转变成了乐于参与。2000年到2007年，是南花村游客达到高峰的时期。2004年7月，国家旅游局授予南花村“全国农业旅游示范点”。村民们每天基本上会接待七八个旅行团，忙得不亦乐乎。仅2007年1月至11月，南花村共接待游客10.49万人次，旅游综合收入共计891.65万元。在旅游总体收入中，农家乐接待收入298万元，歌舞表演收入196万元，旅游工艺品收入186万元，其他收入211万元。2008年，由于修南花村对面的公路，封路一年，从此以后，南花村游客数量开始减少，南花村旅游开始衰落。外部原因主要是西江得到政府扶持，依靠自身资源优势，以西江千户苗寨而著名，成为旅游后起之秀。内部的原因是南花村的管理机制随着时间暴露出自身的问题，与日俱增的游客使小小的南花村供不应求。首先，客人到了南花村，吃、住、接待达不到客人所需，还有一些不均衡的现象开始出现了，一些农家乐生意火爆，另一些农家乐却十分冷清，甚至很多天不见客人的踪影。其次，游客虽多，“村库空虚”，村组织的资金来源只有门票收入，资金链单一，很多农家乐不愿意给予村组织一定的提成，支持村里旅游事业的开展，导致村里面无法支付为旅游服务人员的工资，基础设施无法更新换代等。最后，村里面对外开放程度越高，村里的人与外面的人联系越来越密切，很多人不再满足于村里的收入，开始奔向其他地方，寻求其他谋生的方法。游客来到这里，也没有多少人接待了，演出队伍出现了严重的缺失，队伍中的人需要村里给出固定的收入，但村里又无法兑现，矛盾凸显。2009 年到 2017 年，游客的大幅度跌落，2009 年，南花村凭每场收费 800 元的表演费，国庆节期间的门票收入达 15.2 万元；2011 年，贵阳一家旅行社组织了“万名老人到南花村”的活动；2016 年的国庆节期间，南花村游客有 1 万多人。到目前为止，南花村已经修建了进村的道路，建起了南花村桥，完成了祭祖坛、长廊、福音堂、芦笙堂、250 平方米的旅游接待中心、旅游公厕、南花村神井等一大批旅游基础设施工程项目。2017 年，村里面关于如何重新发展旅游，有了新的想法。由于缺少资金，南花村对外招商引资，即将与贵州南花村农文旅产业发展有限公司签订“农村土地流转合同”，预计土地流转时限共计 30 年，从 2017 年起至 2047 年止。结合外部力量与本地资源，共同促进南花村的旅游发展。

图1.36　酿酒、卖酒的商店（黄启香摄）

南花村于 2019 年 12 月被评为旅游景区后，又迎来大批的游客，特别是在 2019 年 12 月 16 日举行大型姑妈节活动时，吸引了很多游客来观看具有地方民族特色的姑妈节。

图1.37　接待游客吃饭的地方（黄启香摄）

姑妈们回娘家时的队伍非常壮观，具有100多人的队伍进入自己的娘家——南花村，她们的特别之处就是每个姑妈的肩上都挑着沉重的带到娘家去的礼物，她们回家带礼物不是用车，而是用具有地方特色的方式——用扁担挑，鸡、鸭、鱼、肉等礼品都装在竹筐里。她们虽然挑着沉重的礼物，但好像不觉得疲惫，而是一路欢声笑语地进入村寨，一路拍照。虽然姑妈回家已举行了多次，但是姑妈们还是会把她们每一次回家的情景留存下来，不放过每一次的精彩场面。而且每一次姑妈回家，家乡都有很多变化，特别是这一次，家乡已经由原来的传统村落改为现在的AAA旅游景区，使得姑妈们这一次回来的感受又和前几次不同了，特别是游客增加了，地方的很多文化不同程度地复兴起来。

总之，长期以来，南花村礼仪的传承和发展都是随着地方地理环境、人文环境的变化而不断地调适的。因此，对礼仪的整体性理解离不开对地方知识的了解。因为礼仪的发展反映的是地方人们的政治、经济、文化、社会的变化，也可以说，是多方面互动、调适的结果。礼仪是在地方动态的社会背景之下动态性发展的，贯穿于人们的社会生活的方方面面。虽然礼仪都是在整体性生活之中进行，但是各种礼仪在内容、进行的目的、意义等方面都是不同的，并且随着时代背景、观念的变化而变化，这是礼仪的一大特点。下文对礼仪的背景知识进行概况介绍。

图1.38　舞蹈表演（黄启香摄）

图1.39　吹芦笙（黄启香摄）

图1.40　在南花村广场跳铜鼓舞（黄启香摄）

图1.41　铜鼓（黄启香摄）

第三节　苗族礼仪概况

“礼仪”的“礼”是“礼节”，“仪”是“仪式”，礼仪即按照一定礼节举行仪式。礼仪的仪式和仪式词紧密相关，仪式是人们社会行为的实践，通过人们的肉眼能够观察，仪式词是用来解释仪式的，两者相伴而行，缺一不可，共同发生作用。

文化是在一定的环境之中形成的，不同的地理环境、人文环境造就不同的文化。文化不仅受地理环境的影响，随着地方社会经济的发展，文化也随之动态发展。因此，也可以说，文化在发展的过程中也具有延续性等特点。实际上，文化的形成是多种因素共同作用的结果。礼仪作为各民族文化的重要组成部分，也是各民族在长期社会实践过程之中形成的，除了具有自身的特点之外，也具有文化特征的一般性，如动态性、发展性、延续性等。从人类学整体观的角度出发，礼仪不仅反映文化的内涵，更重要的是地方经济、政治、文化等方面的互动反映。正是礼仪具有上述特点而使其随社会的发展而发展。以南花村礼仪为例，它不仅反映苗族文化内涵，同时也反映了它与南花村地理环境、政治、经济、文化等方面的互动性。显然，本书以礼仪作为研究对象，并不仅仅考察礼仪本身，而是以礼仪作为切入点来探究社会文化在具体时空中如何存活、传承的逻辑性。具体来说，就是考察南花村苗族礼仪如何与其政治、经济、文化等方面的互动，从而使得文化得以存活和传承。在社会历史发展的长河中，南花村苗族礼仪作为苗族文化事项的重要内容，涉及人类生活的广泛领域和不同层面。礼仪是主体性与客体性的统一，并不是传统的主体性与客体之间的二元分离，失去一方都不能促进礼仪良好地发展。二元的结合才是南花村苗族礼仪得以活态发展的重要源泉，也就是说，这种动态性发展背后反映的是哲学性的特点，即作为主体性的人也不能完全控制礼仪的发展，其是随地理环境、政治环境、经济环境等客体而动态发展的。

南花村礼仪由丰富的符号系统构成，凝聚了南花村苗族丰富的文化内涵。从不同的理论视角考察不同的内容。从象征人类学的视角来看，礼仪的符号系统包含物质、行为、事件、人们的态度、人们的情感、语言等，凝聚着苗族人丰富的文化观，如灵魂观、世界观、道德观、互助观、生态观等方面，并且其观念文化是地方经济、政治、文化等方面的反映。正如格尔兹在他的《文化的解释》一文中所述的，礼仪是人们社会生活的反映，礼仪就是人们的社会生活，是人们社会生活的写照。因此，在考察礼仪的符号系统时，要考察礼仪符号系统背后反映的文化内涵及其与人们社会生活的互动。具体来说就是考察苗族礼仪与南花村苗族的社会生活如何处于一种相互交融、相互调适的互动关系，也就是人们如何适应变迁的社会生活等问题。

笔者认为，整体性地考察南花村苗族礼仪如何随社会的经济、政治、文化等而变化，为理解南花村苗族人的社会生活提供了路径，如礼仪如何使村寨充满活力、使人们从礼仪中如何找到社会生活意义系统，以及作为发展传统村落文化重要组成部分的礼仪如何存活和传承的逻辑等方面。本书在探究礼仪的各种观念文化以及与社会互动方面时采取了“假设意义系统方法”，即认为南花村礼仪随社会历史发展的过程延续，有其传承的逻辑性和机制性。具体来说，就是在描述南花村礼仪时，需要探讨它们是如何与地方地理环境、政治、经济、文化等方面互动的问题。据调查，南花村苗族人如同其他很多地方的苗族以及其他民族一样，是一个讲究礼仪的民族，其礼仪内容丰富，如在人生各个重要阶段相应的人生礼仪、日常生活之中伴随的宗教祭祀、建筑礼仪，还有在不同季节举行的节日礼仪、不同社会关系之间举行的各种礼仪等，各礼仪都伴随相应的整套复杂礼仪规范和繁重的经费开支。总之，文化传统是礼仪得以产生和发展的心理基础，其承载的生活实用功能也是传承的重要缘由。

总之，南花村是一个在历史长河中受到外界多元文化、国家政策、地方经济等方面制约的乡村社会，特别在当前乡村振兴的宏伟蓝图下，南花村像其他很多传统村落一样，礼仪的传承与发展受到了外界不同程度的影响。此现象背后反映的是南花村苗族人适应经济全球化、文化多元化的过程。总之，南花村苗族礼仪如同其他民族礼仪一样，作为苗族文化的重要组成部分，对苗族的社会历史文化、社会生活等方面都产生了重要和深远的影响，它丰富了人们的生活，使得人们从其中感受到精神文化的魅力；它培育了人们的社会秩序，使得人们从中感受到自我，从而实现自我认同和文化自觉。从南花村的礼仪之中，我们理解和感知到了文化的秩序性，不仅感知到了苗族文化本身，更重要的是看到了苗族文化和其他民族文化之间的交流和对话，从而加深对文化的共融、共生、文化多元性等理论视角的进一步理解。因为南花村苗族礼仪是传承了文化的智慧、文化的经验，凝聚了文化的实践和文化表达的综合体。特别是在当今文化全球化、经济全球化等社会转型的背景中，礼仪的发展在与时俱进，扎根、结合地方特色、地方环境研究苗族礼仪，是复兴、传承和保护苗族传统礼仪文化遗产做到因地制宜的重要思路。对融汇丰富文化内涵的礼仪的传承和保护，不仅能够理解苗族社会文化，更重要的是发展乡村物质文化和精神文化的重要方式，也是有利于从内部了解地方、构建文化和谐、发展社会秩序的途径。若要深入地探讨南花村礼仪的传承和保护状况，需要结合地方知识，整体性地对其进行梳理，因为南花村礼仪的传承路径与人们的生活是紧密相联的，人们日常生活实践是文化存活的重要领域。那么南花村礼仪究竟有哪些丰富的内容，又如何展现其地方文化魅力呢？

第二章　人生礼仪

人生礼仪是人们社会生活的重要内容，每个人在一定的社会情景之中都要按照一定的文化程序履行，这必然有其文化逻辑居于其中。人们的生命过程中的不同阶段，不同社会制度对人们的地位或者角色进行规定，也是文化规范对人的人格的塑造。因此，人生礼仪就是将个体生命加以社会化的程序规范和阶段性塑造[①]。人生礼仪内容丰富，包括出生、结婚、死亡等。我们知道，人自从一出生，就在一套社会秩序文化模式中活动，不断社会化进而使得个体的自我走向群体的我。由于不同的民族或者同一民族受到社会文化差异性的限制，教化等方式存在相似性，同时也有很多差异性。但是无论差异性多么明显，目标都是一致的，都是使自我群体化、社会化的过程。以南花村苗族人来说，人们都会像老一辈一样经历丰富的人生礼仪。各种人生礼仪如同道路上的里程碑，随着人的社会角色不断发生变化，就需要经历相应的人生礼仪，在不同的人生礼仪的教化后，责任和义务相应地发生变化。一次次的礼仪使得人们不断学会哪些行为属于正确的社会行为、在哪些阶段需要履行什么义务，通过这样一次一次的过程化、程式化的行为，主要目的是使人们更好地融入群体、融入社会。这就是在每一个阶段进行相应的人生礼仪的主要目的。当然，随着社会的发展，礼仪也发生变迁。如对南花村苗族来说，特别是近几年来，在乡村振兴的宏观调控下，礼仪也相应地发生了很大变化。在多方面的综合影响之下，他们的礼仪虽然按照传统的程序进行，但是内容和形式等都在发生变化。当然，在同一时空生活的人们，受到变化的影响之后，人们的人生礼仪并不是同时进行的，因为接受外界影响的因素不同，而且不同家庭乃至于不同

---

① 龙晓添：《丧葬礼仪传统与当代生活传承》，《遗产与保护研究》2017 年第 2 期，第 30 页。

的家族本身也不相同。因此，人生礼仪在村庄之中呈现了丰富化、多元化的特点。但是这样多元化的人生礼仪内容并不影响大家之间的关系，而是呈现多元文化下共同学习、共同促进、共同发展、共同繁荣的趋势。人们会根据自己的意愿或者自己祖辈的文化足迹来寻找自己如何选择礼仪的内容和形式等。并且，随着商品经济社会的发展，人们根据群体、自我等实际情况随之选择相应的礼仪内容，从而使得传统文化发生动态变化。因此，礼仪的进行是伴随着社会发展的，人们在社会生活之中不断调适，礼仪变化也侧面反映了人们的社会化、生活的过程。下面具体看看礼仪是如何在人们的社会生活中具体实践的。叙述礼仪的过程是采取个案、历时和共时、跨文化比较、夹叙夹议的综合方法。

人生礼仪是人们世代相传的行为规范，逐渐成为普遍性和程式化的社会生活方式，因此它具有相对恒定性和动态性的特点。人生礼仪是不同的人类群体中都普遍存在的仪式类型，它是每一个社会个体成员与社会发生联系的最直接的方式，每个人的社会属性都是通过这些礼仪确立起来的。通过种种人生礼仪，社会对每一个个体成员表示关注和眷顾，对其行为、资历和社会作用进行阶段性的总结和评价。个人则通过每一阶段的仪式，使自己完成由个体性走向社会性、由生物性走向文化性的社会化过程，进而获得社会的鉴定和认可，同时使自己获得较完善的文化人格和一定的社会地位。南花村苗族人的人生礼仪过程，从诞生礼、婚礼，直到葬礼，各个部分的深层内容是相互衔接和连贯的，表达出来的是苗族人对生命的认识和对新生命的积极追求，即希望新生儿冲过一个个关卡健康成长，达到最旺盛时期，再通过男女结合创造新的生命，直到衰弱、终结时转换成另一种存在方式，并期望在循环往复中获得永恒的存在。

南花村的苗族人也如同其他很多民族的人们一样，都会在人生的不同阶段举行不同的礼仪。实际上，各民族在不同阶段进行的人生礼仪背后是整体性的体现，如人与自然、人与人、人与社会等结构关系方面的综合性展现。人生礼仪背后不仅反映人作为自然人的发展，同时也是人文方面发展的再现，体现的是苗族人对综合环境的关怀。因此，也可以说，礼仪体现的是结构性因素的包容。鉴于此，对于不同阶段举行的礼仪的理解，需要把它们放在具体的时空之中。这些礼仪的包容性也是它们在社会发展过程之中，在人们的生活之中存活的重要缘由之一。总的来说，人生礼仪是人们世代相沿积久、约定俗成的行为规范，并成为普遍性和程式化的社会生活方式。

人生礼仪是指在个人的生命历程中，为进入各个不同发展阶段而举行的仪式，群体与社会正是通过这种人生礼仪对新的成员予以接纳与承认。在人生的历程中，每个人所经历的最重要的礼仪包括出生礼、成年礼、婚礼、寿礼与丧礼。出生时的放鞭炮祝贺标志着新生命的诞生，而丧礼上的丧钟则是生命的终结。在南花村苗族村寨中，重要的人生礼仪主要包括三种，即诞生礼、婚礼和葬礼。但又因南花村苗族村寨中有信仰基督教的，有不信仰基督教的，使得所要举行的人生礼仪会因信仰不同而有所不同。下文描述时主要关注的是礼仪的时间、地点、人物、过程以及为什么要举行这些问题，若不做会如何、有哪些禁忌、过去如何、现在如何、原因何在等。

第一节　出生礼仪

出生礼居人生四大礼仪之首，是人从所谓“彼世”到达“此世”时必须举行的一种仪礼。它作为人类社会生活的重要内容，涉及许多文化现象。几乎每一个民族都传承着一套与妇女产子、婴儿新生的息息相关的民俗事象和礼仪规范。一个婴儿刚一出生，还仅仅是一个生物意义上的存在，只有通过为他举行出生仪礼，他才获得在社会中的地位，被社会承认为一个真正意义上的“人”。苗族人十分重视子嗣的繁育，认为多子多孙是兴旺发达的象征。在南花村亦是如此，自婴儿开始在母亲的肚子里孕育以来，家人就小心谨慎地照顾孕妇，使婴儿得以顺利出生。

关于出生礼仪，各民族乃至于同一民族由于不同的社会环境、地理环境、民族文化、社会变迁等，有其差异性和共同性。因此，下面以个案的形式介绍南花村苗族出生礼仪。对南花村苗族来说，他们虽然属于同一民族，但在宗教信仰上有些差异，有信仰基督教的，有信仰苗族民间宗教的，不过苗族民间宗教文化仍然对信仰基督教的群体发挥着重要的作用。南花村并不是一个封闭的民族村落，长期受到外界的影响，特别是旅游发展带来的外部文化的影响。因此，总的看来，该区域的民族文化呈现的是多元文化，如汉文化、基督教文化、苗族文化等，而在礼仪方面，也避免不了多元文化的交融。当然，这里不是要对各民族在礼仪方面的差异性和相似性进行比较，主要是结合地方社会环境、社会历史等方面来展开对礼仪的描述，至于多元文化交融方面的内容是下一步需要谈论的。因此，在描述礼仪时，笔者主要注意以下几点，结合地方社会环境、社会文化等生态环境下的背景来进行描述，在描述过程中主要回答以下问题：各种礼仪的过程是什么、为什么这样做、发生了哪些变迁等。

关于出生礼仪，笔者在调查中发现，主要涉及亲戚、邻居、家族，对于社会结构等方面的重视表现出了差叙性的特点。小孩出生后，首先涉及的关系就是姑娘的后家，其次是家族，最后是邻居、朋友等结构关系的介入。这一点在不同的民族之中都有相似性。从礼物的馈赠方面来看，根据地理环境、社会历史环境等方面的差异性，赠送的礼物不同。因此，笔者在介绍诞生礼仪时需要结合这几方面来进行。如前所述，对于南花村来说，村民在信仰上有差异，信仰基督教的群体与不信仰基督教的群体在诞生礼的形式上和内容的丰富上有所差异。因此，讲述诞生礼又分为非基督徒的诞生礼和基督徒的诞生礼。

一、非基督教的出生礼

在新生婴儿呱呱坠地之后，他（她）便是家庭中的重要人物。孩子的出生无疑使得家庭、家族、区域、亲属等多元社会结构更为壮大，孩子的出生为各种社会关系结构都带来了新的结构的变迁。对于家庭来说，孩子的出生一方面使得家庭增添了一份责任和义务，家庭个体的身份等都发生了相应的变化。对新生儿来说，需要与家庭、村寨、亲属等社会结构发生各种关联。对于各社会结构本身来说，为新生儿举行出生礼仪是他们各自需要承担的责任和义务，当然，不同的社会结构承担的责任和义务在内容上有所差异，至于不同社会结构中的成员如何做，需要结合地方社会历史、地理环境、地方的社会环境、国家的政策等方面的整体性来思考如何进行才是恰当的。出生礼仪这一行为是社会化了的，它的标准需要参照很多方面，考虑很多因素。对于南花村中不信仰基督教的苗族家庭来说，孩子的出生礼仪通常包括以下几个环节：报喜、办满月酒、起名字。通常，根据新生儿的具体情况还伴随有搭桥和捆树等仪式。

（一）报喜

以具体访谈的案例来说，在调查中采访到的一位老奶奶，她为我们讲述了她们家为初生婴儿办理出生礼仪的具体过程，内容是这样的：

> 去年我们家重孙女出生时，为她做了一些事情，我是她的老祖母，我们家目前是四代人居住在一块儿。我现在 75 岁了，小孙女现在 2 岁。我记得在她出生的时候，我们都是按照我们当地的苗族习惯，通常，小孩在家里一出生，村里有一名妇女会帮助检生，大多数不去医院，在家里生小孩，比较省力、省钱，还有利于为孩子举行一些简单的洗礼，还有家里人照顾母亲也方便。当然，如今有很多年轻人外出打工，也有的小孩就在医院出生，在这种情况下，很多环节就不用进行了。我们家的小重孙女是在家里出生的，当时请了当地的一个老人帮助才顺利生的。我们当地的习惯就是，在孩子出生后的 3 天，男方家就需要向女方的后家告知小孩的出生。

根据老奶奶的讲述，小孩的爸爸通常需要带上一些礼物亲自去往外婆家告知这个事情，礼物的赠送根据地方的不同也有些差异，主要是结合当地的风俗，但酒是不可缺少的。实际上，酒在不同的少数民族之中都很受重视，如当地的彝族、苗族、布依族等都对酒比较重视，送酒的目的在于表示重视和敬意。送的酒一般是要在本地生产的。

> 对于我们家来说，背的酒是我们自己生产的米酒，背上自己酿造的酒一方面可以使对方尝尝手艺，同时也表现相互之间的感情深

刻，亲自带上自己擅长的、家祖一代一代传下的手工酿造的酒给外婆家吃，就表示双方对事情的重视。这些礼物多数都是在孩子出生之前就要准备的。酒是我们当地比较重视的，在我们这个地方，酒有大米酿造的，有糯米酿造的，通常我们很多礼仪都按照传统习俗，糯米是必不可少的。因此，在孩子出生之前，就要把礼物准备好，如酒就是糯米酿造的，还有打糯米粑粑，糯米粑粑也是亲自做，需要自己家打制，这些礼物也是很多礼仪之中不可少的。我们家报喜时是小孩的爸爸亲自带上这些礼物去的。

实际上，在各民族当中都有比较看重的礼物，我们从礼仪就可以得知。如彝族表达敬重的礼物除了酒外，还有冻肉。当然，不同地方的生态不同，酒的成分不同。彝族赠送的酒若是自己酿造的，通常是玉米酒，冻肉也是自己做的，利用猪脚来制作。她说，背上这些礼物，后家看了礼物就可以知道男方家对于孩子出生的重视程度，还有对于后家是否尊重等。对于两家人来说，孩子的出生又进一步加强了两家之间的感情，因为人们之间的感情都是从具体的事件之中来认知的，而孩子的出生就是促进双方相互了解不可缺少的重要内容。外婆家听到外孙的出生，从带来的礼物等方面就可以看出男方家对待孩子出生一事的重视程度，然后就会对男方说些客气话，嘱咐一些如何照顾孩子和产妇的知识，如孩子未满月期间饮食要注意什么、母亲有什么活儿不能够做等。当然，不同地方的苗族对于新生儿和母亲需要注意的内容不同，如黔西北一带的苗族和其他民族不一样的地方是，大多数母亲在孩子出生 3 天后她们就把孩子背出去了，不需要像其他民族那样坐月子，她们照样带着小孩做自己力所能及的事情。坐月子的目的是恢复身体，很多民族坐月子的时间是 30 天，有的地方是 45 天，在这期间，母亲不能够外出以防受凉，有的民族还规定在女性从怀孕到孩子满月之时都不能到邻居家串门，并且要吃盐少的食物，多吃米酒、鸡蛋、肉、米饭，禁吃炒面。生孩子的地点随着经济社会的发展、人们观念的变化而变化，如今的年轻人，有的选择在正式的乡镇医院生产。据村庄老人介绍，在过去，很多人都选择自己在家生，利用乡土传统的方式，如请当地的赤脚医生帮助。过去几乎没有坐月子的时间，因为生育的孩子多，也没有那么多空隙的时间去考虑如何保护身体的问题，出现不适时通常采用民间偏方，如对于生产后吹凉风导致的后遗症，人们会到山上采集“透骨草”“丰登草”等来医治，还有的利用狗皮、羊皮等来包扎以拔出体内的寒气。人们都会充分利用地方生态知识、生态智慧来适应地方生态环境。他们有一套地方的各种生态智慧，而生态智慧、知识是通过口头相传和进一步实践检验的方式传承下来的。当然，禁忌是遵循了地方一代一代流传下来的地方知识，很多礼仪中都有对女性的很多行为方式的限制，如怀孕期间、孩子未满月期间对于女性来说是一个特殊的过渡阶段，象征人类学家特纳把此阶段称为阈限阶段，在这一阶段，不同民族或者同一民族的不同区域，对于女性会有很多限制，哪些行为可以行使，哪些行为不能行使，都会有很多禁忌，但是不同民族或者不同区域的内容、形式不同。当然，随着社会的发展、人口的流动、人们之间的交流和交融逐渐增多，人们的观念会随之发生变化，人们就会取其精华、去其糟粕地对文化进行传承，有利于人们社会生活的部分还在保留着，不利于人们的身心发展的内容就随之抛弃，继承和抛弃并不是一个简单的行为过程，有的采取国家、政府等外界力量强迫执行，有的根据政策的规定等进行扬弃，当然，有的是在社会变迁过程之中在实践中不断改变。因此，对于出生礼仪的内容和形式的变化并不是同质化，而是以多样化的形式存在，南花村也是一样，不同的家庭，不同的文化群体在出生礼仪的很多阶段都会有差异性。

（二）赶礼

当后家得知孩子出生的消息后，外婆就会带上当地传统的礼物前去看望，礼物的种类依据当地传统文化的选择，这些知识的获得也是一代一代传下来的。从赠送的礼物种类就可以明显表现出地方生态的状况，笔者调查获知，女方家通常赠送的礼物饮食类包括糯米、米酒、猪肉、鸡等，糯米在此区域受到了极大的重视，在很多隆重礼仪上都是不可少的。据笔者调查来看，在苗族社会之中，礼物的重要性也是与地方的生态环境相互联系的。糯米是地方盛产的产品，在该地有很多关于糯米的传说。有人认为，糯米在当地起到了重要的作用，传说过去闹灾荒，因为一颗糯米而救活了大家。因此，糯米在当地受到了人们的重视也是在遵循历史记忆。另外，赠送糯米也表达了人们之间团团圆圆、和和睦睦的含义。当然，并不是所有地方的苗族都会对此农产品有此种特殊含义，如黔西北由于地理生态环境与此区域存在差异，海拔相对较高，属于高寒山区，因此不能种植糯米，但麦炒面就是他们礼仪之中不可缺少的礼物。也可以这样说，很多礼仪中或者关系较近的人员之间互赠礼物时，麦炒面、玉米炒面在当地人的生活之中扮演了重要的作用。因此，从跨区域的角度来看，同一苗族的文化由于长期生活的环境的差异性，文化呈现多样化的特点。当然，从地理生态的角度来看，不同礼物的内涵会因为同一民族的不同生活区域而有所不同，并且从同一区域的不同民族来看，对于礼物的重视也存在差异性，如从黔西北的彝族和苗族的礼仪之中对礼物的重视来看，彝族人表示尊敬时通常赠送的是猪头或者冻肉，还有酒也是不可少的礼物。因此，对于人们社会生活的理解，不能仅从地理生态的角度来考察，还有很多社会历史文化、民族文化等因素都是需要考虑的，这样才能够更深刻的理解人们的社会生活。随着社会的发展，人们对于礼物的重视也会出现趋同化的现象，大家相互交融、相互借鉴，如从目前黔西北的彝族、苗族、汉族的出生礼来看，同一区域的人们都会重视猪肉、鸡、鸡蛋等礼物。当然，差异性也是无法避免的。

除上述礼物外，还有为小孩专门准备的一套服装，包括衣服、盖巾、背小孩用的背扇等。前去祝贺的人主要有小孩的近亲，特别是舅舅之类的都要去参加，还有姑娘的嫂子等，姑娘后家的家族成员大约有 20 人前去，礼物多数由姑娘的父母、小孩的舅舅准备。显然，苗族人也如同汉族、彝族等民族一样，都把舅舅摆在重要的位置之上，舅舅在社会结构之中扮演着重要的角色，这在很多礼仪的实践中可以反映出来，很多重要的礼仪需要舅舅才能完成。当然，若没有亲舅舅，那么可以由堂舅舅来代替。

除了姑娘家赠送礼物之外，参加的其他人员也要带上相应的礼物前去祝贺，带的礼物与外婆家准备的礼物有些差异，主要带米酒、鸡之类的礼物。通常来说，鸡是必须携带的，来多少人就送多少只鸡；还有谷子，谷子的袋数也是按照人数来计算，每人都需要携带一袋谷子前来祝贺。其中的糯米是煮熟的，主要是做成糯米粑，以个数计算，用塑料袋装。除了这些，还有糖类，意味着甜甜蜜蜜。

所有礼物拿到男方家后并不是完全归新生儿所在的家庭拥有，除了为婴儿准备的礼物之外，男方家要把所有的礼物分配给亲戚们，在分配之前先权衡前来参加祝贺的人，然后再进行分配，通常男方的姑妈等人得到的礼物相对多些。小孩的出生，不仅仅关系到个体家庭的利益，而且关系到整个家族结构的改变。因此，小孩的出生都会系统性地带动全方位的家族结构的改变，从礼物的互赠等可以看出系统性的资源整合。显然，礼物的相互赠送也体现社会关系的再联动，对于促进彼此之间的关系、感情的沟通等方面都起到了重要的作用。据笔者调查发现，这种礼物的再分配不仅仅在苗族社会之中，在很多民族之中都同样引起重视，这样的经济方式不是赤裸裸的商品经济的交换形式，而是一种社会文化的交换，是建立友好关系、促进交流的、在传统历史文化的实践上进行的交换。因此，社会学、人类学、民族学的交换与经济学上的市场交换显然也有很大差异，特别是随着现代社会的发展，这种社会文化的交换同样在人们的社会生活中扮演重要的作用。特别是对于人们的亲情之间的互动，同样看到这种交换的魅力所在。

对于前来祝贺的亲戚们，家族成员、近亲邻居都要邀请他们去家里做客，邀请的方式很多，有的以个体家庭的立场来对所有人员发出邀请，而大多数是采取组团方式来邀请。如果前来祝贺的人员较多，人们会采取相互凑资的形式来隆重地宴请前来祝贺的亲人们，一方面这样体现闹热、隆重，另外也避免由于个体家庭的宴请而消费过大。村庄礼仪中不仅仅在出生礼仪时人们共同凑钱、食物等来一起宴请客人，还有很多礼仪也是采用该种形式来完成的，下文内容会有介绍。除南花村之外，还有很多苗族人也有这种习俗，共同筹资来举办宴席，共餐的人员规模大，这样的规模在任何一个个体家庭里都无法实现。因此，该村专门为此礼仪的进行设置单独的空间，即当地所称的长桌宴。长桌宴就是苗族人们宴请传统习俗中选择的特殊形式，这种方式一方面增添了隆重的气氛，在这样的时空中进行的宴请并不仅仅是尝到美味的食物，更重要的是当中会伴随有很多当地传统的敬重客人的礼仪，如以高山流水的形式给客人敬酒。高山流水隆重的仪式，选择宴请中的重要人物来进行这种仪式以表达最高的敬意。当然，除此之外，还会欣赏到很多丰富、美妙的苗族歌舞，有表达欢喜、留恋、赞扬等方面的歌舞。

通常情况下，前来祝贺的亲戚们都要参加完家族或近亲、邻居之间的宴请后才能离开，才算是祝贺礼仪的结束。若前来参加的人员匆匆忙忙，不等待主人们的款待，就可能导致关系的僵化，就会认为怪罪主人家或者瞧不起彼此等。因此，即使事情再繁忙，前去祝贺的天数至少都需要 3 天，若提前返回的话，参加的人和主人家等都会受到旁人的议论。祝贺完成后，后家离开姑娘家时，男方家的亲戚和邻居们都会前来送行，说些客套话，还会送他们一些礼物。肉和糯米主要由男方家回赠，其他前来送行的人主要送糖果之类的物品。外婆家送来了一头猪，回去时又把一半带回，很多人对此难以理解，但是对于当地人来说，人们在社会实践中的行为方式也是受到传统习俗的影响，特别是对很多在社会生活中扮演重要作用的礼仪，人们都会找到一定的社会历史文化作为行为的依据。这些社会历史文化，是人们认为应该传承的不会轻易地随着社会发展而消失，并且随着经济的发展，这种民族习俗越来越突出本民族的特点，以此来加强自我的认同，从而建构与他者的区分。这种以同样礼物回赠的方式在很多民族之中相对较少，通常回赠的礼物会发生变化，并且很多并不是同时空地回赠，而是会在很长时间后才进行。或者在对方发生同样的事情时又进行回赠，并且是在原来的基础稍作增加后再回赠。

（三）取名仪式

南花村苗族如同很多其他民族一样，对新生儿的取名十分重视。通常情况下，取名礼仪在举办满月酒时进行，通常是外公或者舅舅来取名。当然，也有例外的情况，有的人家在孩子出生 10 多天就给他取名，举行的取名礼仪也较隆重，只是参加的人没有满月酒涉及的社会网络圈大，通常只是姑娘的后家、家族、长辈参与。若取名仪式提前进行，姑娘的后家就会把衣服、鞋子、背带、娃娃车、一头猪、鸡蛋、鸡、糯米等带过去，主人家则会准备鸡、鸭、鱼、鸡蛋、酒等来款待前来参加取名礼仪的人。在过去的很多年里，隆重程度都是根据主人家的经济情况来的，如今，在经济社会发展、乡村振兴的背景下，传统的以食物来反映财富的观念逐渐发生变化，人们不再以食物的消费来衡量隆重的程度，而是以人员的多少、社会网络权力的大小、精神文化丰富的程度等来反映。显然，随着经济社会的发展，在人们的生活水平、审美、幸福观等方面变化的背景下，传统的对物质文化的追求已经逐渐向对美好生活、幸福生活的精神文化的追求过渡，这也是村庄中的一大变化。人们对社会生活方式的选择从礼仪中也有明显的呈现。

目前看来，现在取名比较灵活，不一定由娘家人取名，也可以由家族中文化程度相对较高的人来取名。因此，取名选择的形式也呈现出多样化，当然主人家都希望小孩的名字有丰富的内涵。南花村苗族村寨中，小孩的名字一般有学名与苗名之分。学名一般根据家族字辈来取，苗名根据父亲的名字来取。苗名一般是父子连名，子名在前，父名在后，但在称呼时只称本名，不连父名，否则会被认为是不尊重老人，给人以“不懂礼”的印象。父子连名，父女也连名，但母子、母女不能连名。从中可以看出孩子的苗名必须与父亲的名字有所关联，这样取的意义是说明孩子与父亲的关系。取名以父子连名的方式进行也是很多西南少数民族传统文化习俗中的特点，如古代彝族人在取名时按照父亲彝姓，以父子联名制的形式取名，如今四川凉山一带的彝族，取名也还是按照该形式进行的。父子联名制主要是在苗名之中，而学名的取名主要遵循汉民族的取名方式，主要以字辈的形式进行。苗名和学名是在不同的时空之中使用的，他们有各自的应用天地，如在苗族社会之中，主要以苗名来实现本民族或者本群体之间的认同，而学名主要是在苗族社会之外的时空中使用。显然，学名是在汉民族文化影响之下引起的苗名的变迁，苗名只适应于传统苗族社会之中，但随着苗族人交流空间的扩大，在文化多元交融的情况下，仅仅使用苗名会有很多不便利，这也反映了文化的变迁也是人们为适应社会环境在不断调适的过程中实现的。当然，不仅仅苗族如此，还有很多民族也一样，比如彝族。彝名在彝族社会中扮演着重要的作用，如彝族人之间在做社会结构、社会网络圈、亲属关系、家族关系等方面的鉴定时，彝名就在其中扮演重要的角色，很多社会实践都需要彝名才能实现很多时空之中，汉名无法替代其意义。当然，除了有学名、苗名外，有的还有小名，小名通常没有很浓厚的文化意义，而主要是出于溺爱或依据孩子的排行来称呼的，比较随便。小名主要是村寨之间称呼的，学名主要是孩子长大进入学校后老师以及同学所喊的名字，苗名主要是在苗族社会之中交流时使用。

（四）满月酒

在南花村苗族村寨中，孩子一般是以30天为满月。有的人家若在之前举行了取名的仪式，那么在满月的时候，就不再邀请姑娘的后家前来参加了。通常在这种情况下，在孩子满月的这一天，主人家就会准备食物来宴请客人，宴请空间的选择就会比较自由，如会选择和自己家关系较近、相处融洽的邻居家共同准备食物。在宴请的那天，主人家会准备好食物先盛给产妇和孩子吃，然后就把准备好的食物端去邻居家，再共同宴请前来祝贺的人员。满月酒宴请的人的依据也是根据自家与他人的关系来宴请，关系好的就宴请，关系不好的也就不宴请。但是，对于本村来说，人们都会请邻里来参与，并不会因小摩擦而不宴请别人，因为若这样的话，会使人们的关系变得更僵，甚至有的还故意把相互之间有小矛盾的人请来，通过这一场合来淡化相互之间的矛盾，从而又建立相互之间的友谊。通常，在办满月酒时，人们会询问为什么外婆家不来参加等，主人家都会回答说在小孩未满月时外婆家就提前实行了相关的礼仪。实际上，据调查发现，亲戚之间的来往相对来说会相隔一段时间，人们认为亲戚也不能相互之间走得过于频繁，相隔一段时间相见才能够更好地促进感情，走得过近，亲戚的性质就发生了变化，而变成了邻居了。若亲戚们参加了未满月期间的其他礼仪活动，通常就不会再来参加满月礼仪了。亲戚不参加的情况下，参加满月宴的人多数是家族成员或者邻居，还会有少数的朋友们和亲戚们。

满月酒一方面是不同的社会结构圈对新生儿的出生表达祝愿，对下一代健康成长、长大有所作为的祝福和期待；另一方面，也是联络不同社会结构、增强各种社会圈子的联系的重要活动之一。总之，满月是一个过渡点，点的右边和左边蕴含的文化内容具有差异性。在这个点的左边，无论对新生儿还是母亲，乃至对于任何社会结构的成员的社会行为都有很多相应的行为规范；在点的右边，不同社会结构就会摆脱很多束缚，人们的社会行为、生活方式都会随之呈现相对自由的特点。如新生儿满月后就可以带出去见阳光、参加外部的很多活动，不仅新生儿得到解放，而且产妇的社会行为都会摆脱很多限制。也就是说，如果满月前的婴儿尚被视为“纯粹的自然人”，那么满月后，则向社会人的转化迈出了重要的一步。婴儿度过了这一大关，便基本进入了社会人的世界，自此作为一个社会人而得到人们和社会的认同。此礼仪不仅存在于南花村这样传统文化保护得相对完整的少数民族村寨，在今天的都市生活或者工业化的世界中，孩子从一个自然人到一个社会人的过渡礼仪同样存在。在南花村，文化内涵丰富的礼仪能保持和传承下去，离不开人们生活水平的提高，很多礼仪的进行不仅仅是历史文化丰厚的缘由，还有很多礼仪在人们生活水平提高的背景下，礼仪的精神文化的传承得到了物质的重要支撑。当然，这样的例子不仅仅存在于南花村苗族村寨当中，还有很多少数民族地区都有这样的例子。如对彝族的不同地区进行比较后我们也可以看到，彝族传统文化在很多民族杂居地区处于变异的状态，在吸收外来文化的基础上不断地延续自身文化；在彝族居住比较集中的区域，人们在不断地遵循着、传承着自身的文化，在动态发展的状况下不断地延续自身文化。但是在经济生活水平低下的情况下，人们传承传统文化的过程之中会出现逐渐向他人学习的现象。在人们经济生活水平发展的今天，人们会采取积极的态度来实现文化的传承，不仅仅把文化的传承看作是有利于人们物质生活水平提高的因素，而且更重要的是，看到了文化的精神性层面。

二、基督教式出生礼

作为基督教徒的家庭，如家中有婴儿出生，则会立即进行祈祷，只要能够进行真诚的祈祷，在家中任何地方都可以，主要是感谢耶稣的恩赐，赐予家庭如此活泼可爱的小生命。同样的，信仰基督教的苗族也会为新生婴儿举行一些象征性的仪式，使得孩子成为社会群体的一员并得到社会群体的认可。一般常见的仪式就有起名字、办满月酒。当孩子生病时，信仰基督教的苗族并不像不信仰基督教的苗族那样，当孩子吃药后久久不好时，他们就会为孩子举行一些象征性的仪式，为生病的孩子进行祷告。

（一）取名仪式

婴儿出生后，每个家庭都会给自己家的孩子取名字，在基督教家庭中同样也不例外。取名字不明确规定是哪个时间，家人想为刚出生的婴儿取名字时就给婴儿取名字，比如说家人想在他出生时取名字，就可以给婴儿取名字，或是想新生婴儿出生几天或是半个月后取名字都可以。基督教徒家庭给新生婴儿取名字一般有苗名和学名之分，苗名是根据《圣经》里耶稣信童的名字来取得，例如会给新生婴儿取名为大卫或彼得；学名则一般是根据苗族家族的字辈来取。在寨子中，邻里主要是喊新生婴儿的小名，大名则是婴儿长大进入学校后，老师以及同学所喊的名字。

（二）满月酒仪式

在妇女坐月子期间，食物以熟食为主，主要有鸡蛋、肉等。在坐月子期间，产妇不能够进他人家，在南花村苗族村寨中尤其忌讳坐月子的妇女进家门，所以当地坐月子的妇女就会很自觉地不去别人家串门。只有在举办满月酒之后，妇女才能进别人家，那时候别人也会高高兴兴地接待。通常是在妇女坐完月子后，家人就会给婴儿举行满月酒。在基督教徒家庭中，举行满月酒并不是在自己家，而是在妇女坐完月子的第二天早上，妇女抱着孩子去邻居家，具体选择哪一个邻居家主要是依据自己家跟旁边哪家的关系比较好。抱孩子去邻居家后，就在邻居家举办满月酒，办满月酒所要宴请的人也是根据关系来，不管是哪家的，只要关系好就会宴请。办满月酒，所需要的东西主要是糯米、鸡、鸭、鱼等，其中糯米是必备的，鸡、鸭、鱼等其他的东西则随举办满月酒的家庭而定，家庭经济条件比较良好的，就可以准备鸡、鸭、鱼等其他东西，家庭经济较差的家庭就可以不准备这么丰盛，对这些没有硬性的要求。

（三）祷告仪式

在基督教徒家庭中，有孩子生病，就会进行祷告。祷告何时何地都可以进行，因为基督教徒坚信耶稣救世主无处不在，只要进行真诚的祷告，耶稣救世主便会感受到他们的真诚，就会恩赐于孩子，使孩子免于病痛。

祝贺新生命顺利闯关、健康成长、长命百岁，是苗族人生礼仪所追求并反复强调的，其中充满了苗族人对新生命的关注，以及延续生命的渴求和企盼。无论是信仰基督教的苗族人还是不信仰基督教的苗族人，家中新添的成员都会受到方方面面的照顾，几乎全家人的重心都会放在这新出生的婴儿身上。他们往往都会为婴儿举行一些仪式，虽然两者所举行的仪式可能会因信仰不同，但他们的目的都是一致的，便是使其健康快乐成长。

第二节　结婚礼仪

随着时代的发展、生产技术的进步、人类观念的改变，人类婚姻从杂乱婚到一夫多妻或一妻多夫，再到对偶婚，最后到如今的一夫一妻制，都体现了人们对婚姻的规定与向往。人从一出生，到长大成人，婚姻一直以来就是一个人一生中的大事。婚姻是维系人类自身繁衍和社会延续最基本的活动。“婚姻指男女两性的结合，而且这种结合就是为一定历史时代和一定地区内社会制度及其文化和伦理道德规范所认可的夫妻关系。婚姻的成立，意味着夫妻双方彼此存在着各项权利和义务。”[①] 在我国，无论是从道德层面还是从法律层面，都只认可男女两性的婚姻，男女两性在结婚之后，有义务照顾彼此的家庭，赡养双方父母，共同抚养和照顾儿女。

自古以来，婚姻是人生中的大事。婚姻倾注着人们纯真的感情，寄托着人们的社会理想，表达着人们对自由美好生活的向往。婚姻无论是对于个人还是

---

① 林耀华：《民族学通论》，中央民族大学出版社，2003，第 301 页。

家庭，都具有极其重大的意义。对于个人而言，婚姻不仅是一个人成熟和获得社会成员认同的标志，也是一个人形成完整人生的重要手段。在很多地方，未结婚的男女性都会被认为，还不能真正成为一个独立的个体，只有结婚之后，一个人才会真正长大，有资格参加家族甚至宗族、寨子的祭祀。而婚姻也会赋予性行为合法性，虽然随着时代的发展，人们的性观念有所改变，但很多地方只允许有具有婚姻关系的两个人才可以进行性行为，不然则是违法的行为，会受到社会的谴责以及惩罚。婚礼是一个人从孩子身份转换成丈夫或妻子身份的过程，在完成这一人生礼仪之后，也意味着他或她需要承担更多的责任和义务。对于家庭来说，婚姻扩展了一个家庭的关系网，为家庭增加人脉，家庭背景好、学识丰富、善良贤惠的配偶会给家庭增加幸福感。婚礼是婚姻必须经历的一个过程，因此，在每个地方都会特别注重婚礼，希望新人能够通过婚礼得到亲朋好友的祝福，婚后生活幸福美满。

中国是一个多民族的国家，每个民族由于生存环境、文化、政治、信仰等因素的不同，在发展的历史进程中，自然而然孕育出了不同特色、丰富多彩的婚姻仪式。苗族是一个历史悠久的少数民族，由于历史上长期的战争和不断的迁徙，人口的锐减使得他们感知到民族繁衍的迫不及待，便把希望寄予在年轻的男女身上，所以格外重视婚姻。在南花村中，婚礼也是一个家庭甚至一个家族最为重要的事，若家中有人到了适婚的年龄还没有对象，家人都会很着急。在南花村，结婚的对象是有限制的，有的不能够互相结婚。在南花村中有三个姓氏，分别是潘姓、杨姓和龙姓。因为历史上潘姓、杨姓和龙姓的祖先结拜为兄弟，如今他们的后人仍然以兄弟姊妹相称，所以三姓之间皆禁止通婚。由于寨子内不能互相通婚，南花村的男性都会去别的寨子寻找自己的伴侣，而南花村的女性也会有其他寨子里的男性前来寻找。南花村尤其忌讳蛊，不与有蛊者通婚，不与麻风病患者、患有羊癫疯者通婚，等等。在南花村，因人们信仰的不同，举行的婚姻仪式也稍微有所不同。因此，要了解南花村苗族人民的婚姻仪式，就必须要了解南花村信仰基督教苗族和非信仰基督教的苗族的婚姻仪式。不同的宗教信仰文化，产生不同的婚姻观。

一、非基督教式婚姻仪式

“男大当婚，女大当嫁”是各个地方都盛传的俗语。年轻人到了适婚的年龄，还没有结婚对象，其亲朋好友就会为其介绍对象，希望他能有一个伴侣陪伴，共度余生。南花村非信仰基督教的苗族人自孩子一出生，就会为其准备结婚所必须的物品，例如女儿的嫁妆、嫁衣、银饰等，儿子要为娶媳妇准备的彩礼钱等，都可以体现出南花村非信仰基督教的苗族人对婚礼的重视。对南花村非基督教苗族的婚姻仪式进行研究，可以深入了解南花村苗族的婚俗。南花村苗寨非基督教的婚姻仪式程序复杂，主要经过对歌、提亲、商量彩礼、迎娶、回娘家等仪式。

（一）对歌

苗族人自古以来就能歌善舞，在日常生活中经常对歌作乐，在追求配偶的过程中也会对歌。对歌是南花村青年男女谈恋爱的一种方式。当然，这种对歌谈恋爱的方式在中年一代的记忆之中比较深刻，现在由于年轻人们多数外出打工，大家恋爱的时空比较广泛。因此，这种习俗在年轻一代之中虽然存在，但是没有以前盛行了。在调查中，南花村上寨有一位中年男士向我们讲述了以前对歌谈恋爱的内容：

> 在我们那个时代，我们村的很多苗族男女青年在赶集、节日期间，都会走亲串戚，在农闲时节或者村寨隆重礼仪时我们都会对歌。当然，对歌都是选在环境优美、适合年轻人聚会的地方。通常，在对歌的过程中，若男女双方彼此有意，就会约定一起对歌，时间通常选在晚上，并且都是男士们前往姑娘家门口吹口哨，口哨声音各有不同，姑娘们会辨别口哨的声音是谁吹的，因为双方毕竟在之前就熟悉了，姑娘听到口哨声后，就会出来与男子一起前往固定地点进行对歌，选择的地方通常是游方坡。游方坡位于我们南花村上面的树林，树林里有一条弯弯曲曲的小路，男女们都会选在这条小路上谈情说爱，诉说对彼此之间的爱慕之情。通常是要成年才能参加游方活动

的，若不到这个年龄，家人是不允许去参加对歌的活动的，若到了这个年龄，大人们就会为姑娘们准备一定的苗族服装为女儿们打扮好。姑娘们通常在成人时期已经掌握了自己民族的服饰的制作方法，因为从小她们的母亲或者老一辈都会教她们学习缝制衣服的技能。姑娘们在这个阶段就会穿上自己缝制的漂亮衣服参加此类活动。姑娘们和自己的意中人经过三番五次的对歌、嬉戏之后，彼此了解了对方的基本情况，并坚信彼此有爱意，就会互相换衣服作为信物传递爱情，当然，信物多种多样，通常都是自己制作的或者在外购买的，相互赠送以表达信任和爱慕。在对歌过程中，如果女子对歌输了的话，就必须嫁给男子，这看似很不合理。有的对歌对输了的姑娘是故意输给男子的，如果女子对男子没有爱慕之情，也就不会和男子对歌，这样就可以避免输给男子而又不得不嫁给男子的不幸。如不幸与自己不喜欢的男子对歌，女子就会努力避免自己输于男子而嫁于他，就会带上肉和酒去拜访寨子里对歌比较厉害的女老人学习对歌。对歌的词内容丰富，通常，若男子看重姑娘的话，会用赞美对方的话来表现，相反地女性即使对男方有爱慕之情也不会直接歌赞对方，都会用各种在生活中丑陋的东西来形容男方。因此，双方的表现方式不同。”

实际上，苗族人们通过对歌的形式来传达相互之间的感情不仅仅在南花村，还有很多其他地方的苗族，如处于同一区域的丹寨的苗族男女青年也会以唱歌的方式来表达，歌词内容丰富，同样也会用到生活之中大家相互熟悉的事物来形容，如下：

假如……假如有一蔸爱药，我定精心把它栽；假如有一条情路，我定挥刀把它开。假如我会变法术，要叫清泉化作美酒滴下来，点石成金放光彩。让阿爸有了银两，让阿妈备好酒菜，把最灵巧的工匠请来，划出丝线般细的篾条一排排，把所有的鸡咀捆上，叫公鸡难把歌喉开，叫太阳沉睡起不来，让天地一片漆黑，九个夜晚接连来。我好同心爱的赛央，尽情地游方谈爱，把绵绵的情意，吐入她的心怀。任凭天上电闪雷鸣震耳，哪管苍天大雨倾盆泼来，我俩手拉着手，睬也不睬，一心把终身大事安排。假如有一蔸爱药，我定精心把它栽；假如有一条情路，我定挥刀把它升。假如我会变法术，就要变得像神马那样勇猛有力，像姜央那样聪敏快捷，扛起穿枋粗的大锯，飞上九天云外，锯下青天一块，叫它飘飞下来，填平深涧峡谷，填平高坡陡岩。让我们地方平央央，就像那平静的海。好让我和心爱的姑娘，开田插秧，年年不愁饭菜。挖地种棉，缝衣又织花带。一辈子幸福美满，生活在可爱的苗家山寨，让我俩的爱情好生长。阿爸热爱芦笙堂，搬来块块青石板，将它铺得平央央。阿妈心疼踩鼓场，挑来桶桶清泉水，把它洗得亮光光。好得像涂了彩色的洋瓷，美得像片片鱼鳞映夕阳。阿妹哟！你为啥不来踩鼓跳芦笙？为啥不来游方找情郎？丢芦笙堂冷冷清清，让踩鼓场荒荒凉凉。你看场里长满杂草，很快就会野树成行！来吧，阿妹！来我俩共同把杂草拔尽，来我俩一起把野树铲光。把它打扮得清清爽爽，让我俩的爱情好在这里生长，一块心田不要生两份爱情。我爱你一片真心，你对我一样钟情，我把心爱的银戒指送你，请你解下腰带回赠。戒指为媒，腰带作证，给我俩订下终身。哪怕再等三年，哪怕再等三春，谁也不要变心，那才算得真情。不要羡慕骑马的后生，不要眼热穿绸的路人；一口水塘只能养一家的鱼，一块心田不要生两份爱情。当我俩结成夫妻，你就一心纺纱织布，缝好九箱衣服，绣出七柜彩裙。我就拿出一身的力气，展劲开山劈岭，开出肥田九千丘，开出梯土七百层。让我们吃穿不尽，叫我俩满意称心。姑娘啊！穷人本是一条根，茅屋胜过画梁厅。要是我歌投你意，请赠腰带结真情。想你想你真想你，把你织进花带里，花带拴在心坎上，阿哥阿妹在一起。①

① 丹寨县民族事务委员会、丹寨县文化馆编印：《丹寨苗族民间文学资料（第一集）》，1981，第104-107页。

但由于时代的发展、科学技术的进步，人们的交往方式已经发生了巨大的变化，以对歌的方式进行交流已经很少。总之，男女双方通常都是以不同的象征符号来表现，如以衣、食、住、行的具体的物及其一言一行等行为方式的符号系统来展现，如男性用丰富的象征符号来展现会给予姑娘丰衣足食和人品上的保证，同时也希望姑娘能以物或者行为方式等符号系统来回应，如以腰带等物作为爱情的见证。上述歌词体现男性勇敢地表达自己对心上人的爱意，希望能够给心上人一个好的未来，认定了彼此就会忠贞不渝。当然，从歌词和其伴随的相应的象征系统之中展示的是苗族人的生活秩序以及有规矩才能成方圆的理念，像爱情、婚姻这样的大事他们认为是不能当作儿戏的，而这种秩序、规则需要以实实在在的礼物作为见证。

（二）提亲

提亲就是男女双方到了谈婚论嫁的年龄，男方家需要请媒人向女方的家长提亲。在以前，男女双方结婚之前都不曾见过彼此，男方到了一定的结婚年龄，长辈就会找个年龄相当的女性，请人去提亲。但在南花村男女双方都是自由恋爱，通过对歌的形式寻找一生的配偶。南花村苗族通过对歌互相认识，有一定的了解和接触后，男女双方认为彼此能够托付终身，男子就会告诉家里，让家里请媒人携酒、肉等礼物前去女子家提亲。媒人是使得男女双方婚事得以成立的关键人物，在青年男性告知与某一家青年女性相知相爱，请家中长辈主持提亲之后，家中的长辈就会立即请媒人在合适的时间前去女方家提亲。媒人可以说是一桩婚事的媒介，只有经过媒人把双方家庭的基本情况都了解并告知双方家庭后，男女双方的家长才能够进入议婚的阶段，不然则进行不下去。因此男方家对于请人去女方家进行提亲是非常有所讲究的，通常男方家人就会请比较熟悉女方家的人前去女方家提亲，之所以请熟悉的人是因为熟悉的人比较好说话，这样提亲成功的概率会比较大。媒人到女方家门口，由于女方家不知具体情况，她就会立即表明身份和来意，告知是哪家男子请他来说媒，并告知男性的基本情况，使得女方父母以及亲戚能够了解男方，希望能够尽快得到女方长辈的同意。该礼仪也伴随一定的礼仪词，开门礼词内容如下：

我们来时走的泥巴路，我们回去走金光大道。主人家富裕像寨老样，银子九库啊金子八仓。养的牛马成群关满圈，鸡鸭满屋像蜜蜂一样。织得九匹绸子十匹缎，没有一位巧女来帮忙。生的儿子长得像董永，不知如何继承这家当。太白金星下来传佳音，说仙女下凡来配成双。我想塔座铁桥稳当当，希望牛郎织女配成双。花开结果人人都称赞，不知主人家要怎样讲。鸾书已揣在我的身上，敬请主人家打开龙门，我们进来坐慢商量。①

内容一般是告知女方长辈，两个孩子相爱，受男方所托，前来为男方说媒，请求女方家让进门继续详谈。从礼词中可以看出，媒人大多是在赞扬女方，并且男女双方结亲会是一桩好姻缘，婚后的日子肯定会幸福美满，荣华富贵，生的儿女长得俊俏。女方父母在得知媒人的来意后，都会邀媒人进门歇息。并会召集家族的亲戚，前来商量，同时会煮好饭菜招待媒人和亲戚。在谈的过程中，南花村非基督教徒的苗族同样会唱歌，而唱歌的歌词则是关于提亲的。

在进门吃饭协商的过程中，媒人主要赞美男女双方结亲肯定是天作之合。苗族说亲词内容如下：

“我们来了一天两早晨，多一个人多一张坐凳，多一个人多一杆烟抽。多一个人多一碗米，多一个人多一双筷。差不多就开始协商，让叔伯们一起商量，让大家一起来协商。好话三句就作数，我们把婚棍拿在手。要得到花戴咱才走，你们在世有好名声。”②

他俩兴规矩，他俩做先例。九千跟着学，八百跟着做。戈公娶秀婆，修公娶筛婆，量利娶宝妖，斗告娶宝该，……。千包饭相送，为百篓鱼相迎。酒肉摆地上，三牲敬菩萨。敬给祖宗吃，献给鬼神喝。

---

① 罗兴贵、杨亚东：《苗族婚姻礼词：苗汉对照》，贵州民族出版社，2015，第13-14页。

② 罗兴贵、杨亚东：《苗族婚姻礼词：苗汉对照》，贵州民族出版社，2015，第19-20页。

开亲也美满，结戚也幸福，儿孙也满堂，家业也兴旺。戈南娶阿莎，娶到了乌南；戈楼娶阿秀，娶到了乌利。栽石在南、利，砌井在排谁。哥娶成哥妻，弟娶成弟媳。别喂两头牛，别敲两只鼓，别吃两箩粑。男若钻错屋，女若拿错篓，脏拿清水洗，错抬猪赔礼。米酒遮脸面，甜汁修和气。才平心相处，才静气寒暄。定规给地方，立约给村寨。九千都遵循，八百都照做。瑙电当开亲，波往利结成，他们不一般，他俩各一样。瑙电当放鸭，放鸭在居农；波往利放牛，放牛在居勇。瑙电当姑娘，爱慕波往利。摘草做记号，挥手致心意。波往利挑麻，不挑来到德杠。遇到瑙电当，两个把话讲："阿哥拾哪样？妹有两梨果，你想不想尝？""哥有两李子，你想不想吃？"

"你扶我一回，我拉你一下，扭角来挨头，扳蹄来靠脚。他俩成了亲，她俩结了伴。成亲很美满，结伴到白头。"①

提亲时，即使女方家同意都会故意刁难男方家，村民诉说了相关的内容：

在我们苗族人提亲这件事当中，都会有很多有趣的事情，如其中就是女方家族人员会对男方家来提亲的人员挑逗的例子。通常男方家去女方家去提亲，女方父母及叔伯虽中意这一男子，但就是想故意刁难一下男方，故意说男方家所带来的东西他家不满意，如说"你家带来的东西太少了，你还是下次再来吧"，有的将礼物退还男方，或者就是利用喝酒等方式来表现是否真诚等。这样做的目的是想让男方家在男女两性成亲结合以后，仍然能够记住娶女性时的不易，婚后能够一心一意对待女性。通常，结婚后人们都会记忆起双方结亲时的很多故事或者有趣的事情。在我们苗族之中，很多行为方式都比较婉转，而且很多方式都不是利用直接的语言来回馈，而是利用物或者行为方式来表现。实际上，男方家经常面对回绝，但是彼此之间都

① 丹寨县民族事务委员会、丹寨县文化馆编印：《丹寨苗族民间文学资料》，1981，第34-35页。

相互知道礼俗。因此，即使回绝了，若男方是真心的，也会多次前往提亲，继续请人带东西去女方家提亲，就这样反反复复4次至5次，女方家觉得差不多了，才会同意男方家的提亲。在这几次中，男方家所带来的东西会一次比一次多，所带的东西一般是一担糯米、6～7斤鸡、6～7斤鸭、2～5斤酒等礼物，人们都会以丰富的礼物种类来表现自我的真诚。当然，随着时代的发展，背的礼物数目、种类不同，但是通常能够表现民族特色及其地方特色，如鸡、鸭、糯米、大米这些东西都是不可少的。我们村寨的人们在开亲时兴起这样的礼仪，就是使男方知道娶姑娘花了不少的力，无论是精力、物力、财力等方面都表现出来，这样就会使得男方家珍惜儿媳妇，并且表现出并不是女方主动嫁到你们家的，而是你们家通过很多次的努力女方家才把女儿嫁到男方的。

总之，体现出来的是彼此都希望儿女能够有一段好的姻缘，并且在婚后能够珍惜得来不易的姻缘。这也体现了地方礼俗背后的秩序性和人文性。

（三）打彩礼

彩礼，有的地方称为聘礼、纳彩等，彩礼是中国几千年来的一种婚嫁风俗。南花村基本都是苗族，虽然断断续续地发展旅游业，接触了不同国家、不同地区、不同民族的文化，但在婚姻仪式上仍然保留着独具少数民族特色的婚俗，彩礼这一程序仍然具有当地特色。一般来说，男方要娶某家的女子为妻时，为显示他家的诚意，男方家必须向女方家下聘礼或彩礼。

在提亲成功十天或半个月左右，女方家会告知男方家去女方家商量彩礼的时间。男方在知道商量彩礼的时间之后，就做好相应的准备。例如请人帮忙带东西前去女方家，请人和说亲时的人大致一样，没有什么差别。准备好鸡、鸭、酒等东西，在商量好的时间内到达女方家，不能迟到，以免会让女方家觉得不重视。

在商量彩礼的事上，女方家同样会邀请家族内的叔伯前来协商，所商量的彩礼一般就是办酒所需要的酒、肉、钱等。南花村非基督教徒的苗族的彩礼一般为6万～7万，但并不是强制性的、固定性的。彩礼的多和少，主要看男方家的经济情况，比较富贵的人家，彩礼可能会多点，比较困难的人家，彩礼可能会少点。在南花村非基督教徒的苗族中，女方家既然同意一门婚事，若男方家经济情况不太良好，也不会太过计较。

这一次去拜访女方家，除了要商量彩礼之外，还要同女方家商量结婚的时间。一般会根据男女双方的生辰八字来决定结婚日期，而日期的选择则一般由寨子里的鬼师来定。因此，在这一天，女方家也会去邀请鬼师前来一起协商。在决定好日期以后，媒人回去告知男方家，若是没有异议，结婚时间就可以定好。

从某一种意义上来讲，彩礼体现了婚姻关系实质上是一种契约关系。虽然南花村非基督教的苗族青年男女是自由恋爱，男女双方必然是在有感情的基础上才会走上商量彩礼这一程序。从积极层面上来看，彩礼体现了南花村非基督教徒的苗族人们内心都有这样一种想法，婚礼花费的金额数量大，结婚需要很大的经济成本，要好好珍惜，在一定程度上可以使婚姻得到巩固、稳定，从而使得社区稳定。

（四）准备嫁妆

嫁妆是家中女子出嫁时，娘家为女子准备的结婚用品。南花村苗族人民在女儿一出生时，就会为女儿准备一套嫁妆，无论贫穷还是富贵，父母都会尽自己所能为自己的女儿准备一套嫁妆，嫁妆的准备一般需要耗时好几年。

嫁衣：嫁衣一般是父母自己织布制成的，布一般以红色为主，红色一直以来都代表着喜庆，所以准备的嫁妆都是红色为主，在布上绣各种图案。嫁衣一般有上衣、裙子和鞋子，皆是红色居多。嫁衣的准备时间可能是最久的，因为上衣和裙子都需要绣各种图案，是一个比较细致的活，而又只能在有空闲的时间才能绣，所以花费的时间更长。

银饰：在准备的嫁妆中，不可缺少的物品是银饰。对南花村苗族人民来说，银饰是日常生活中很常见的物品，无论家庭富贵还是贫困，每个人都会戴点银饰品，如项链、耳环、手镯等，南花村苗族人民认为银饰品可以保平安，保身体健康。因此，银饰也是嫁妆中必不可少的物品，有的母亲可能会把她结婚时的银饰品给女儿，有的可能会买新的，但无论如何都会准备。

图2.1　银饰博物馆（余舒摄）

图2.2　嫁妆中的银饰（先放梅摄）

图2.3　佩戴银饰的嫁妆（先放梅摄）

生活用品：女儿结婚就要到夫家过日子，父母会准备一些日常用品，一般包括车子、棉被、床单、盆、衣柜、化妆桌、沙发、冰箱等，都是根据自己家的经济情况来准备，经济情况比较好的，就会准备比较多，若家庭情况不太好的，就准备少点，没有强制规定必须准备多少。而准备的鞋子大多是绣花鞋，主要是让女儿带到夫家送给夫家的亲戚，作为儿媳的见面礼。

中国许多地区存在着重男轻女的现象，认为养儿才能防老，女儿始终要嫁到别人家去。但从南花村非基督教徒的苗族的嫁妆准备中，可以看出，南花村不仅不存在重男轻女的现象，而且对女儿极其重视。

图2.4　嫁妆全套（先放梅摄）

图2.5　作为嫁妆的裙子（先放梅摄）

（五）出嫁

“婚姻亦是一种公开的仪式，它是一件关涉着当事男女之外一群人的社会事件。”①

---

①　马林诺夫斯基：《文化论》，费孝通译，华夏出版社，2001，第 29 页。

女方家一般比男方家早一天办酒。因此，在女方家办酒的前一天，男方要把办酒的一些东西带去女方家，一般是猪肉、米酒、鸡。送东西还要早点，太晚的话，女方家没时间准备。如果太远猪肉不方便运输的话，也可以提前给女方家现金，麻烦他们自己买。出嫁之前唱诵嫁女仪式歌，歌词如下：

哥去六昼夜，哥就跑回来，阿妈来谋划，商量如何办？阿爹和阿妈，两位老人家，就这样谋划。这回要撵妹，撵妹去出嫁，阿妹就开口，她是如何说，说着不说啥？撵妹去出嫁，阿妹来开口，说的是这样，留哥哥在家，衣脏妈各洗，衣破妈各补，撵我去出嫁，走得不像样，去得不相称，想来太伤心，真悲伤极了！阿妹不愿走，调头来撵哥，撵哥去出嫁。阿哥来开口，他又说哪样，还是啥不讲？阿哥就开口，说的是这样，你去你就去，活路我各做，衣花我各绣，待老你别忧。你嫁到别家，房屋大又宽，田多塘又大，好得人人夸。你待在娘家，住在茅草房，开门响嘎嘎，关门响嘎嘎，有啥不值嫁。阿哥那样讲，那样说明了，咱来看阿妹，她又来开口，说的是这样，田我也犁得成，家我也能够当，我住家也恰当，哥推妹出嫁，妹推哥出嫁，咱看老阿妈，她又来谋划，商量如何做，或者不说啥？阿妈来开口，大家不愿嫁，兄弟互相推，都要待娘家，现在我分家，每人屋一间，现在我分田，每人得一份，阿妹你能犁，你就不出嫁，家你住不下，田你犁不成，我就撵妹走。阿妈那样说，咱看那阿哥，他又来盘算，考虑如何办，若你不愿意走，你就留在家。种田养爹妈，我就先走客。阿妈就开口，轻言细语讲，讲的是这样，妹犁田不配，哥缝衣不成。哥就留在家，在家把田犁，做活养老人；妹就去出嫁，嫁到亲戚家，待侯婆婆妈。阿妈这样讲，阿妹接着讲，我们同娘生，你叫我出嫁，去就这样去，真我不愿嫁，假我不愿嫁。哥哥这样讲，妹妹不愿走，她哥就开口，答言就这样，我看阿妹你，田也不会犁，在家干什么？你待在娘家，我去种庄稼，关门关窗户，关你独在家，又有啥好呢？阿妹来开口，这回我出嫁，去到情郎家，去早得屋住，去早置家当。回回不出嫁，这回妹出嫁，妹去啥陪嫁？拿那长福裙，拿那银项链，拿那花衣裳，拿这些陪嫁，陪妹去郎家。拿这些陪妹，陪妹嫁郎家，这时妹开口，她又说些啥？这时妹开口，你喊我出嫁，送裙五六福，裙小稀拉拉，和张小手帕；你们送项链，银里掺半铁，我恼心又烦。阿妈又开口，送你一把伞，拿去遮长裙，拿去遮银镯，你就愿意走，嫁到阿亲嫁，总有天会好，你有啥子怕。阿妈这样说，阿妹就同意，同意去出嫁。阿妈来谋划，考虑如何办，才得把好伞，给妹去出嫁。阿妈就谋划，商量去寻伞，找把好伞来，给妹去出嫁。

此过程以对话的形式呈现，主要是父母、哥哥、妹妹之间的对话，出嫁的妹妹不愿意离开自己的家，父母、哥哥与姑娘之间的依依不舍，其中反映了妹妹出嫁的复杂心情，如恐怕对对方环境的不适应等。实际上，很多民族的出嫁歌都表现了姑娘出嫁时不愿离开从小养育自己家庭的复杂心情。对话不断深入，父母和哥哥、妹妹沟通了农业、生活等方面的经验，最后姑娘从不情愿离去转向妥协。姑娘出嫁后，为表现父母和哥哥的一番心意，向不愿离别的姑娘赠送一定的嫁妆，当然不同的民族的陪嫁的礼物不同，陪嫁礼物也展现了各民族对自己文化的认同和民族的独特记忆。而男方家也得做一些接亲的准备，装饰婚车，准备米酒、鸡、布置婚房。

（六）迎娶

在南花村，苗族人民举行婚姻仪式是一种公开性的仪式，在迎娶当天，男女双方家庭的亲朋好友都会前来帮忙、参加新人的婚姻仪式，从前来参加的人数、范围、距离等可以看出男女双方家庭的人际关系。

伞是苗族婚嫁之中不可缺少的，当然，其他很多民族在婚嫁礼仪之中都有此物的存在。据苗族古歌中对伞的介绍，苗族的伞主要用当地栽种的竹子来做的：

从前那时候，开初那时候，伞住远得很，如今咱造伞，用的是

> 苦竹，苦竹做伞柄，苦竹做伞骨，造成把好伞，遮雨遮太阳。从前的时候，拿啥来造伞，造成把好伞，遮雨遮太阳。龙骨做伞骨。哪个才聪明，他来造竹伞。汉人才聪明，汉人来造伞，造成把竹伞，遮雨遮太阳。拿啥做伞把，造成把红伞。苦竹做伞，苦竹做伞骨，造成把红伞。还有那伞肚，拿什么来绕，造成把好伞，用头发来绕，竹伞造成了。还有长柄伞，还有短柄伞，还有油布伞，拿啥来做，斗笠来做样，仿成油布伞。竹箩来装伞。汉人赶大场，苗人赶花场。场里卖什么，场里卖纸伞，这回已得伞，拿伞来送妹，遮妹好出嫁，出嫁去亲家。

在女方办酒的这一天，前去女方家接亲的人一般是一个未出嫁的姑娘，主要是让这位姑娘去陪伴新娘还有媒人、青年男性，青年男性越多越好，不仅可以帮忙搬东西，也可以说明新郎的人缘好。接亲时间也要鬼师帮忙确定，在鬼师定的时间出门以及到达女方家。到女方家附近就放烟花，以告知女方家，接亲队伍已经到达。女方家知道后，都会前来接待，引导接亲队伍进堂屋。接亲队伍一般都会在新娘家待一晚上，第二天到了吉时才会接新娘回去。

图2.6　头戴红花的送亲姑娘们（余艳摄）

接亲队伍到达时，堂屋一般已经摆放好酒菜，就等着男方的接亲队伍入座。吃过饭之后，在出门时间到达之前，一般会组织新人祭拜祖宗，在神龛上会摆放一些供品，一般是香火、蜡烛、猪肉、鸡肉、糯米、米酒、水果、糖之类的东西。在堂屋中间铺上新买的棉被，让新人跪在棉被上，进行三次跪拜，跪拜祖宗仪式的主持者不是家族里的德高望重者就是寨子里的鬼师。跪拜祖宗是一件神圣的事情，不容许有一丝的差错，因此，必须找比较熟悉这一礼仪的人来主持。跪拜祖宗，代表着向祖宗告知家里的喜事，也向祖宗介绍新郎，希望祖宗能够保护新人平平安安，生活幸福，早生贵子。在跪拜祖宗仪式完成后，男方的接亲队伍就陆陆续续地搬运新娘的嫁妆，放在车上装好，等待出门时间。在要出门之时，一般会唱接亲歌，主要是表达对新娘家的感谢、打扰等。一般的接亲礼词如下：

两位爷本公啊，过去爹妈的女儿当姑娘时，爹妈常说女儿不听话，锦娘求得爹妈女儿和我们去种庄稼。从前爹妈的女儿当姑娘时，爹妈常说女儿不成器，今年求得爹妈之女和我们去把家料理。昨夜我们带着兄弟来，把你们房屋搞得乱糟糟。天亮时这门亲事已经说好，这桩婚事已经说通，我们求得姑娘和我们去做人。昨夜我们带着兄弟到，把你们堂屋搞得乱糟糟。天亮这门亲事已说清，这桩亲事已经定好。我们求得姑娘和我们去生活，今夜我们求得爹妈竹子去编楼。今天早上起早啊，我们要接姑娘跨越你们门枋，带回爹妈那边是一个好新娘，今晚我们求得爹妈竹子去编房。今天早晨起早啊，我们接姑娘和我们跨过你们大门，带回爹妈那边是一个好新人。我们接得姑娘和我们一起去，留你们庄稼乱像狗獾窝，丢下你们的桶底洞像脚趾。我们接得姑娘和我们一起转，丢你们的庄稼像狗獾窝一样乱，丢下你们的桶通洞像手指。我们来求得姑娘和我们转回乡，可能你们啊像断了一条臂膀，留下你们庄稼乱糟糟没人帮。我们求得姑娘和我们转回屋，怕你们像要断了一只手，留下你们庄稼乱糟糟没人锄。我们接得姑娘和我们一起回，留下你们锄头耙子烂在石脚。留下你们的庄稼杂草乱蓬蓬。我们接得姑娘和我们一起去，留你们锄头耙子烂在旮旯地，留你们庄稼乱糟糟在山冲里。[①]

从接亲礼词中可以看出，主要是男方向女方的父母表达感谢、抱歉，今后新娘将会长期在夫家生活，不能像结婚前那般天天在家帮父母料理家务、忙农活。在今后的日子里父母都只能自己操劳，男方因此感到很抱歉。

唱完接亲礼词，就等待出门时间的到来。出门时间一到，新娘就由她的兄弟背到门口，新郎则在门口等着，男方来的姑娘给新娘打伞，直到上车。男方在接新娘时若在半路上遇到抬死人，新娘要进行回避，因为南花村非基督教徒的苗族人认为新娘遇见这种事会给她带来不幸。直到抬死人的队伍远离到看不见，新娘才可以出来继续赶路。到了男方家要下车时，还是那位姑娘给新娘撑伞，直到屋檐下。男方家会事先准备一盆火放在门槛处，要新郎和新娘一起跨过火盆，希望新郎新娘可以通过跨火盆烧掉一切不吉利的东西，希望新郎新娘婚后的日子红红火火。进入堂屋，到了吉时，就得祭拜男方家的祖宗，形式也和女方家一样，主要也是要告知男方家的祖先家里新增了一位成员，希望在今后的日子里新娘像新郎一样得到祖宗的保佑。

当新娘撑着红伞来到男方家的时候，男方会找还未结婚的女孩去村子其中的一口井挑水（水桶里只是象征性地有一些水而已），而男方家的未婚女儿就会把这一挑水交给新娘子，新娘接过水，把水挑进厨房可以了。在新娘挑水进厨房之前，男方家会在门槛的前面准备一对鲤鱼、糯米饭等放在盘子里，而新娘就会用手捏一点食物放在桌子上或者其他的地方来祭祖，表示她已成为夫家的成员。之后，女子要给亲朋好友敬酒，一般每人两三杯，会有两个女性跟着新娘一起前往敬酒，一女和新娘一起敬酒，一女负责收亲朋好友送的礼物。而新娘为了答谢亲朋好友的祝福，也会把从娘家带来的鞋子送给他们。

---

① 丹寨县民族事务委员会、丹寨县文化馆编印：《丹寨苗族民间文学资料（第一集）》，1981，第63-67页。

到此，南花村非基督教徒的苗族的婚姻仪式的程序基本结束，就只差最后一个程序，即回娘家。虽然已经举行了婚礼，但在姑娘回娘家时，夫妻依旧不可以同房。

（七）回娘家

回娘家也称回门，是新娘嫁人后第一次回娘家，在夫妻二人的整个婚姻过程中，属于新婚夫妇真正意义上第一次回娘家省亲。夫妻二人回娘家参拜女方父母，是婚姻仪式中必不可少的礼节。回门的时间一般是婚礼三天以后，回娘家蕴含着很多意思，首先是新娘与父母亲的正式告别，意味着娘家只是娘家，不再是新娘出嫁以前每日进出的“家门”，新娘要把男方家当成自己的家了，要与新郎及其家人好好过日子，不能一直想着娘家及父母；其次是新娘感谢父母双亲的养育之恩，父母把一个女儿养大成人，并风风光光地为其举行婚礼，找了个好的归宿；最后是答谢新娘的亲朋好友，在女子的成长过程中，得到亲朋好友的帮忙，因此要答谢亲朋好友，另外也要答谢在婚礼过程中亲朋好友的帮忙与祝福。

新娘第一次回娘家时，新郎家都要为其准备比较贵重的东西，这主要是想向新娘的家人显示自家人对新娘的重视与对新娘父母的尊重，东西一般是肉、酒，等等。后来，随着结婚的时间变久，回娘家的次数增多，回娘家时带的东西也就可能随之减少，有时甚至不带东西回娘家。

回门礼仪在苗族古歌中有描述，其中包括了回门的时间、回门时娘家的准备、新郎家做相应的礼物准备等。

> 她去新郎家，几天才回门？十三天回门，酿成大缸酒，喂肥头大猪，阿妹就回门，回来阿妈家。去成十一夜，十三天整整，如今拿郎家，他家的亲朋，他家的好友，拿啥来送礼，给妹带回家。他家的亲朋，男就拿升米，块二钱送礼，女就拿新布，对衣襟来送，给妹带回家，咱看妹回家，她的新郎家，拿什么来送，给她带回家？拿那大肥猪，拿那大公鸭，大包和小包，挑白一条路，给她带回家。回回不

送妹，这回要送妹，送妹回娘家，杀头大肥猪，背脊和尾巴，猪毛都不拔，这是为了啥？杀头大肥猪，尾巴和背脊，猪毛全不拔，这表亲又亲，留它在那里。九年和十年，都是咱家亲，都是咱家戚。真也妹起身，起身回娘家，还有对水牛，那对小水牛，咱看新郎家，公婆真好心，送来水鸭，鸭头绿茵茵，就像对水牛，睡在河里头。咱看那阿妹，如今回娘家，典故从何来？才用生杉木，做担挑大米，做担挑衣裙，送妹回娘家。从前的时候，阿妹去上山，碰上棵杉树，把杉枝折断，坐下来休息。开口对她讲，日后你出嫁，要我一同去，去找喜酒饮。典故是这样。如今姑娘嫁，待到回娘嫁，才用生杉木，送妹回娘家。哪个才聪明，她择个吉日，她选个黄道，姑子送新娘，新娘扛黄伞，高兴回娘家。哪个才好心，她来选良辰，她来选新娘，新娘扛把伞，开心回娘家，姑姑送新媳，扛着一把伞，送新娘回家，姑娘回娘家，还有一些猪。姑娘回娘家，小门小姑送，中门少女送，大门婆婆随。阿妹已启程，路过游方场。姑娘穿啥衣，小伙一身青，姑娘穿花衣。哥穿青衣布，妹穿新花衣。谁来接阿妹，欢声一阵阵，回到寨里头，来了群姑娘。回到大门口。阿妈真聪明，拿对水牛角，角中斟满酒，专给亲来饮，牛角像把弓，横挡大门口，送妹回娘家，抬来的肥猪，内有一头大，内有一头小，知那些肥猪，大猪放娘家，送给亲友吃，小猪放邻居家，送给姐妹吃。送妹回娘家，抬来一斗米，斗二老人米，才送进娘家，另有三斗二，那是姊妹米，不送进娘家，典故从何来？那是姊妹饭，老人也来吃，青年也来吃，哥也来去吃，妹也来去吃，大家抢着吃，妈见很生气，往后抬的姊妹饭，不送老人吃，不送哥们吃，不准进娘家，典故从那起。如今咱开亲，三斗姊妹饭，不送进娘家。送妹回娘家，宴客三昼夜，样样都吃光。他家又谋划，商量做哪样，样样都吃光，他家有谋划。商量来叫亲，叫亲回门家，拿啥来请回。拿那黑锅烟，把客人的脸抹黑，客人才回家。去了请来客，还有舅舅亲，还有送亲客。他们不愿意走，阿妈有谋划，商量如何做。还有娘舅亲，阿妈又谋划，商量来倒茶。

总的来说，南花村非基督教的苗族的婚礼仍然保留着比较浓厚的地方特色文化，婚礼程序都与他们的文化、信仰息息相关，处处体现着他们的地方文化。同时，南花村非基督教的苗族对儿女婚姻的重视，体现了父母、亲朋好友对儿女的祝福。从南花村非基督教徒的婚礼可以看出他们是一个能歌善舞的民族，而从礼词中也可看出他们是一个很注重礼仪的民族，提亲、商量彩礼等过程体现了他们对双方家庭的尊重。南花村非基督教的苗族人敬重祖先，认为祖先虽死但其灵魂永远在关注着其子孙后代，所以在婚姻仪式中，必不可少的就要把新郎新娘的喜事告知祖先，希望祖先在今后的日子里也庇护他们。

二、基督教式的婚姻仪式

基督教认为男性和女性的结合是神所设立的，是神通过男女两性的结合来维系家庭生活的途径。婚姻这一观念也是神制定的，神认为成年的男性女性应该离开父母，与彼此联合，成为一体。因此，基督教徒们把婚姻仪式看得尤为重要，进行婚姻仪式当天，众信徒前来参加新娘、新郎的婚礼，把最真诚的祝福送给他们。

基督教传入南花村的历史悠久，南花村信仰基督教的苗族也有不少。信仰基督教的苗族人民，无论是在日常生活中，还是在重要场合里，都深受其文化的影响。婚礼是一个人的终身大事，南花村基督教徒的苗族也同样重视。在南花村苗族村寨中，信仰基督教的苗族的结婚过程比非基督教徒苗族人民的要简单得多，但也会有提亲、商量彩礼以及结婚时间、迎娶、回娘家等过程。

在南花村苗族村寨中，如娶来的媳妇原先不信仰基督教，嫁到信仰基督教的人家，意味着以后要随男方家信仰基督教，也就是说，男方家信仰基督教的，女方嫁过来后也要信仰基督教。但在女方回娘家以后，如果娘家不信仰基督教的，回到娘家中也就可以做一些基督教徒忌讳的行为，如非信仰基督教的家庭要烧香，女方回娘家也会有烧香这一行为，而在信仰基督教的男方家则是不允许的。

在南花村苗族村寨中，信仰基督教的苗族结婚过程比不信仰基督教的苗族要简单得多。男女私订终身后，就会告知双方父母，男方就带鸡、鸭、鱼去女方家带女子回家，男女进入家门以后，亲朋好友就一起唱赞美歌，唱完之后，男女一起进房间，婚就结成了。如有离婚的，就会被视为是背叛了耶稣，不信耶稣，就不能上天，父母双方有责任教育其要好好过日子。

（一）选择对象

南花村的苗族人能歌善舞，青年男女相识、相知、相爱也会通过对歌来表达彼此的情感。除此之外，他们会在聚会或者做礼拜的时候互相认识。作为基督教徒，在选择配偶的时候，首先会考虑对方的信仰情况，绝大部分的苗族人会选择与自己信仰相同的对象。基督教的教义允许基督教徒选择不同信仰的人作为自己的结婚对象，因为这可以帮助不同信仰的人进入基督教的队伍中来，扩大基督教的规模。而在做礼拜时认识的人，至少能够保证彼此有相同的信仰。

（二）提亲、彩礼、迎娶

男女双方相恋后若想与彼此共度余生，男方告知长辈后，让长辈请人去女方家提亲，提亲的过程和非基督教徒的苗族大体一致。提亲成功后，男方家就得寻找合适的时间前往女方家，商量彩礼和结婚时间。虽然基督教提倡勤俭节约，但南花村基督教徒的苗族原先并没有信仰基督教，在没有信仰基督教之前，举行的婚姻仪式和其他苗族的婚姻仪式一致。因此也还是会把彩礼当作是婚俗的一部分，以此来体现男方对女方的诚意，展现男方的社会地位。而女方家也仍然会为其准备嫁妆，嫁妆和非基督教徒的一样。

南花村基督教徒的苗族的接亲比非基督教徒的苗族的接亲要简单得多，没有祭拜祖宗、打伞、跨火盆、挑水等一系列仪式。基督教认为上帝是唯一的神，因而不需要像非基督教徒那般通过打伞来保护新娘不受鬼怪的侵袭，只需要信仰上帝，上帝自然会保佑她，使她一生都免于灾难。

举行仪式的场所可以是寨子里的教堂也可以在家里，场所的选择主要看主人家的意愿，无论男方家还是女方家，办婚宴时，基督教徒们就会为新人唱婚礼歌，告知主今天有一对新人结为夫妇，希望能够得到主的祝福，婚礼歌一般如下：

1. 公行婚礼。今日聚集大家欢喜，照主旨意恭行婚礼；新郎新妇结合为一，一家、一体、一心、一意。从此一生同走天路，互敬、互信、相爱、相助；天父时常保佑平安，免除灾害、困苦、艰难。恳求天父赐福盈门，使他夫妇均沾洪恩；圣灵感化，敬爱救主，一生专心事奉天父。但愿天父听我祈祷，使他夫妇恩爱偕老；快乐同享，苦难同当。一生一世主前颂扬。

2. 恭逢婚礼。今日恭逢婚姻大礼，亲友会集大家欢喜；天作之合淑女君子，情投意合尊主圣恩。恳求天父厚赐恩惠，使此二人成为婚配；新郎新妇福禄完备，从此一生相爱相随。

仰望真神赐福临门，使彼夫妻皆蒙洪恩；敬爱教主感受圣灵，所组家庭基督为主。百年偕老常显主光，身灵活泼后裔贤良；有福同享有难同当，终久永远同住天堂。

3. 欢乐婚姻。新郎新妇，今日成婚，同宣海誓，共证山盟，会众欢乐，讴歌颂主，赖主证婚，配合有凭。主命二人，合为一体，终身偕老，地久天长，疾病相扶，患难相助，痛苦同受，安乐同享。赖主祝福，婚姻成圣，快乐齐眉，同守洁清，神谐信约，美满家庭，有主同在，喜乐充盈。

4. 完全恩爱。完全的爱，超过人间的思想，虔诚信众，向主屈膝颂扬，为此佳偶，求主赐恩无量，主做之合，恩爱天长地久。完全生命，恳求为他们保证，温柔的爱，永久不移的信，有永恒的望，壮胆平心坚忍，纯洁天真，艰难痛苦不惊。求赐他两，欢心消尽了愁心，求赐他俩，平安宁息纷争；百年偕老，又加灿烂的前程，重见黎明，恩爱生命永恒。

5. 教会婚礼。应当来歌唱荣耀我真神，男婚女嫁各人尽名分，蒙神恩典来献感谢心，荣耀归我父神。上帝造人造男又造女，上帝应许二人成一体，我属良人良人也属我，相亲相爱到底。民主婚姻正合神《圣经》，彼此相爱乃是主福音，平等自由共享新幸福，快乐颂扬父神。亚伯拉罕子孙多如天上星，雅各的民族多似海边沙，蒙神祝福做神的儿女，得享福到永远。快乐快乐，我们要唱歌。荣耀在天归于三一神，平安在地上归于我们。荣耀，荣耀归神。

6. 结婚歌。宇宙中间物类万千，赋形各异不息相生。原始之时造物特许，唯有人为万物之灵。木本水源传来有我，启后承先须得同道。男女以正婚姻之时，共同生活其乐陶陶。上帝造人两性相差，女由男出亲爱有加。男子生时而愿有室，女子生时而愿有家。今日礼成和睦终身，永无离异永结同心。有苦相共有乐相安，过则相劝善则相成。天父之前完成佳礼，主旨而从众亦大喜。团结生产服务人民，绵兹瓜瓞衍尔鑫斯。（副歌）欢乐日，欢乐日，美满姻缘结成此日。纯爱结合，自由平等，家庭快乐生活美满。欢乐日，欢乐日，美满姻缘结成此日。①

从基督教徒婚礼歌的歌词中可以看出，歌词主要表达人们对新人的祝福，认为两个新人是天作之合，新人完全遵守上帝的旨意而结合。上帝在造人之时，就有男女两性之差，让异性在世上共生。男女长大后，就要经历嫁娶的过程，这样才不会辜负上帝的恩惠，如今新人在天父的见证下完成婚姻仪式，大家都皆大欢喜。

（三）洗礼仪式

洗礼即其他信仰的人加入基督教的仪式，是一种对加入者的心灵进行洗净的仪式，亦称作圣洗。洗礼仪式是加入基督教最为重要的仪式，洗礼象征着入教者的原罪和本罪得到赦免，是入教者接受主的恩惠的证明。

在南花村，信仰基督教的苗族在选择配偶时，并不仅仅局限于有共同信仰

① 资料来源于南花村寨基督教徒文正英（女，生于1941年，苗族）。

的人。但原先不信仰基督教的女子，与基督教男子结婚必须接受基督教的洗礼仪式，仪式一般由牧师主持，男方家事先准备新盆装好水，称之为圣水。大家一起唱洗礼歌的时候，牧师就用事先准备好的圣水洒在女子的头上，洒的水不需要很多，只是象征性地洒一点，主要的寓意是洗去女子之前的污秽，从此之后她就干干净净，听主的教诲，谨遵主的旨意。举行洗礼仪式之后，在今后的日子里女子可以与家人一同参加礼拜并领受圣餐，没有经过洗礼的人参加礼拜时不能领受圣餐。在为女子举行受礼仪式时，众人为其唱洗礼歌，洗礼歌一般如下：

1. 归入基督。我们受洗归入基督，与基督同死同埋同复合，我生命与基督同藏在神里面，与他一同显现在荣耀里。

2. 施行洗礼。今日来看施行洗礼，池内盛满清水，这样领洗是何意义，我有何道明白？

若问此礼有何奥妙，表明悔罪之道，因信救主宝血赎罪，如水洗去污秽，基督替我流血舍命，何等浩大恩情，将我旧人与他同钉，并且同埋坟里，既受圣灵即当受礼，这是我主吩咐，

像主耶稣死而复生，与主同埋同起，借此洗礼我归父神，愿向天地宣闻，为主而活或生或死，不再是自己人，我再不被死亡辖治，靠主已得重生，然而我活因主活着，凡事听他。

因此我愿意为主作证，福音四方传扬，不论苦乐始终跟主，一直走回天家。

从洗礼仪式的歌词中可以看出，歌词主要体现的是女子今日接受受礼仪式之后，就归入基督教的群体，受到主的庇护，女子在今后的生活中要遵从主的旨意，把主的福音发扬光大，让更多的人受到主的恩惠。

（四）回娘家

婚宴结束三天后，基督教徒的新娘也要回娘家，其程序、含义和非基督教

徒的相同。基督教的教义禁止离婚，如有离婚的，就会被视为是背叛了耶稣，不信耶稣，就会不能上天。

南花村基督教徒的苗族婚姻仪式的程序虽然和非基督教徒的程序差不多，但由于信仰不同，在一些细节上仍然可以看出差异，体现出了基督教文化和当地传统文化的碰撞与融合。在南花村，无论信仰何种宗教，寨子中有人结婚，作为邻里都会前去参加，并没有太大的忌讳，只要不做出违反自己宗教信仰的行为举止，不诋毁他人的宗教信仰行为，主人家都会欢迎。

三、小结

在原始时代，人类过着群居的生活，没有婚姻观念，男女之间不存在婚姻关系，只要一方想要终止交往，关系就结束，然后可以继续寻找他人。随着时代的发展，人们逐渐有了婚姻观，认为结婚是一个人乃至家庭、家族的大事。婚姻可以说是人类社会发展到文明时代的重要标志，是“依社会风俗和社会法律规范化了的人类个体的两性结合，是人类社会生活中的一种特殊社会关系、社会行为。婚姻的本质在于它的社会性，从根本上来说，婚姻是人们为了维持正常的社会生活而发生的一种社会行为。”[①] 婚姻在一定程度上可以起到稳定社区、社会、国家的作用。婚姻作为人生的重大转折点，人们都会给予重视，在历史的发展过程中，人们为了庆祝一对新人的结合，都会为其举办婚姻仪式。

南花村的苗族人民是一种群居的生活状态，共同生活、共同娱乐、共同生计，因此产生了具有苗族特色的文化。由于村里有两种不同信仰的群体共同生活，日常生活因信仰差异有所不同，在为新人举行婚礼仪式的过程中也会有所不同。最大的差异就是非基督教徒的苗族在婚姻仪式中要祭拜祖先、烧香、打伞、挑水等，主要目的是要向双方的祖先告知新人的结合，介绍男女双方的出处，以望能够得到祖先的庇护。而信仰基督教的苗族则不需要祭拜祖先、烧香、打伞、挑水等，基督教徒告知主的方式主要是进行祷告和唱婚礼歌。共同点在于婚姻仪式的基本过程一致，且目的相同，都希望能够给新人一场难以忘

① 彭立荣主编《婚姻家庭大辞典》，上海社会科学出版社，1988，第 128 页。

记的婚礼，为新人的亲朋好友提供祝福的场所，使得新人得到来自不同亲朋好友的祝福。

南花村苗族人民婚姻的缔结，以自由恋爱为主，青年男女可以自己选择配偶，长辈给予青年男女足够的选择权，不做过多的干涉，只要寻找的对象与自己家庭背景相当，对方自身条件过得去，父母不会反对他们的缔结。南花村苗族婚姻礼仪体现了苗族人对人性的重视、对生命的存在和发展的关注以及对生命创造亦即人类自身繁衍的追求。

婚礼的仪式不单单是一个民族、社区、信仰的展演，同时它也是人类在长期的生活实践当中所产生的一套规则，对人类具有约束力。为新人举行婚礼的相关仪式，其亲朋好友和附近寨子的人都知道他们已经结为夫妻，不能够做出一些违背婚姻的行为，不然就会受到亲朋好友以及其附近寨子的人的指责。因此，青年男女结婚后为了不让其他人对他进行指责，会自觉约束自己的行为，使自己能够符合婚姻的标准。因此，婚姻仪式在一定程度上可以维护家庭关系的和谐，促进社会稳定。

第三节　南花村丧葬礼仪

中国人自古以来对待死者都给予莫大的重视，在亲人逝世以后，在世者都会尽自己的最大能力为逝者举行丧葬礼仪。丧葬礼仪是一个人在结束了他的一生之后，由其亲属、邻里、生前好友等为其进行哀悼和安葬的礼仪。中国人民在远古时代由于环境条件、观念等因素，无法正确解释人的死亡，于是就产生了人具有灵魂的观念，认为人有灵魂与肉体之分。人们认为死亡仅仅是灵魂出窍，去另外一个世界生活，并没有真正离开。因此，无论富裕还是贫穷的人家都会尽自己最大的能力为逝者举行比较像样的丧葬礼仪，希望通过丧葬礼仪，逝者在另外一个世界也能够幸福地生活，同时也希望逝者能够给生者带来好运。而在历史发展的过程中，每个民族由于生活环境、生产方式的不同，丧葬礼仪也不尽相同，每个民族都具有自己民族特色、民族文化、民族习俗的丧葬礼仪。

每个地区、每个民族由于生产方式、风俗习惯、宗教信仰等的不同，丧葬礼仪也会呈现差异性。苗族作为中国众多民族之一，对待亲人的逝世同样重视，非常重视丧葬礼仪。南花村苗族的葬礼较为繁复与隆重，它着重表达的是生者对逝者的难舍、眷念和哀思。如同前面所述，由于南花村的苗族人民有一部分人信仰基督教。因此，信仰基督教的苗族和不信仰基督教的苗族在举行丧葬礼仪的过程中会有所差异。在讲述南花村苗族人民的丧葬礼仪时，应该对信仰基督教的苗族和不信仰基督教的苗族进行分别论述。

一、非基督教式的葬礼

南花村中不信仰基督教的苗族占大多数，虽然这部分人不信仰基督教，但根据调查当地人得知，不信仰基督教的苗族信“鬼神”，有祖先崇拜、万物有灵等信仰。由于南花村不信仰基督教的苗族信“鬼神”，具有祖先崇拜信仰，相信人有灵魂一说，所以他们相信为去世的亲人举行隆重的丧葬礼仪，能让其在另外一个世界幸福地生活。在今后的日子里，生者也会得到他的庇佑。因此，南花村非基督教徒的苗族在为逝世的亲人举行丧葬礼仪时，具有浓厚的当地原始宗教信仰色彩。南花村非基督教徒的苗族举行丧葬礼仪的过程极其烦琐，程序复杂，主要包括临终、停尸、报丧、选择墓地、守灵、吊丧、开路、入殓、出丧、安葬等仪式。深入了解南花村非基督教徒的苗族的葬礼过程，可以深刻了解到南花村非基督教徒的苗族的文化、政治、经济、信仰等。

（一）临终

在得知亲人可能要逝世的时候，家人就会准备寿衣，或者人到了一定年纪后，也会为自己准备寿衣，对于此并不忌讳。女性寿衣一般为蓝色衣服、黑色裙子、布鞋，裙子绣有各种图案，颜色各种各样，布鞋也绣有各种颜色的图案。男性的寿衣一般为青色的布衣，不像女性的寿衣那般五颜六色，比较朴素、淡雅。其实南花村苗族人的寿衣与日常生活中的衣服没多大区别，只是人们都会尽可能地准备新的，而不穿旧衣服。寿衣的件数一般不多，最多也就三件。在南花村苗族村寨中，老人在弥留之际，子女都要在侧，以报答其养育之恩。要是家中有老人要去世，但子女不在身边，会被寨子的人认为没有孝道。南花村中的苗族人民一直崇尚尊老爱幼、尊师重道的品德，如若没有尽到孝道，在寨子中难以立足。在老人咽气之后，如眼睛或者嘴巴未合上的，就必须要为逝者合上，他们认为之所以会出现这种情况则说明老人还有不放心的人或者事。因此其儿女应该一边为逝者合上嘴巴或眼睛，一边说一些让逝者宽慰的话语，让其不再担心，安安心心离去。

人过世后，逝者的家人一般会为其进行梳洗，换上之前准备的寿衣。为逝者进行梳洗的一般是逝者的儿媳妇，而不是女儿，即使在父母生病快要咽气的时候，女儿在场。父母死后，女儿就必须立刻跑回家，如果离娘家比较远，不能立刻回去，也会去寨子的其他家待着。之所以这样是女儿认为父母去世后变成鬼，感到害怕。洗好之后，就重新准备一张床摆放在堂屋的侧面，用于停放尸体，不能将尸体继续放在逝者去世之前睡的床上。

（二）停尸

南花村苗族人民一般把尸体停放在家 3 ～ 5 天，通常把逝者停放在堂屋。在堂屋摆放着两条长板凳，在板凳上搭几条木板搭建成“灵床”，把逝者放在灵床上面，暂时不入棺，逝者尸体的摆放一般是头朝内，脚朝向门口。之所以会有这种做法，即是要告诉逝者：“你既然已经过世，就好好地走吧，去到另外一个世界好好生活，别再回来打扰生者的生活。”这可以看出南花村苗族群众为逝者举行的丧葬仪式也可以说是生者与死者的一场告别仪式。

尽管他们认为人去世，只是到另外一个空间生活，但对于生者来说还是有悲痛的。因此会这样摆放逝者的尸体，希望死者以后不要来打扰生者。摆放好尸体以后，就盖上被子。在逝者头部的位置，摆放一张小凳子，凳子上摆放着长明灯。南花村苗族群众认为逝者的灵魂在前往祖先之地的路上黑暗无边，因此，为了使逝者的灵魂顺利找到祖先之地，必须为逝者点长明灯。长明灯的材料一般是煤油和棉芯，把煤油倒入一个碗中，棉芯弄成一个小长条，放入碗中，一头露出碗沿，一头没入煤油中。长明灯要一直点着，不能熄灭，直至抬棺出门。在逝者脚的那头，一般会放一张桌子，放一些供品，供品一般是水果、饼干之类的东西，还摆放着可烧香火的容器，容器上插着香火。在摆放好尸体以后，停放在家的每一天，都要为死者供一日三餐，一般是生者在吃的时候多准备一份，放在放供品的桌子上敬供。家里有人去世之后，有许多事情要进行。首先是报丧，若不报丧，逝者的亲戚朋友便不知晓，后续之事也不能顺利进行。

（三）报丧

报丧是丧葬礼仪中不可缺少的程序，是向逝者的亲朋好友告知逝者的死讯和入殓的时间。南花村苗族人把老人去世看作是很重要的大事，有人去世，家族、邻里都来帮忙料理，也会安排人分头通知各处亲朋好友亲人的去世和入殓时间。入殓时间一般在亲人去世以后，请本寨的鬼师来帮忙算出可以入殓的日子。因此，在报丧的同时会告知亲朋好友逝者的入殓时间，以便必须前来参加入殓的人做好准备。在信息还未发达的年代，需要亲自走到亲戚朋友家通知，如今可以打电话、发信息进行告知，没有以前麻烦，亲戚朋友也能够及时了解到逝者葬礼的各种信息。

图2.9　送的礼物（黄启香摄）

（四）选择墓地

人们都知道，一旦出生，就必然会面临死亡，人死是不可改变的自然规律，无人能够幸免。人一出生，便需要有遮风挡雨、避免猛兽入侵的居所。中国人自古以来就比较倾向稳定、安定的生活，不喜欢到处奔波，从远古时代人们用树干搭棚到现在住高楼大厦，人们都把固定的居所看得很重即使是比较贫困的地方，也会建造比较稳定的居住所。因此在人过世以后，也会寻找比较好的地方作为自己的墓地。因为很多人相信，不仅自己需要一个永远的、好的归宿地，子孙后代也需要这样一个好的地方来进行祭祀活动。而对于墓地的选择，不同民族、不同地区的人因地理环境、生产方式、生活习俗、宗教信仰等差异则会呈现不同的方式，但目的大体一致，即都希望能够保佑生者顺风顺水、平平安安、繁荣昌盛。

中国民间比较重视风水，人们认为好的风水可以使家庭甚至整个家族兴旺发达，求财得财，求官得官，求人丁兴旺得人丁兴旺，一帆风顺；若风水不好，则可能会家败人亡，人丁凋零，所以人们极为重视风水的选择。南花村作为中国传统村落，在一定程度上仍然保留着传统文化。因此在选择墓地时，也会考虑风水因素。“风水又叫堪舆、地理、相地术、相墓术、青乌术、青囊术等，是原始先民结合自己的居住环境而形成的一种活人与死者‘居住地’选择的技术性文化，它在不同程度上体现了古人对于居住环境在山的走向及表势、水的流向和风的方向等方面的判断。”[①] 南花村非基督教徒的苗族具有祖先信仰，因此对于选择墓地更是极为重视，它关联着日后的祭祀活动，也关联着整个家庭甚至是整个家族的幸福安康。南花村非基督教徒的苗族在选择墓地时，主要由寨子里的鬼师主持，鬼师询问逝者的生辰八字和逝世的具体时间，之后就由主家的几个人和鬼师一起去山上寻找适合的墓地。墓地的选择主要先在自己家的土地上寻找，如果找不到，就再去别家的土地上寻找，若寻找的墓地是别人家的土地，就得去跟人家商量，是否可以把墓地安放在此地，如果可以，赔偿

---

① 陈淑君、陈华文：《民间丧葬习俗》，中国社会出版社，2008，第 122 页。

方面如何解决，是以地换地，还是直接用钱购买。在南花村，如果寻找的墓地是自己家的土地时，一般都不会为难，只要赔偿合理，都会同意。

南花村苗族人民选择墓地一般是背南边，面向北边，也就是背靠山，前面视野开阔。这样的寓意则是背靠大山，不容易倾倒，保佑后人平安，无灾无难；墓前视野开阔，可以看得更远更广，也可以容纳更多事物，也寓意保佑后人繁荣发展，有好的前途。墓地的选择一般都比较倾向于在高处，比较有气势，寓意高瞻远瞩，志存高远。

在选择好墓地之后，主人家就会安排人负责修路、挖墓地及整理周边杂草、购买建墓地需要的材料。之所以要修路，是因为墓地有时会选择在人们不经常去的地方，杂草众多，路面不好，不方便运输材料和送葬，需要安排人去修路，除掉杂草，填补坑坑洼洼的地方。另外，也会提前安排人挖墓地以及整理墓地周边杂草，以免下葬时因未提前准备而错过下葬时间。材料一般会有沙子、水泥、砖块等，在购买好材料后，如果不能够直接用车运输到墓地，则还需要麻烦亲戚朋友进行搬运，在下葬之前必须把需要的材料全部运输到墓地。另外，还得准备水，没水则不能够建好。

建墓的材料除了沙子、水泥、砖块、水以外，还有墓碑，墓碑是重中之重，不可轻视。负责购买碑刻的人拿纸记逝者的姓名、生辰八字、逝世时间、子孙的名字，就前往定制碑刻地点与商家商量要定制哪一款的碑。选好款式以后，就把记着逝者以及其子孙后代的信息的纸给商家，告知碑上必须刻上其子孙的名字，若子孙太多，碑的正面刻不下，就把剩下子孙的名字刻在碑的背面，因为碑和墓之间是有一定的距离，人可以正常通过，因此并不会遮挡住碑的背面。

（五）守灵

停尸期间，出殡之前，逝者的尸体一直摆放在堂屋中。在这期间，逝者的亲人必须时刻守护着逝者，称之为守灵。守灵最大的目的是逝者的亲人尽最后的孝道，因为南花村非基督教徒的苗族信“鬼神”、信仰祖先。守灵期间，必须早晚都为逝者烧纸、点香火，香火是把逝者灵魂引进祖先之地的桥梁，所以点香火亦起到把逝者的灵魂带到祖先之地的作用，守灵时，不能忘记点香火，不要让香火断。守灵一般是由家族或同寨的亲戚朋友轮流，因为如果停尸时间过长，只由一人守灵，身体会承受不住。在守灵之时，有时还要唱丧歌。唱丧歌的多是女性，一般就是在逝者旁边唱“丧歌”。她们边唱边哭，边哭边唱，一个唱完一个接着唱，唱到伤心处，全场痛哭。丧歌的内容主要是追念逝者在世时如何辛勤持家，子孙蒙受抚育之恩，竟未能报答，等等。

（六）吊丧

吊丧是亲朋好友对逝者的祭奠等吊唁活动，吊丧一般都在停尸期间进行，时间一般由寨子里的鬼师根据逝者的生辰八字和逝世时间来选择。中国自古以来就很重视吊丧，吊丧习俗在中国民间数千年一直相传而不绝，但各地的吊丧习俗却多有差异。在南花村，若家中有亲人过世，到了吊唁这一天，逝者的亲朋好友都会前来吊唁，而前来吊唁的亲朋好友会按亲疏关系决定带来的礼物。一般最隆重的当属逝者已经嫁人的姐妹、女儿、孙女，通常会带猪、糯米饭、酒等，把所带来的礼物放在堂屋，希望逝者得到她们带来的礼物后，到另外一个世界也不愁吃喝。在南花村苗族人民中，芦笙作为一种乐器，在众多活动中扮演了很重要的角色，丧葬仪式中也不可缺少。亲人过世后，逝者的姐妹、女儿、孙女前来吊唁之时，也会请会吹芦笙的人为逝者吹芦笙。在吊唁这一天，逝者的姐妹、女儿、孙女也会唱丧歌，以此表达对逝者的思念、感恩以及希望逝者在另外一个世界能够获得幸福的祝愿。而其他亲朋好友则不会这么隆重，有的只带些小东西，或者直接给丧者家钱，让丧者家自行处理。对于前来吊唁的亲朋好友和左邻右舍，逝者的儿女、孙女等都以跪拜礼表示感谢，如果吊丧者众多，他们便长跪不起以示谢意。前来吊唁的人在来之前，就会穿好适合吊唁的衣服。丧服在南花村并没有很大的讲究，只需要是新衣服，颜色不要太鲜艳即可。逝者的姐妹、女儿、孙女的哭丧歌内容一般如下：

蛟龙生在长苔的山弯。雷公生在铁铸的宫殿，泉水生在幽深的岩穴，我们生在慈母的胸怀。阿妈把我们孕育，阿爸给我们抚爱。共同踢毽在田坝，共打格螺窜满寨。同一个木盆洗涤，同一口锅里吃菜，同一条路去讨菜砍柴。小鸡长大了，各自奔东西。我们长成人，从此就分离。男的留在家，接祖宗笙鼓，种父母田地。女的拿簸箕，井边常站立。得块酸牛皮得包糯米饭，从此长别离。丢下爹和娘，给哥嫂护理。

闻阿妈有恙，以为是小病，一久会康复，谁知一天更比一天沉！儿女爱母亲，请鬼师来问。草绳是师傅，石头是能人，上上下下找，东西南北寻。用去五窝蛋，五笼鸡和鸭，用完五把竹，糯米草五束，蛋清吃不完，蛋黄吃不尽。不是瘟神来，不是花鬼来，不是"嘎里"来要猪，不是祖宗来要牛，要鼓吃牯藏。"德"掌生死簿，夏"握生死尺。不怪哪一个，只怪嘎神，不肯送米酒，送给"夏洛"喝，鬼才不守门，妈魂才入簿。恶鬼才算到，簿中才点出。翻开簿子看，用尺子量测，去寿命剩卡把，只余一寸多。命书马上传，富命尺立刻插，人就离阳间。

太可怜的阿妈啊！我只晓得日出去做活，不晓得太阳要落坡。要知太阳会落坡，定赶来家里等着，杀只大公鸡，炖给您下饭，哪怕吃一筷就走，仔也少难过！往天唱哭歌，伸念"西""尤"别人家；今天唱哭歌，却是悼您啊——生我养我的阿妈！悲呼啊——顶梁的柱子塌下了！痛哭啊——垫屋的基石垮下了！有了围墙才保护寨子，有了阿妈才养育我们。围墙垮了，野兽会闯进，阿妈去了，我多么伤心。阿妈爱儿女，妈在常教诲，话语似雷鸣，像画眉高唱。天色刚刚亮，阿妈话音响："起来儿女们！起来快梳妆。饭已热在锅，快吃好上坡。做活才有吃穿，赚钱才能养家。"今天阿妈无声息，安详地卧睡，有谁再来催？想来唯有泪水垂，湿透胸前如淋水！可怜的阿妈，您生养我们，大大细细一泼拉，就像母鸡养小鸡，白天驼着找食吃，夜里抚抱翅下免受寒。我们吸着甜甜的乳汁，在您的怀中长大。今天阿妈闭上了眼睛，走下马颈坳，涉过西嘎河，留下一片凄凉的情景。阿妈走了一程又一程，我们哭了一阵又一阵，阿妈走过的路上，留下了串串悲声。我们就像失去母亲的小鸡，互相挤缩在鸡窝里，情景多孤怜！母鸡出外去，天黑还会进家门；阿妈您走了，儿女永远失去了母亲！可怜的阿妈啊！往天您坐饭桌前，吃饭交给儿女舀，呼儿女接碗。今天您吃饭，靠竹卦来问，由鬼师接碗。您脸向房梁，默默无声言！哪个催命鬼，它心最凶很。一天来七次，一刻来七回。顺房梁下来，络绎不绝催。紧巴妈花树，死把妈魂追。它劈您脑壳，吞噬您脑浆；它破您胸膛，吞噬您五脏。您忍受不了，您抵挡不住，像大树翻根，像柴堆崩垮。魂进鬼门关，脚向阴间跨。儿女从此心，中失去了光明，就像处在没有月光的黑夜。阿妈啊！您生命之树已凋谢，生命之路已走尽。儿虽孤单有四邻，依靠大家来帮衬。当牛难免挨锅煮，做人难免走阴间。阿妈啊！请您别再留恋和牵挂，静静安息吧。①

从哭丧歌的歌词可看出，逝者的姐妹、女儿、孙女唱的哭丧歌旨在感谢逝者的养育之恩，逝者辛辛苦苦把他们养育成人，各自有各自的生活，还未能够好好尽孝就已经离他们而去，表达了亲人们对逝者的悲恋之情。

（七）开路

开路是南花村非基督教徒的苗族葬礼活动中一项很重要的环节，必不可少。逝者的灵魂到底送去何方？一是“升天”，二是沿着祖先迁来的路线回到祖先生活的地方去。在南花村，出丧前一般要请寨子里的鬼师为逝者的灵魂进行“开路”仪式，因为南花村苗族人民相信人是有灵魂的，人去世是因为灵魂要离开肉体回到祖先生活的地方，因此必须请鬼师来为逝者的灵魂进行开路仪式，鬼师交代逝者灵魂去处，以免逝者的灵魂找不到去处而四处晃荡。

出丧通常是在凌晨，开路仪式举行的时间一般是出丧之前，在举行“开路”仪式的过程中，闲杂人等不可在门口堵着，以免扰乱逝者的灵魂，使其到

① 丹寨县民族事务委员会、丹寨县文化馆编印：《丹寨苗族民间文学资料》，1981，第54-57页。

处乱窜。开路仪式一般的形式是鬼师杀一只丧者家事先准备的鸡为逝者开路，杀好鸡以后，鬼师一边念诵《苗族焚巾曲》中开路歌的歌词和哭丧歌中的开路歌，一边用手提着鸡从堂屋走向门外，该现象展示出仪式的行为过程需要念诵相应的开路词才能使人们了解其中的意思，才能起到连接不同空间事物的作用。《苗族焚巾曲》中开路歌的内容如下：

寅年过去，卯年到来。旧年过去，新年到来。年去年来，岁去岁转。开年栽种，年终收成。闲时就闲，忙时就忙。只知干活，不知忧愁。殊不知你老人，脊背不安，身体不好。抬多就沉，病久就死。你七十过三，你到十五日。活不过季，翻不过年。九十活不到，一百活不满。你有儿有女，你有媳有孙。样样齐全，件件齐备。有寿木；有肥猪；得水牯牛；缝寿衣；有了被子；有了鞋子；有买水钱，有带路鸡；得了千百件，得了千百样。脚入穴，头进棺。谷带路，米开道、过寨脚，头上路。沿着割草道，随着砍柴路。爬到登鲁坡，翻过龙河边。走到荣养，去到荣垓。走拢荣调，下到荣西。你一个人走路，你一个人独行。命短如手指，一生像一步，去呵才到，走呵才拢。去后拦路，走后断途。看路头走，瞧前面行。直向前去，莫往后退。走过菀今坡，翻过韭菜岭。下到长羊，走过翁宝。下到平江，走过刘里。下到方先，路过方里。下到丹江，路过南有。下到罗榴，路过里有。下到亚富，路过亚乃。下到丙梅，路过下江。下到里勇，路过里科。下到广西，路过广东。下南当地，过南兄乡。下到仪榔寨，路过昂汤，走拢荣加。过岩脚，下岩坡，翻过蛙塘。走过鹰山，下到鸽坡。路过那平坦的地方，走到那明朗的去处。路过火麻坪艾蒿坝，下到大河沙坝。路过央的坝子，走到那的坪地，路过石头寨，下到石头村。路过竹林寨脚，走到那竹笋村，路过杉木寨边，走拢松林村头。过造人的寨脚，走生人的村头。过那芦笙坪的寨，走那铜鼓堂的村。打扮让人瞧，穿着给人看。去跳笙踩鼓，去踩堂踏场。牵你的水牯，拉你的黄牛。去到坪坝，去到宽坪。三碰向东，三撞向西，得三千孩儿，得三万子孙。你在活到老，你去你享福。爬两层，到三级；爬四层，到五级；爬六层，到七级；爬八层，到九级；爬十层，到十一级；爬去十二层，来到十二级。爬到了青天，去到央地方。央来问你话，那来问你话："你有儿有女，你有媳有孙，招抚你入穴，招扶你进馆，你样样得全，你件件得完：得水牯，得黄牛，得棺材，德肥猪，得寿衣，得被子，得个带路鸡，得银钱买水，样样得完，件件得全，买得山和林，买得东和西，送给娃仔，送给儿孙。娃仔得富，儿孙得吃。个个长寿，人人安康。个个发财，人人有吃。你退一步，你下两级。你退三步，退四级。退五步，下六级。退七步，下八级。退十步，下到十一级。退十二步，下到十二级。退去嘎下家，退到高农屋。嘎夏活千年，高农活万岁。噶厦开门等，高农开门迎。迎如迎宾，待如待客。去跟嘎夏，去跟高农。去要安心，去要落意。去往千年，去住万岁。千年莫念，万年莫想。家要清洁，屋要安宁。个个有精神，人人有力气。个个做活，人人上坡。个个长寿，人人安康。活到九十，活到一百。孩子成人，孙子成气。儿养孙孙，孙多成寨。喂鸡鸡长，喂猪猪大。水牛肥大，黄牛肥壮。做活得吃，经商得银。家各清净，屋各安宁。静及木匠，安到砍木人，清静及砍牛手，平安到掌称人。清静到帮你穿衣的人，平安到帮你穿鞋的人，清静到挑水人，平安到煮饭人。清静到杀鸡人，平安到修鸭人，清静到帮你穿袜的热，平安到帮你洗脸的人。清静到挖塘人，平安到抬棺人。清静到所有的亲戚，平安到所有的客人。他们来时平安，他今去时平静。转去家返回屋，转去长寿，回去安康。老的长寿，少的成长。富者更富，智者更智。清静及吃肉人，平安到喝酒人。清静到兄弟，平安到家族。个个回家，人人转屋。个个安宁，人人健康。个个得好。生九个儿，养九个女。儿子懂理，孙子心亮。仔有气，儿有力。活到九十，活到百岁。①

---

① 中国民研会贵州分会贵州民族学院编印：《民间文学资料第四十八集苗族焚巾曲》，2018，第274-299页。

实际上，在仪式行为中念诵的词各地的目的和意义都是一样的，但是由于各地的苗族居住地不同，歌词中涉及的地点会有些变化，如在《丹寨苗族民间文学资料》中也记载了当地苗族开路时的哭丧词，如：

请来兄弟共商量，喊来姐妹同商议；找个最好的鬼师，指引阿妈灵魂去。引去见祖宗，眼先人团聚。请阿妈离开火塘，走出吃饭抽烟的地方。走下楼梯去，脚步勿停息。走到谷仓脚，过谷仓而去。走到欧凉评，过了歇凉坪走到弯田，弯弯像黄鳝。走到菜园边，脚步不留连。走到焚床坡，烧您灵床板。走到焚物坡，烧您床草和衣袜。走到摔碗坡，甩碗送阿妈。走到水井边，这里阿妈曾来把水担。走到放牛坡，这里阿妈放牛曾来过。走到捕鸟坡，妈过捕鸟坡。走到砍柴山，这里阿妈曾来挑过炭。走到野果坡，这里的野果、刺泡阿妈曾摘过。

走到白芨坡，妈过白芨坡。走到织布坡，妈过织布坡。走到大风口，南风刮嗖嗖。走到打猎山，见个人农叔，家住在羊望；见个人莫旁，他住在排甲；见个人务德，他家在羊列，他们天天去打猎，裤子撕烂到腰间。走到“努吾铺”，保滨把路拦。成百的人被她吃，遗下千百帽鞋袜，牙齿追地撇，衣服飞满山。谁的仔聪明，妈的仔聪明。他造了铁炮，造了大马刀。

拿铁炮去打，拿大刀去系，保窝抵不住，保窝倒地下。路上无阻拦，阿妈才过关。走到毛虫山，毛虫大如狗，盘蛇粗如甑，阿妈咋过去？阿妈咋过关？阿妈穿鞋袜，蚕丝垫脚板，才能过虫山，安然走过关。走到木展山，见到波往在造展。阿妈穿一对，安然过展山。去到织带坡，见到窝往织花带。织机咚咚响，织成五捆带。走到洗马塘，妈过洗马塘。走到阴河边，阴河翻浊浪。亡魂河边聚，寻伴好过江。有伴安渡去，无伴在彷徨。走到烂沼潭，污泥淹没到腰间。走到告养坪，从此进鬼门。再走就到石板坡，块块石板好歇气。一个人有五个魂，一株稻子五丫穗。走到五岔路，五魂走五边，阿妈别忘记：一条通祖宗，跟先人团聚。祖宗都在等着您，木桩纷纷如林立。一条通场坝，走去做生意。一条通田坝，做活种庄稼。一条通向踩鼓堂，去那里踩鼓吹笙。阿妈要去跳里层，里层客才多，那里最欢腾。一条通天堂，去嘎里仙境。先到雷公村，听见雷公哼。寨墙高七尺，围着七丛刺。再到天池边，天池无际宽。

看见汪农茜，看见多努耳，南用的板花，南页蓓里莎，还有鹅曼，南样的母曼，还有间竹妮，南洛的母旺，她们都是老处女，一世跟在妈身边。她们没伴侣，无聊上坡去，剥野麻来织虾扒，天天来池里，提鱼又捞虾。得虾又放归，得鱼又放。还她们号地方，号了一堂又一堂。

号河给鱼栖，号地给渐魂安息。又见乔努样，他家在排嘎，家有九仓谷，有九仓银钱。长到十六岁，身边尚无伴，命书已传到，命尺已来插。悄然离人间，也来天堂歇。人生虽各异，死后路相同，阿妈莫遗憾，上天应从容。走进嘎德田，道路连阡陌。走进嘎德地，“窝苦”菜满园。走到水井边，那是鬼神泉。人井水滔滔，人井用桶挑；鬼井水如筷，不够鸡鸭饮，只能用瓢舀。阿妈到天堂，妈住新房间。新房金光闪，里方外面圆。坐下膝碰壁，站起墙抵脸。妈若开窗扉，放眼看人间，可瞰尽山川，可见亲孩儿，见房屋依旧，见田地如前。妈想回人间，四周黄泥已夯实，门前青石砌得坚，妈哪能回转？唯有泪纷垂，化成大雨落人间！”

《苗族焚巾曲》流传比较广泛，但每个地方在念《苗族焚巾曲》时都会相应地改变地方名。从《苗族焚巾曲》带路歌的歌词中可以看出，鬼师为逝者举行的开路仪式不仅仅是要把逝者的灵魂引导到祖先之地，也希望逝者能够为生者带来平平安安、荣华富贵，同时也希望逝者能够保佑前来帮忙处理丧葬仪式中各种琐事的人以及前来吊唁的亲朋好友身体安康、万事如意。哭丧歌的词虽然也表明了逝者前往祖先之地的道路，但更多的是在叙述逝者生前的勤劳与艰苦，告知逝者在路上应该避免何种东西，告知逝者来生不要变成何种动物，以免招来不幸。

在开路仪式结束之后，逝者的亲人随即把逝者的尸体抬到门外，在门外把遗体放入棺内，也就是人们常说的入殓。南花村并不像其他地方那般，在亲人去世以后就立刻请人算好可以入殓的日子，逝者入殓后再办其他后续的程序。南花村是要出丧的时候才入殓。但不管如何，入殓同样是南花村苗族丧葬仪式中最为重要的程序。

（八）入殓

鬼师是南花村非基督教徒的苗族丧葬礼仪的主持者，丧葬仪式的程序基本上都要由他来决定，因此，他具有很大的威望。在亲人逝世以后，丧家会请鬼师来为死者算可以入殓的时间，确定好入殓时间以后，逝者的亲朋好友就会在规定的时间回来参加入殓。

入殓中最为重要的东西应该是棺材，在南花村，如果家中有老人的，都会为老人准备一口棺材，以免事情来临时慌张。有的老人也会为自己准备，对于人老了就要面临死亡的自然规律看得很开，并不会忌讳家人或者自己为自己准备棺材。棺材的木材一般是杉树和松树。南花村的林地面积 2000 亩，森林蓄积量为 7000 立方米，森林覆盖率达 83.2%。从这组数据可知南花村的森林资源极其丰富，而森林的树木构成则主要是杉树和松树。因此，能够为南花村苗族人民提供棺材材料的也就是杉树和松树。虽然南花村有具体的规定不能够乱砍伐树木，但如果砍木材是用来做棺材的话就可以。杉树的树干比较坚硬，具有很强的防腐性，南花村苗族人民一般是实行土葬，使用杉树作为棺材的材料，可以防止蚂蚁、昆虫啃咬，保护尸体的时间比较久。而松树和杉树的作用一样，具有很强的耐腐性的杉树和松树，刚好符合做棺材材料的需求。

在亲人过世以后，就会把先前准备好的棺材洗好，晾干，在门口搭个棚子，把棺材摆放在门口。到了入殓的时间，就把棺材抬到门外，棺材一般是竖着放。在入殓的时候，逝者的兄弟姊妹、儿女、孙子、孙女等必须得在棺材旁边，和逝者见最后一面，棺材盖上以后，便不能再打开。鬼师在棺材旁主持入殓事项，并念念有词，念的一般是《苗族焚巾曲》中的词，部分内容如下：

这回是要走，真是要永别，老人穿戴好，静静地趟着。待客去悼念，妈妈得金银，妈妈辞别亲人。妈妈辞别了亲人，辞别了儿子，辞别了姑娘，辞别了房屋；辞别了水牛和黄牛，辞别锄头与钉耙，猪狗呵请坐了。妈辞别房门：我的亲人呵请坐了，妈妈命儿丑，走上央公的道路。这回真要走，从那条路走？从大门出去，抖着一身好衣裳，踏着地板咚咚响。老人走过村寨，就辞别寨上：村寨呵请坐了。江山永存在，人生过路客，生命极短暂。池塘呵请坐了，大田大坝呵请坐了，菜园和灶房请坐了，你们都留下来养后代。妈妈走到弯田坎，辞别弯田坎：弯田坎呵你请坐，阿秀登帝位，阿秀说过了——一年死也好，两年死也好，也算一辈子。妈上到上坡，到妈的新屋：屋子黄泥盖，青石砌围墙，坟上野花开，永别了人间，找不到路回。妈妈睡坡上，睡后要起来，清醒点呵妈妈，随喜鹊叫走，莫相信乌鸦，土画眉儿声沙哑，骗你走错路。哪个是好汉？桐树枝头叫。叫声多美好，喊妈妈起来，叫妈跟它走。喜鹊小雀儿，喜鹊是好汉，白的它不穿，黑的它不穿，青布夹白穿，喜鹊叫妈起。妈辞别骨骸，妈辞别圹井，妈挑着银两，妈开步走了。妈开步走了，震地响霍霍。顺山梁下来，高坡下山冲，从高坡下去。妈下山沿冲，翻山越岭走，哪个是好汉？坐在山冲头，住水滩水塘，见妈妈过去。水獭是好汉，水獭手脚灵，水獭立岸边，水獭住水塘，住水潭滩头，寻石捉鱼虾，见妈妈过去，脚跟闪闪亮。妈翻山越岭，走到日出坡，莫往日出坡，迈步向东去，向漫水的东方，回到平坦无垠的老家乡。辞别先人平坦的家乡，冲大用劲爬，山大难爬到，一步一个山，两个两个坡，走拢平坦的好地方，回到妈妈的老家乡，妈妈的家乡就在这里！祖先的地方真是好，土地平洋洋，平坦如天上，像那高高的蓝天，地方无限宽，一眼望不到边，两眼也望不到边，再望宽无垠，妈回到家乡，回到水漫无边的东方，走到水漫无际的地方，回到祖先平坦无垠的老家乡，是妈妈的好地方，祖先的家乡是个远的地方，是央公出生的地方，是妈妈出生的地方。回到妈妈的地方，去辞别老家乡，去辞别妈妈的地方，辞浑水那漫无边的地方，样样辞别了你再走。妈从弯弓走，弯弓如绿缎，弯弓老虹桥。妈上一层阶，妈上两层阶，上到三层阶，见当公挖塘，见熊公开田，挖井来灌田，清水往上冒，灌整个山坡，泥鳅钻进又钻出。妈妈多朋友，亲友多送礼，用点买水喝，买水喝再走。妈爬三层坡，又爬第四层，爬到鬼梁坡，鬼梁老山林，鬼梁是冷坡。鬼梁是冷坡，雪埋半截腿。寒风利如刀，要把头吹落，鬓发散乱飘，妈忧心忡忡。鬼坡老山林，鬼坡穷山坡，冤死的才住，善终者过路，妈要明处走，莫走暗角落，若走暗角落，妈要把命丢。鬼岭两姑娘，嘴巴甜又甜，最会把人骗，骗人家上当。爬到鬼梁坡，别同她说话，不和她接触，绕过她们走。爬到五层阶，错认是高山，说是个打坡，谁知是古奶奶，榜香老婆婆，四脚八只手，撑天直直立。榜香老婆婆，从天上下来，来帮妈升天，来把妈带走。爬到六层阶，就要看不见，就要隐身了，要到天上了。妈爬过七层，爬到十层阶，十二层地方，就到了天上最好的地方，天家铜鼓重声响，芦笙响轰轰。芦笙响轰轰，要祭树蔸鼓，树蔸鼓声美，不祭树蔸鼓，铜鼓咚咚响，祖先在踩鼓，齐脚嘭嘭踩。铜鼓响嗡嗡，人人都来踩，步子密又密。快看仰阿莎，头发梳的亮花花。打扮真美啊！额头肤色如子，头发如青丝，手指像竹笋，面庞好比白银铸，薄薄的嘴皮，像个鱼篓口。再看妮鸠秀，飘飘舞碎步，轻轻把身扭，甩袖飘飘舞。来看宝东哈。两手两个槌，敲铜鼓嗒嗒，鼓场使人迷，赶快入场吧！妈去到天宫，走到踩鼓场，与央公同寨，同祖先在天。央公在天宫，他如像生前一样，容貌而依旧，健美说不尽。仰和妮美丽，身材真苗条，这样的美丽，没有第二人。月宫的祖先们，有个亮公公，吹芦笙动听；月宫众先人，还有个汪公，背弯弓上场，来跳芦笙舞。月宫真是好，月宫大鼓场，妈妈到天上，进到铜鼓场，去招金银来，妈永别我们，永远不回还。”①

---

① 中国民研会贵州分会贵州民族学院编印：《民间文学资料第四十八集苗族焚巾曲》，2018，第274-299页。

鬼师边念边主持，把东西放进棺材里，一般棺材底要放新的床垫、床单，儿子、女婿需送一副“垫尸帛”。铺好后，由逝者的儿子把逝者的尸体抬进棺材，逝者尸体的摆放和在堂屋的摆放是一样的，也是头朝内，脚朝向门口。

中国丧葬习俗中的随葬文化历史悠久，是一种源远流长的人文形态。逝者的亲人为了让其在另外一个世界幸福地生活，都会准备一些物品一起放在棺材里，而物品的准备则会受到文化、经济、宗教信仰等因素影响而有所不同，但无论是富贵的家庭还是贫穷的家庭，都会或多或少地为逝者准备一些随葬品。在南花村苗族人民中，银饰在日常生活中扮演着非比寻常的角色，既有装饰作用，又具有治病、保平安的作用。因此，在亲人去世以后，家人也会准备一些银饰放进棺材里，作为逝者的随葬品，希望逝者在另外一个世界也有银饰作为装饰品来穿戴，希望逝者能够在另外一个世界平安、幸福。另外，家中还会将钱放入棺内，南花村苗族人民认为亲人去世仅仅是到另外一个世界生活，那个世界和现实的世界一样，也需要使用钱购买东西。因此把钱放入棺材，让逝者带到另外一个世界继续使用，不用因为没钱而穷困潦倒。在随葬品都放置好之后，就得严密地封闭棺材，不让一束光透进棺材中，也避免之后棺材在地底下因封闭不严而有蚂蚁或者其他昆虫类进入棺材内，啃咬逝者的身体。

（九）出丧

出丧是指尸体入殓之后把棺材送到埋葬的地方下葬，又叫出殡，俗称“送葬”。在南花村苗族人民的丧葬仪式中，所有的祭祀活动都已经办完后，就可以出丧进行安葬。出丧不仅是丧者家的大事，也是亲戚朋友和寨子里的大事，在出丧这一天，亲戚朋友和寨子里的人都会尽量前来帮忙，这可以说是一种互惠的方式，葬礼是一场需要大量人力、财力、物力的仪式，仅靠丧者家是不可能顺利完成的，即使家庭足够富裕，也不可能独自完成，因为还需要人手的帮助。每一家都会有要办葬礼的时候，或早或晚。因此，如果别人家办葬礼，你不去帮忙，到了自己家时，别人也不会前来帮忙。丧者家在鬼师的主持之下，确定好出丧的具体时间，就会告知亲戚朋友和寨子里的人，希望在出丧的时候，人们能够前来帮忙，而被告知的人也会尽量前来。出丧体现了南花村苗族人民中存在一种互帮互惠的现象。

图2.10　棺木（黄启香摄）

把逝者摆放进棺材，棺材盖上之后，就把木头绑在棺材上，弄成一个担架，方便抬棺材。抬棺材的人一般是男性，女性就拿一些逝者的姐妹、女儿、孙女等送来的花纸，送葬也不是每个人都可以去的，有时还得看生辰八字和逝者相不相冲，要是相冲的话，就不能送葬，而在家帮忙打理。例如打扫丧家的卫生，把关于逝者的东西都进行焚烧，为送葬者准备饭菜等。如果家与墓地的距离较远，抬棺材的人就得进行轮换，因为棺材太重，不可能仅靠几个人就直接抬到墓地。在送葬的路途中，会专门安排一个人放鞭炮，每走一段距离就放一次鞭炮，这样的目的主要是赶跑路边的冤魂野鬼，不让他们来打扰逝者的灵魂，让逝者的灵魂不受他们的干扰，顺利到达祖先生活的地方。在送葬过程中，丧家为表示对送葬者的感谢，会进行跪拜，发烟给送葬者。有的逝者在出丧当天就可以下葬，但有的逝者必须在另外的日子再进行下葬，下葬的具体时间则根据逝者的生辰八字和逝世的时间来确定。

（十）安葬

安葬即下葬，南花村苗族人民实行的葬法是土葬。在众人抬棺材到墓地旁边以后，将墓地旁边的地弄平整，放上棺材，使棺材不倾斜。在安葬的过程中，其姐妹、女儿、孙女也会唱哭丧歌，哭丧歌的内容大体如下：

> 哭多泪也尽，唤多嗓无声。千呼万唤哭，妈也不复生。现在我轮回，请妈放我魂，让魂随儿身，转回栖花树，伴儿度一生，保儿无灾病。愿妈保佑我，幸福又平安，牙松有铁镶，发白有漆染，长寿千万年。

所表达之意大体是亲人逝去已经无可挽回，再悲伤逝者也不能复生，那就只能希望逝者能够安安心心地离开，不要有任何牵挂，也希望逝者能够保佑生者幸福平安。

图2.11　到达墓地（黄启香摄）

图2.12　下葬（黄启香摄）

由鬼师主持相关仪式后，先由逝者的亲生儿女往坑内丢一把土或石头，然后每个送葬者也会抓一把泥土或石头扔向棺材，预示着大家齐心协力把逝者埋葬。随后，大家就一起使用工具刨土盖棺材，直至堆成坟堆。在坟墓修建好以后，孝子孝孙就把准备的食物摆放在墓碑前面，给逝者的灵魂食用。埋好之后，送葬的人就陆陆续续回家吃早饭，葬礼也就算是完成了。之后为了答谢帮助办丧事的人，丧者家会主持家人和家族成员煮好饭菜，设宴请众人吃饭，答谢众人在丧礼中给予的帮助。

综上所述，南花村非基督教徒的苗族的丧葬仪式程序复杂，牵涉人员众多。从南花村非基督教徒的苗族的丧葬仪式中可知，其丧葬仪式由于受到当地的自然环境、风俗习惯、宗教信仰等因素的影响，已经呈现出丧葬仪式地方化。南花村非基督教徒的苗族信鬼神，有祖先崇拜，在南花村非基督教徒苗族的丧葬仪式中也充分体现了生者对死者的崇拜和尊敬，表达了人们对灵魂世界的崇拜、尊敬与向往，都希望逝去的亲人能够通过丧葬仪式顺利抵达灵魂世界，即祖先之地，在往后的生活中保佑子子孙孙身体健康，平安幸福。

二、基督教式的葬礼

基督教传入南花村已有一百多年的历史，历史悠久，根深蒂固，虽然南花村的苗族并不是全寨信基督教，但信仰基督教的人数也占了南花村总人口一定的比重。信仰基督教的苗族会因信仰而接受不同的文化，在日常生活中的行为举止也会受信仰影响。南花村信仰基督教的苗族人们与非基督教徒的苗族一样，重视亲人的死亡，也会根据基督教的方式给逝世的亲人举行丧葬仪式。南花村基督教的丧葬仪式时间总共有 3 天，程序如下：临终之时、放冰棺、选择墓地、做礼拜、出殡、安葬。

（一）临终

在南花村苗族村寨中，信仰基督教的苗族的葬礼与不信仰基督教的苗族相较而言，在程序上更简单。在亲人临终之际，家人都要请传教士到场为其举行祷告，祈求神的带领，使逝者卸下身心重担，能够平静、安详地回到主的怀抱，虽然家人会伤心不已，但却是喜乐之事。

亲人断气之后，逝者的家人立即给逝者进行梳洗，为逝者进行梳洗的一般都会是逝者的儿媳。在梳洗完毕之后，就得为逝者穿寿衣，寿衣也是逝者或者家人准备的，寿衣一般分为衣服、裤子、鞋子，鞋底有用红布做成的十字架，衣服和裤子以蓝色居多。为逝者进行梳洗以后，就为其穿上寿衣。在堂屋设置一张床，所用的材料是四根木头、木板数不等。布置好后就用一条蓝布、两条白布当床单铺好，再把逝者的遗体抬至床上。逝者戴黑色头帕，脸上盖着白纸，白纸上有用红纸摆成的十字架图案，十字架下方用墨水涂成两团黑色，同时也用白布盖住尸体，用红布摆成十字架贴在白布上，都弄好后放在堂屋。十字架原是罗马帝国处死犯人的刑具，但因为耶稣在十字架上受死，十字架就被赋予了新的意义。十字架是基督教重要的标志，代表着爱与救赎，是神圣不可侵犯的标志。南花村基督教徒的苗族认为，逝者戴上十字架后，无论在世时做过什么恶事，都应该被救赎。可以看出信仰基督教的苗族也像非基督教徒的苗族一样，希望逝世的亲人能够过上好日子。

（二）放冰棺

基督教没有焚香和祭拜，也没有设灵堂的做法。但基督教在传入南花村后，深受南花村本土文化的影响，基督教也已经本土化。在南花村基督教徒的苗族当中，如果家里亲人过世，在做告别礼拜的前一天，会去凯里市区专门提供租冰柜服务的地方租冰棺，租金一般是一天500元。通常都会提前去租冰棺，冰棺运到丧者家后，就把逝者的尸体放进冰棺，供亲朋好友前来吊唁、追思。冰棺前头一般有十字架的标志，冰棺四周有花围绕着。

（三）选择墓地

选择墓地也是南花村信仰基督教的苗族丧葬仪式中重要的事情，基督教徒选择墓地主要是由基督教的传教士帮忙选择，选择很简单，没有像信鬼神的人那般复杂，什么地方都可以，因为他们认为墓地只是装逝者遗体的一个场所，重要的是灵魂，而灵魂最终会回到主的身旁。

在选择好墓地之后，丧家同样会安排人负责修路、挖墓地及整理周边杂草，以免下葬时因未提前准备而错过下葬时间。挖墓地的时间一般在做告别礼拜那天早上九点左右，负责挖墓地的人员就得先去挖墓地，以免太晚导致错过下葬时间。挖墓地的人都是男性，女性不负责墓地的事情，一般也很少过问墓地的事情。可见南花村男女分工明确，互不干扰，每个人都知道自己的分内事，也不会逾越。

（四）告别礼拜

南花村信仰基督教的苗族在亲人过世第三天后就会举行告别礼拜，告别礼拜是逝者与亲朋好友的告别仪式。南花村基督教徒中，如果有亲人过世，周边信仰基督教的苗族听说后就会相约陆续前来逝者家，为逝者举行告别礼拜。前来参加告别礼拜的人有的会提两三碗生米，有的会提四五斤的糯米酒，有的会带鞭炮或者烟花，所带的礼物按关系亲疏来决定。逝者的姐妹、女儿、孙女会带多点，一般要带一头猪，姐妹、女儿、孙女嫁去的家族也会随礼，一般会有生米、稻谷、糯米酒、鸡等，所带来的东西丧者家都会安排好人帮忙记下。逝者的姐妹、女儿、孙女来时会放鞭炮，哭着进屋到冰棺前，而冰棺周围已经坐满了逝者的儿子、儿媳、孙子孙女、牧师及前来前来参加告别礼拜的人，他们为逝者唱赞美诗。逝者的姐妹、女儿、孙女哭着进屋后，牧师就会叫他们不要哭了，他们的父母是回到主的身边，是一件值得开心的事情。于是她们就会停止哭泣，跟着大家一起唱赞美诗。唱完赞美诗以后，大家就要进行祷告，祷告完毕后，牧师作总结，就算是一场告别礼拜完毕。

另外，在告别礼拜这天，丧者家还要准备饭菜提供给前来参加告别礼拜的亲朋好友。准备饭菜的人一般都会事先安排好，一般都是村里的村民，只要主人家有安排，他们都不会推辞，很乐意帮忙。一般是男性掌厨，女性帮厨，如洗菜、煮饭、洗碗，摆放桌子、凳子、碗、筷子，等等。菜一般是猪肉以及各种蔬菜。开饭时间一般在中午十二点左右，菜饭摆放好就让前来参加告别礼拜的人吃饭。吃好饭后，为逝者举行最后一场告别礼拜。在这场告别礼拜的过程中，牧师不仅仅要主持大家唱赞美诗，主要的是还要对教徒们进行批评，批评基督教徒日常生活中错误的行为，例如在礼拜天有的基督教徒不前往教堂做礼拜。举行告别礼拜，无论是对于逝者还是生者，都有很多的用处，列举如下：

第一，荣耀耶稣。在告别礼拜中，逝者的亲朋好友唱丧歌为其感谢、赞美神，他们认为耶稣是赐予人生命、恩典、使人复活的神。从而希望逝者通过告别礼拜顺利得到主的恩赐，回到主的身旁，得到主的庇护。

图2.13　逝者女儿送的稻谷（黄启香摄）

第二，安慰逝者的家人及亲友。在告别礼拜中，为逝者所唱的丧歌内容大多认为逝者并不是真正的死去，他是受到主的召唤才离开，去到主的身边享福，在未来的日子里，肯定会有相见的一天，或早或晚，终会相见。因此家人及亲人应该感到慰藉，不必太过悲伤。

第三，激励前来参加告别礼拜的人。丧歌的内容能够引导家人、亲友对生命的存亡有正确的认识，使他们不害怕死亡，正确对待生命的存亡，也希望生者能够从基督教的圣训中获得福音，使他们无灾无难。

第四，发挥团结互助的功能。举行告别仪式，前来的参加者与逝者的家人同忧同乐，分担着逝者家人失去亲人的哀伤，同时又为同伴前往天城享受主的恩惠而感到开心，无论是忧还是乐，都能够使参加者的心彼此紧密地联系在一起。

举行告别礼拜主要的内容就是基督教徒为逝者唱丧歌。南花村基督教徒的苗族举行丧葬仪式的主要主持者是基督教的牧师，基督教的牧师在停灵期间会主持唱葬歌。众人为逝者唱赞美诗，而丧葬歌则主要来源于《圣经》，在南花村，只要信仰基督教，每个家庭都会有《圣经》，以便每个家庭成员进行学习，在丧葬仪式中，为逝者唱丧葬歌的主要歌曲如下：

第一首，“人生在世”之歌：

人生在世如同草上花，争名夺利究竟为什么？双手一捏两眼就闭着，什么都放弃。人生世上没有千日好，花开地上没有百日红。今天还在明天如花谢，做人顶虚空。人生世上有钱不算富，人生世上无钱不算穷。信靠耶稣胜过全世界，永远乐无穷。灵魂顶宝贝，灵魂顶宝贝。相信耶稣灵魂不会死，出死得永生。

第二首，“世福无常”之歌：

可叹浮生空梦一场，地上荣华如云不长。今生红尘何必流连，好花开过不再鲜。早起看见轻霜薄雪，不到日中已消灭。花开满树眼前富贵，一整来忽然凋谢。万物无常不必思想，只有天堂可以永享。忧愁越消恩光越亮，可得永生真福无亮。仰望天堂一心往上，走过两边绊人罗网。天使欢喜等候接望，大众赞美弹琴高唱。

第三首，“离世归天”之歌：

信徒去世何必哀哭，见死何必惊，无非是主召去得福，同主住天城。我等送友进入坟墓，不必忧伤战兢，耶稣宝身已葬此处，黑暗变做光明。墓中圣徒主仍当记，保佑稳睡安眠，头既有死肢体一样，入墓也当同然。主既出墓升到天上，为我新开路径，日子一到我也释放，飞升见主耶稣。角声大响我主发令，吩咐死人复生，地上万民立时苏醒，圣徒欢然上升。

第四首，“天城福乐”之歌：

在世没有永久城邑，世人因此忧愁伤心，然而圣徒不以为奇，指望得着更好天城。在世没有永久城邑，何必因此累于心怀，此世原非圣徒福地，必到天城才无祸灾。在世没有永久城邑，所寻城邑肉眼难见，天上城邑福乐无比，主在当中荣耀无限。在世没有永久城邑，今世为人如同客旅，当向天城奔跑不息，所有障碍努力克服。

第五首，“人生如客”之歌：

永远与主同住，我心何等渴慕，因那时候亲见天父，永远与他同住。天堂在上辉煌，是我所爱家乡，有时因信如同眼见，金门想我显现。常盼我主快临，满足我灵我魂，耶稣撒冷为我居所，我主亲自预备。我快去到远方，世界之外天家，照着《圣经》所记应许，永远与主同在。（副歌）肉体尚未脱离，如客正在旅程。然我帐篷每夜前移，离家日近一日。

第六首，“门徒去世”之歌：

救主的门徒，去世只如睡，众友虽伤心，还能得安慰；因耶稣代死，救赎世人罪；等主降临，再会。彼此暂相离，并不是永远，再过不多时，圣徒必再见；今在父家乡，赞美主恩典；等主降临，再会。救主的门徒，身虽埋在坟，灵魂得安息，无烦恼忧闷，到救主降临，必复活上升；等主降临，再会。等主的荣光，普照在天空，等主掌权柄，彰显其大荣，靠主而死者，出离死人中；等主降临，再会。那时主门徒，得荣耀无量，我卑贱身体，成为主形状，主赏赐冠冕，各戴于头上；等主降临，再会。今有弟兄姐妹，已经去世如睡，安歇主怀中，再没有挂累，救主的爱怜，胜我千万倍；等主降临，再会。

第七首，“追思歌”之歌：

月有圆缺明黯，常显主恩！人有生离死别，情同古今；万物纵然变更，主爱永恒！万物纵然变更，主爱永恒！生死皆有定期，由主带领，寿满挽留不住，恩光指引；灵魂永西乐园，身体安寝，灵魂永息乐园，身体安寝。何必见物思亲，与主更近！

何必触景伤情，真福无银；地上帐篷折毁，进入坚城，地上帐篷折毁，进入坚城。号声报主再临，喜乐满心，欣然离地升腾，空中接迎；欢愉何能言传，天家相亲。

第八首，“丧忌”之歌：

主里安息，主里安息何甜美，再无累负，再无疲乏，无伤悲，再无流泪。候到救主，第二次再来，再来改变更甜美。哈哈利路亚，哈哈利路亚，荣耀归耶稣。你的言语向我陈明，我今赞美你。

第九首，“再相会歌”：

愿主同在直到再相会，主为良师，常指导你，主为牧人，常养护你，愿主同在直到再相会。再相会，再相会，靠主恩得再相会，再相会，再相会，愿主同在直到再相会。（阿门）愿主同在直到再相会，主展全能羽翼护你，主赐日用粮食养你，愿主同在直到再相会再相会，再相会，靠主恩得再相会，再相会，再相会，愿主同在直到再相会。

（阿门）愿主同在直到再相会，生活危难虽侵扰你，仁爱圣臂必卫护你，愿主同在直到再相会。再相会，再相会，靠主恩得再相会，再相会，再相会，愿主同在直到再相会。（阿门）

愿主同在直到再相会，爱的旗常率引你，死的冷波不能伤你，愿主同在直到再相会。再相会，再相会，靠主恩得再相会，再相会，再相会，愿主同在直到再相会。（阿门）

第十首，“靠恩得救歌”：

有日银链将要折断，我就不再如此歌唱；但我醒来何等喜欢，发现自己是在天上，我必要见主面对面，永远歌唱得救恩典，我必要见主面对面，永远歌唱得救恩典。有日地上帐篷倾覆，我也不知是在何年；但我确知有个住处，为我预备在主那边我必要见主面对面，永远哥唱得救恩典，我必要见主面对面，永远歌唱得救恩典。有日斜阳就要西沉，地上工作，从此完毕；得主称许“忠心仆人”，我要进入永远安息。我必要见主面对面，永远歌唱得救恩典，我必要见主面对面，永远歌唱得救恩典。所以我要早日准备，把灯剔亮，做醒等待；有日住来招我归回，我灵就要飞入主怀。我必要见主面对面，永远歌唱得救恩典，我必要见主面对面，永远歌唱得救恩典。

图2.14　妇女们做饭（黄启香摄）

南花村基督教徒在丧葬仪式中所唱的丧礼歌，即《再相会歌》《靠恩得救歌》《追思歌》《人生在世》《离世归天》《世福无常》《人生如客》《门徒去世》等。从丧歌中我们可以了解到，南花村基督教徒的苗族的生命观，即人的生命是如此短暂，有生必有死是自然的一般规律，是人们不可回避的客观因素，但南花村基督教徒的苗族对于死亡看得很淡然，即使会在亲人逝世后，会表达生者和逝者永别、今生不再相见以外，流露出来的更为关键的一个思想是人的死亡并不是生命的结束，而是生命转换成另一种新的存在方式。因为南花村基督教徒的苗族认为死亡并不是真正的死亡，只是回到了天城，回到了主的身边，今后逝者会得到主的庇护，将会永享福德，所以作为在世的生者，不必对于亲人的逝世太过于忧伤，应该为逝者感到开心。

（五）出殡

南花村基督教徒的苗族一般在告别礼拜当天就要为逝者举行出殡仪式，出殡时间一般在告别礼拜当天下午两点左右。在举行完最后一场告别礼拜之后，逝者的儿子、孙子或者儿媳把放置在门外的棺材擦拭干净，把事先准备好的蓝布、白布铺放在棺材里，并把一张新的床单叠成枕头的形状，放置在棺材一头，放置好东西后，逝者的儿子、孙子就去堂屋把逝者的遗体抬出来，放置在棺材里。遗体放置好后，就把新床单盖住棺材，此时并不立即盖上棺材。若是下雨天，为了防止棺材淋雨，还要用塑料布把棺材包好，以免雨水漏进棺材淋湿逝者的遗体。

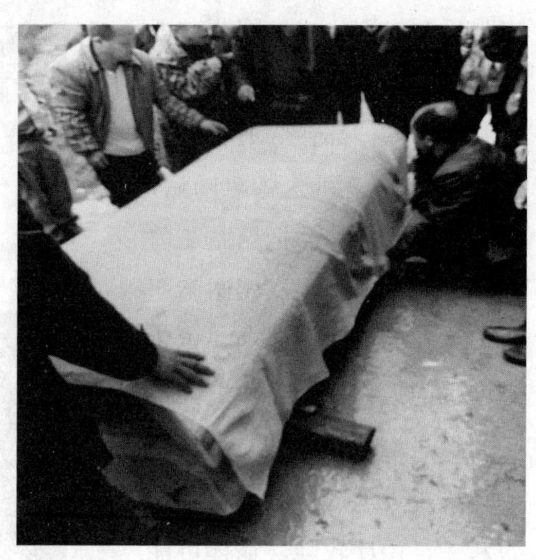

图2.15 尸体放进棺材并遮住（黄启香摄）

图2.16 捆棺木（黄启香摄）

在把逝者的遗体放置进棺材以后，就把绳子和木头抬来，绳子可以用多根，其中有一条绳特别长，主要用来让人在前面拉住让棺材不偏离道路。但木头只有一根，木头上有许多分支，把绳子绕在棺材和木头的分支之间，可以防止棺材在上山时由于一头高一头低而移动。绑好以后，临走之际，逝者的女儿为了感谢帮忙抬棺材上山以及送行的人，会把带来的糖撒在棺材周围让人们抢。撒得差不多的时候，就抬棺材上山。抬棺材的人皆是男性，女性只是跟随。当地信仰基督教的苗族的葬礼与汉族的葬礼有不同的地方，在老人下葬时，村内村外来了几百个人，几百人排成一列长长的队伍，一起沿着弯弯曲曲的小道一路上山。整个葬礼过程中，他们并不排斥外来人员的参与。

（六）安葬

安葬也是南花村基督教徒最为重要的仪式，是生者与死者最后的告别仪式。因此，逝者的亲朋好友在前来参加告别礼拜的时候，都会等逝者下葬以后才回家。到达墓地以后，逝者的女儿仍然会把糖撒在前来送葬的人的周围，感谢亲朋好友的帮助，捡糖的动作也象征在场的人们向死者作揖。把棺材放进土坑里，其儿子、儿媳为其整理遗容，因为在上山过程中，山比较陡，遗体可能会产生偏移。因此，放进土坑里后，要为逝者整理遗容，并把绑在逝者脚上的线解开并放在棺里。整理好之后，盖上棺材盖，但并不会关严实，因为牧师还要为逝者举行最后的仪式，即唱赞美诗。赞美诗与停灵期间的歌曲大致相同。唱完赞美诗以后，由逝者的儿子把棺材封上。送葬者们就开始盖土，盖好后放鞭炮才算完毕，在鞭炮声中，人们陆陆续续离开墓地。

图2.17　抬棺材盖前往墓地（黄启香摄）

图2.18　为参加葬礼的人准备的糖果（黄启香摄）

图2.19　为送葬的人们撒糖（黄启香摄）

（七）相关禁忌

南花村基督教徒的苗族在日常生活中有各种各样的禁忌，在丧葬仪式中也会有相关的禁忌。丧葬期间，其亲朋好友必须遵守，不能犯忌讳。若不严格遵守，就会受到主的责罚，严重的可能会永不得超生，所以基督教徒们都会严格遵守相关禁忌，不会触犯。

第一，忌大哭。亲人过世以后，逝者的亲人可以因逝者的离去而哭，但不可号啕大哭，也不可大喊大叫或者问逝者“你要去哪里”，这些在葬礼中都是不可以有的行为。因为信仰基督教的苗族认为，亲人去世并不是真正地死亡，只是回到主的身边，主会赐福于他，不必再受世间的各种磨难，日后家人肯定会在天城相遇。信仰基督教的南花村苗族人认为，人之所以死亡，是因为救世主耶稣认为人在人世间的传教任务已经完成，而招人去他身边。因此不必太过哀伤。

第二，忌握拳。在南花村基督教徒的丧葬仪式中，最忌讳的就是逝者的手握成拳状，因为基督教徒认为握拳是要打架的意思。而基督教的圣训则是追求世界和平，众人和睦，关爱世人，不提倡聚殴打架。因此，人去世以后，如果逝者的手呈现握拳状态，要为其展开，使其到天城与主相见时不会因握拳状态而受到责罚。

第三，忌血。基督教忌杀生，所以南花村基督教徒的苗族在丧葬仪式中也忌血，在丧葬中杀的动物的血都不会拿来食用。

第四，不作揖。南花村基督教徒的苗族因信仰基督教，因此并不具有祖先崇拜，从而在丧葬仪式中，孝子孝孙不用进行跪拜，而前来吊丧的人也不用进行跪拜。

第五，不烧香、不烧纸。南花村基督教徒的苗族因信仰基督教，虽然南花村基督教徒的苗族也像非基督教徒的苗族那样认为人具有灵魂，但基督教徒的苗族认为逝者的灵魂不是回到祖先之地，而是回到天城，回到主的身旁，受到主的恩赐。因此南花村苗族基督教徒并不具有祖先崇拜，从而在丧葬仪式中，也就不会把烧香、烧纸作为逝者的灵魂走上祖先之地的桥梁。

从以上南花村苗族基督教徒的相关禁忌中，可以看出基督教教徒对于亲人的逝世会有悲伤，但也很释怀，因为他们坚信亲人的逝世，是因为受到主的召唤，他们只是回到主的身旁，继续享受主的恩惠；同时也严格遵守基督教的圣训，即主张世界和平、友好相处；另外，还主张与动物平等相处，忌杀生；而最后跪拜、烧香、烧纸，则更是基督教徒必须严禁的。

从南花村苗族基督教徒的丧葬仪式中可以看出，基督教的丧葬已经深受南花村本土文化的影响，在保留着基督教本身的文化之外，也吸收了本土的文化。但基督教本身的文化核心还是不会改变，也不会接受南花村非基督教徒的鬼神、祖先崇拜等宗教观念。南花村苗族基督教徒的丧葬仪式主要在于向主表达赞美，以及生者祝愿逝者回到天城，与主同在。南花村基督教徒的丧葬仪式的程序简单肃穆，提倡勤俭节约，拒绝铺张浪费。

三、感谢饭

在南花村，在丧事举办完以后，主人家为了感谢亲朋好友几日来的帮助与辛苦，都会准备一顿稍微好点的饭菜来答谢亲朋好友。在送葬这天，不去送葬的亲朋好友则在丧者家准备晚饭等待送葬者回来。有的送葬者可能会在送葬回来后直接回家，但不论如何，丧者家都要准备。

下葬第二天主要是答谢同一家族的亲戚，一个家庭有丧事，最受累的当属同一家族的亲戚，在逝者过世之后，他们几乎就日日夜夜在丧者家帮忙着。丧者家为了答谢他们的帮助，一般会在下葬第二天准备饭菜，邀请同一家族的亲戚前来吃饭，而同一家族的人也不会推脱。

四、葬法与葬式的选择

葬法与葬式是人类在历史的发展过程中形成的，中国疆域广阔，各地生态环境、生产方式、生活习俗、政治、文化、经济、宗教信仰等各不相同。因此，各地的葬法与葬式也会有所不同。南花村非基督教徒的苗族和基督教徒的苗族虽然信仰不同，但因为共同居住于一个空间，分享共同的环境资源，文化、经济、生产方式等没有太大差异，所以葬法和葬式大体相同。葬法是指某一群体在历史发展过程中形成并得到发展的一代又一代共同遵守和传承的埋葬逝者的方法；葬式是指人类在葬法的基础进行的埋葬方式。南花村非基督教徒的苗族和基督教徒的苗族均实行土葬和一次葬。虽然目前国家为了减少土地的使用，大力提倡火葬，但在很多地方仍然存在着土葬，特别是农村地区。南花村苗族人民一直存在着入土为安的观念，认为逝者就应该回到大地，回归大自然的怀抱。因此在葬法上一直实行土葬。南花村土地资源较为丰富，其中田 300 亩，土地 150 亩，人均耕地面积为 0.45 亩，有林地面积 2000 亩，森林蓄积量为 7000 立方米，森林覆盖率达 83.2%。从中可以看出南花村广阔的土地面积对南花村苗族人民的葬法具有一定程度的影响，土地面积广阔，除了为南花村苗族人民提供基本的农业土地之外，也为其提供了可以用于土葬的土地。

从南花村的葬法中可以清楚地看出，一地区的葬法不仅会受宗教信仰、政治、文化、经济等因素的影响，自然环境对该地区的葬法也具有很大的影响，而当地的人民也会根据当地的自然环境实行相应的葬法。

图2.20　埋葬过程（黄启香摄）

五、特殊性

南花村苗寨丧葬仪式的特殊性主要体现在时间和性别这两个方面。世界上每一天都有人死亡，而死的时间、方式都不尽相同。在南花村苗族村寨，苗族人民的时间观念特别强，尤其是对逝者的逝去时间点特别看重，会根据逝者的逝世时间来分辨逝者的死亡是否属于合情合理；逝者的性别也同样决定着逝者的死亡是否是属于合情合理的。在南花村苗寨，性别不同，合情合理逝去的时间点也不同。南花村苗族人民一般认为，男性在晚上逝去、女性在白天逝去才是合情合理的，如果男性在白天逝去或是女性在晚上逝去就会被当地人认为是不合情理的。

即使人们如此区分男性和女性逝世的时间点，但是就算是逝者死去的时间点不合情理，逝者的亲人也会按苗族丧葬仪式的基本过程给逝者操办。因为苗族人民奉行死者为大这一准则，逝者在世已经遭受了许多苦难，作为逝者的亲人也不愿意让逝者到另外一个世界还过得如此艰苦，同样希望逝者能够通过丧葬仪式得到好的归宿。但是，前来吊唁的人数可能会因为逝者的死亡不合情理而减少。

六、小结

“丧葬行为和丧葬礼俗，作为中国自古以来极富特色的社会和文化现象，具备丰富的内涵和厚重的历史沉淀。”[①] 丧葬礼仪在中国发展历史悠久，具有丰富的文化内涵，幅员辽阔，因地形、气候、环境、文化、政治、信仰等的不同，更加赋予丧葬礼仪极具地方特色的文化。南花村是两种不同信仰的族群共同生活于一个空间，分享共同的资源，文化会有相同点和不同点。因此，研究南花村基督教苗族的丧葬礼仪和信鬼神的苗族的丧葬礼仪是极具重要意义的，可以从丧葬礼仪中看出，两种信仰不同的群体共同生活，没有大的冲突，可以

① 齐琨：《悲欢离合：长江流域汉族地区丧葬仪式音声个案与比较研究》，文化艺术出版社，2015，第21页。

共同生存于一个空间，分享资源。而之所以会这样，主要是南花村基督教苗族和信鬼神的苗族可以互相尊重彼此的宗教信仰，尊重彼此的宗教行为，不诋毁彼此的宗教文化。

“丧礼，是送形迎魂的过程，从此以后，生死相隔，人鬼殊途。”[①] 南花村苗族人民极为重视丧葬仪式，他们把丧葬仪式看作是生者与死者之间的灵魂对话，是人间情感在幻想世界中的交流。南花村苗族人民都认为人具有灵魂，人活着就是因为有灵魂在身体里。而人的死亡只是灵魂的暂时离开，在不久的将来，灵魂还会回来，人会再度复活。丧葬礼仪是亲人送别逝者遗体，迎接逝者灵魂的过程。丧葬礼仪之后，无论逝者的灵魂走向何处（或信仰基督教的苗族人民灵魂回到主的身边，或信鬼神、祖先崇拜的苗族人们回到祖先之地）生者与逝者都不会再相见，只有都去世以后，灵魂才在另一个世界重逢。因此，无论是何种信仰的苗族人民，都会极其重视丧葬礼仪，根据当地的文化、风俗习惯、宗教信仰为逝去的亲人举行丧葬仪式。举行丧葬仪式不仅可以为逝者的亲朋好友提供吊唁与追念的时间、场所，也为逝者的灵魂向主或祖先告知将会有人前来，希望主和祖先能够给予恩赐，使逝者的灵魂顺利到达天城或祖先之地，灵魂继续在另一个世界存在下去。

图2.21　为亲朋好友准备午饭（先放梅摄）

① 姚永辉：《中国的丧礼》，南京大学出版社，2014，第20页。

图2.22 埋成坟堆（黄启香摄）

从南花村两种不同信仰群体的丧葬仪式中可以看出，南花村非基督教徒的苗族的丧葬礼仪极其烦琐，需要消耗大量的人力、物力、财力，对于贫穷的人家来说，为逝去的亲人举行丧葬仪式可能会消耗家里的全部财力，有的可能还会有外债。而在信仰基督教的苗族中，他们认为葬礼虽也重要，但葬礼仪式的过程相对于非基督教徒的南花村苗族要简单得多，消耗的人力、物力、财力也会少很多，他们主张勤俭节约，禁止铺张浪费。

第三章 节日礼仪

各民族的节日是人们在长期的历史发展过程中传承下来的，源远流长，历史悠久。节日礼仪既包括精神文化，如节日祭祀礼仪、关于节日的传说等；又包括物质文化，很多节日礼仪过程中都有丰富的物质方面的准备，如民族风俗礼仪、民族歌舞、民间工艺、民间贸易等。程序化了的民族民间艺术文化节日，成为地方打造文化产业的重要内容；民族节日礼仪还是生产、生活、饮食、服饰、婚姻、爱情、民间宗教信仰文化和精神文化等多方面的综合。总之，民族节日具有一定的民族性、区域性、历史性、群众性、遗产性等多方面的特性。对于节日礼仪的搜集、整理与分析也是了解各民族、区域社会文化等方面的重要途径。因此，对南花村节日礼仪的整理和分析在了解、研究文化遗产的传承和开发、地方社会文化变迁以及涉及的历史、民俗、文学、艺术、地方地理文化等方面都是有重要意义的，对于各民族之间的相互了解、发展地方文化、弘扬地方民族文化、开发旅游等方面也有重要的意义。从学科角度来看，对于遗产学、仪式理论、变迁理论等方面也都有重要的补充意义。在经济全球化、文化全球化的今天，各民族的地方传统文化必然受到多方面的影响，特别在今天，作为传统文化重要内容的节日礼仪的优秀成分，我们仍然要知道其运行方式、运行内容等方面的知识，优秀文化需要加以传承、发展、弘扬。其发展与传承都需要建立在一定的现实基础之上，对于运行过程之中消极的成分，这些我们需要加以改造，在节日礼仪文化之中当然也存在大量的偏离现实的消费或者影响人们生活的宗教成分，我们都需要加以引导，对于落后的意识或者影响人们生活的陋习和观念也需要禁止。

每个民族都有自己的节日。一类是单个民族标志性的节日，例如彝族意为消除灾害的火把节，火把节通常为六月举行，不同地方的彝族选择的具体时间不同，通常为农历六月二十四，有的选择在六月初六；到了火把节，各地彝族都会以不同的形式庆祝节日，如点火把游山活动，人们在带头人的呼喊下，就会结对出发，男女穿节日盛装，绕山或者绕屋三转，标志送走黑暗，迎接光明，然后人们向山间奔走，十分热闹；人们认为在这个时节点火把绕行，能使得鸟兽逃遁、蝗虫匿迹，可能会迎来粮食丰收，使自己百病不生；当然，到了晚上还要在山上或者是操场上烧起大火，人们围绕着火堆跳锅庄舞、唱歌、弹奏、饮酒等，意为纪念彝族先民们战胜自然灾害等；还有彝族年，通常是农历十月初一，这是因为彝族传统年历中以十个月为一年，一般，十月初一到初五为彝族年的时间；在民族年中，各民族都有标志性的食物，如彝族年中有坨坨肉、苦荞粑粑、荞麦酒等，当然，如今各种彝酒比较盛行，彝酒就是为了年节而制作的。还有水族的卯节，卯节的日期也是依据水族的传统历法和水书来确定的，通常在阴历五月、六月，也有很多民族地方特色食物和特色活动。当然，各民族的各种节日内容相当丰富，在此不一一列举。虽然是民族代表的节日，但是随着时代的发展、和人们交流的频繁，各种民族节日有的也逐渐区域化，成为区域各民族共同庆祝的节日。

一类是区域民族共度的节日。如麻坡节，相传此节日已经有几百年的历史，独山县与都匀交界处一带的布依族、苗族、侗族等在农历正月初一到十五会共同庆祝麻坡节。每年正月初三，附近村民都会祭奠和歌颂英烈。这一带的布依族、苗族、侗族、水族等都能歌善舞，久而久之麻坡节就演变成了以比赛为主的节日。由于此时正是春节的大好时间，是人们空闲的时候，因此该节日持续的时间长。该节日也是环绕地方名山——麻坡山举行的。实际上，我们的很多节日活动都离不开美丽的家园环境。麻坡山不仅风景秀丽，而且有深厚的历史文化记忆的积淀。又如吃新节，该节日也是很多民族都有，并且在同一区域不同民族过的同一节日也具有相似性，如黔东南一带的苗族和侗族都过吃新节。以侗族的吃新节来说，其来历主要源于人们种植秧苗的辛苦，种植秧苗完毕后，人们都会休息几天来过吃新节，预祝当年粮食的丰收。据说，在榕江县乐里乡等村寨，人们会选择过两次吃新节，如在阴历六月初四或初五过第一次节，第二次选择秧苗快要成熟的时候，少部分人在已经成熟的时候过节，时间通常是七月初四。在当地，还有苗族对于吃新节礼仪也比较看重，苗族通常选择农历七月或者八月举行，就是稻谷将要成熟的月份，目的也是预祝粮食丰收。他们如同侗族一样，也要准备丰富的食物，食物的种类与侗族相似，主要是因为地理生态的相似性，使其食物种类相似；具体内容下文有介绍。当然，在各民族过的节日之中内容也有民族特性的内容，如歌舞、服饰、祭祀等内容也是不同的。还有如春节等，春节以外还有很多节日都是大家共同过的，但是不同民族对同一节日庆祝的内容不同，如印江的土家族在过春节时，从腊月二十日起就开始准备，并开始举行各种节日礼仪，如敬灶神等。下文在介绍南花村的节日礼仪时，我们也会看到他们有代表自身特色的节日，同时也有和其他民族共同庆祝的节日，并且，地方的节日也是随着时代、地方地理环境和社会环境变动而变化。显然，选择南花村寨作为个案，从其节日的特点、变迁等方面看都具有一定的代表性。

贵州有苗族、布依族、侗族、彝族、水族、回族、仡佬族、土家族等十多个少数民族，各民族都有与其他民族相同的和具有自身特点的民族节日。各民族节日有相似性，各民族的节日礼仪和其他民俗礼仪一样，都在不同的社会历史时期受到了不同的对待。如在“文化大革命”时期，很多礼仪包括节日礼仪也受到了不同的打击，很多丰富的歌舞活动、节日伴随的民间传说、节日祭祀等活动都相继消失。到了十一届三中全会以后，政府、群众等各方都意识到了渗透入人们社会生活之中的各种社会活动都有其存在的意义。因而各级各部门认真把握理论，在做到理论与实践结合的基础上认真执行党的相关政策，使得丰富的民间社会活动得到了复兴。民族节日礼仪也是在这样的背景之下得到了不同程度的传承和保护。当然，不同礼仪的复兴方式和采取的措施是不同的。以民族节日礼仪来说，在特定时期，破坏程度较大的区域，很多民俗礼仪活动的恢复也并不是一时就能恢复起来，礼仪的复兴并不容易，都经过了多方的努力，如通过官方的宣传，有的采取发动地方群众对失去的内容进行书面的收集、整理等方式进行静态博物馆式的传承和保护。因此，很多负责翻译文献或者古籍整理等部门就逐渐得到了重视并发挥了文化传承和保护的作用。而地理位置特殊的地方，或者在居住格局等条件的影响下，其民族文化受到的破坏相对较小，要复兴其民俗礼仪相对来说就比较容易。由于地理环境等方面的特殊性，他们的民俗礼仪一直都存活于人们的社会生活之中，特别是在他们的生活之中起着重要作用的礼仪都会一直存活下来。而有的礼仪在他们的生活之中发挥的作用较小，加上受到破坏，就逐渐消失了，改革开放后，有的也没有再复兴了。南花村的节日礼仪也存在这样的状况。如苗年礼仪、吃新节礼仪、祭祀礼仪、赠送礼仪等都一直存在于苗族人的社会生活之中。后来，由于有的节日礼仪影响了人们的社会生活或者是在一定的时期内人们无法承担节日的大量消费，人们就逐渐将其排除。据当地苗族人说，从消失和没消失的节日礼仪比较来看，消失的礼仪就是因为在特定时期人们经济的发展受到阻碍而无法承受或者人们达成共识不再进行此种礼仪。当然，要使其复兴就要使得人们共知其价值，如当地人认为，若要开发旅游，特别是需要发展以传统文化为根基的旅游，就需要复兴很多已消失但在历史上有影响的大型礼仪，人们认为当地的鼓藏节礼仪就需要复兴。还有各民族的居住格局、人们相互之间的文化交融等也是促使很多礼仪活动变化的重要原因。对南花村的苗族来说，他们的很多民族礼仪保留得比较好，在相继发生变迁的同时也传承了很多自我的文化。但对黔西北的苗族来说，他们受到了基督教影响加上处于和其他民族杂居的环境之中，很多礼仪活动，如苗族年等本民族隆重的节日礼仪都没有施行，而同汉族一样都集中过春节。虽然不同地方的礼仪的发展或者传承都有其共同性，但是由于各地的社会生活、历史、地理环境、人们的观念等方面的差异，节日礼仪内容是不同的。

苗族有芦笙节、苗年、斗跳花场、花山节、姊妹节、姑妈节、鼓藏节等，他们也和其他民族一样也要过很多中国传统节日，如清明节、端午节、重阳节、春节等。但是，无论从苗族自身的民族节日或中国传统节日来说，不同地方的苗族乃至于同一区域的不同村寨的节日由于其地理环境、社会历史变迁、人文环境等方面的差异性，庆祝节日礼仪的方式、内容等方面都在相似性的基础上也存在一些差异性。如以黔东南地区和黔西北地区的苗族来看，他们在服饰、语言等方面受到多元文化的熏陶，加上信仰、居住环境等方面的差异性，他们在节日的时间选择、内容等方面也不同。以黔东南一带的苗族来说，各地在节日的时间选择、隆重程度等方面也存在差异。因此，本文主要建立在文化生态学的视角下整体性地选择南花村苗族的礼仪作为聚焦点。

南花村地处美丽的巴拉河畔，自然风光秀丽独特，是一个依山傍水、民族风情浓郁的苗族聚居村寨，特别是这里的苗族人民崇尚文明的礼仪风范，拥有富于哲理的曲艺嘎百福、娓娓悦耳的押调苗歌、内涵丰富的鼓社、别具情趣的婚俗礼仪、独特的村寨吊脚楼群等苗族文化的典型特征，深深吸引了中外游客。特别是2012年以来，凯里市三棵树镇党委政府历届领导班子在凯里市委、市政府的领导下，通过各级帮扶部门的大力支持，先后建成了南花村花桥，实施了“农家乐”旅游项目，完成了村寨步道铺设，建成了苗家祭坛、后寨门、神泉、新芦笙堂、苗族图腾柱等工程，使南花村旅游设施进一步完善，南花村的旅游接待能力也日趋增强。至今，南花村已分别被中央、省、州授予“全国先进党组织”“省先进基层组织”和“全州先进基层组织”，被黔东南苗族侗族自治州授予“红旗党支部”等称号。现在的南花村社会治安稳定，经济发展迅速，人民群众安居乐业，华丽转身为巴拉河长裙苗农耕文化的天然博物馆，也成为贵州著名的苗族风情旅游景点、贵州省乡村旅游示范点之一。为深入挖掘南花村特有的苗族文化与旅游资源，进一步加强苗文化与旅游的深度融合，2016年以来，黔东南苗族侗族自治州歌舞团对南花村进行定点帮扶。为使帮扶取得实效，黔东南苗族侗族自治州歌舞团公司与南花村苗寨于2018年9月签订了“做客南花村”党建扶贫项目协议，该项目拟通过文化注入、游客输送、产业发展等途径带动村民增收致富，确保全村建档立卡贫困户在2020年前实现脱贫。签订协议后，黔东南苗族侗族自治州歌舞团和南花村苗寨开展了“遇见南花村”民俗文化展演节目编排、设立村博物馆和乡村集市、引入国家级非物质文化遗产传承人吴水根开设苗族银饰大师工作室、引进农业企业合作发展花卉产业、开设芦笙制作工坊和绣娘培训班等一系列工作。为提升文化底蕴，还用南瓜、玉米、犁具、蓑衣、盆景等对全村主要道路、场地进行了装扮，并在通往芦笙场的巷道开设了酿酒、纺纱织布、银饰锻造、芦笙制作、石臼和竹编等生产性展示作坊，进一步增强了游客的体验度和参与度。该地旅游的打造为当地人增加了收入，提供了就业的机会。正是有了以上这些得天独厚的地理环境和人文环境，使得村寨传承了丰富多彩的人文风情，而节日礼仪就是其中的重要方面之一。

南花村节日礼仪渗透了各种活动，如祭祀、庆典等活动，除了祈祷、祭祀等目的外，还有社会交往、娱乐、民族协作、团结友爱等方面的意义。不同礼仪的意义有差异性的同时也有其相似性，如吃新节既是表现丰收的喜悦，同时也是祈祷丰收的顺利。很多节日活动往往伴随着比赛，如刺绣、打造银饰、制作米酒、制作服饰，优胜者常常获得观众的赞扬、尊重，活动也为各个年龄阶段的人们提供了交流的机会。另外，节日活动表现了多元文化交流的空间文化特点，也就是说，很多节日活动不仅只涉及本民族的欢庆节日。特别是1949年后，党的民族政策的平等实施也使得民族关系得到了改善，民族与民族之间、民族内部之间不平等的关系逐渐减弱，不同民族的节日也吸引了很多其他民族的共同参与，共同欢庆。很多节日活动成为区域活动，而不再是区分民族之间的标准。如香炉山节就是多民族（周边的汉族、布依族、苗族等）共同欢庆的节日，但不同民族在同一节日活动中有着不同的内容，人们可以根据自己的文化需要而选择不同的行为方式，如很多汉族在香炉山节时来此烧香等。当然，还有很多其他民族也同汉族一样进行烧香拜佛等社会活动，特别是旅游得到开发之后，来参加节日活动的人不仅来自周边，还有很多国外的游客也前来参加。因为有了这样的节日活动，才吸引了大量的外来游客。当然，不仅香炉山节的活动如此，还有很多节日礼仪也是如此。不同的节日礼仪的目的不同，除了存在相同点，差异性也是明显存在的。如各节日参加的人数、目的、选择的食物、隆重程度、传统文化的渗透等方面都存在差异。当然，很多隆重的、大型的节日活动之中都会伴随有本民族特有的活动，如苗族年、吃新节、姑妈节等节日礼仪之中都有祭祀礼仪、敲锣鼓、跳芦笙舞、唱敬酒歌等。但是它们的节日礼仪在目的、举行的方式、传统文化的渗透等方面也有其差异性，如有的苗族村寨敲打铜鼓，有的敲打木鼓；还有的在准备食物的种类方面也存在差异，如有的地方在吃新节期间只是邀请亲戚朋友共同品尝各种美食，如鱼、猪肉、糯米等。

总的来看，南花村苗族的节日礼仪情况多样。从参与的群体来说，有集体性的节日、家族性的节日、民族性的节日，也有与其他民族共度的节日，有专门为男女的社交提供机会的节日等；从隆重程度来说，有的比较隆重，物资的筹备时间较长，并伴随各种娱乐活动，有的则过得比较简单。

南花村寨节日众多，从农历一月到年末，几乎每一个月都有节日礼仪活动，有的节日时间不是固定的，所以也存在一个月中有几个节日并存的现象，但是每一个节日的隆重程度、规模的大小并不一样，如今比较隆重的如年节、姑妈节、吃新节、芦笙节等。其隆重的程度也是随着社会历史的发展而改变的，传承的内容也会发生变化，在2000年之前，鼓藏节在南花村还在隆重举行，但是随着社会人口流动的加大、人们对娱乐追求的多样化、观念的变化等方面所致，以前比较隆重的消费人力、财力比较大的节日礼仪今天没有再举行了。现在村寨主要靠发展传统村落的礼仪来带动地方经济的发展，那么像鼓藏节这样具有深刻文化内涵的节日就成为传统村落开发旅游应该需要推出的重大节日，此类含有丰富文化内涵的节日礼仪的复兴有助于民族优秀传统文化的传承，同时又是游客到此一游可以观赏到的重大节日活动。因此，村寨很多人认为现在是传统文化打造的大好时节，大型的节日活动有复兴的迹象和希望。但是人们也强调传承此类现在村寨没有举行而人们记忆犹新的隆重礼仪活动仅仅依靠当地人的努力是难以实现的，在国家重视优秀传统文化发展的情况下，地方政府需要给予大力的物力或者人力的支持才能够濒危或者不再举行的大型礼仪活动才能恢复。因此，地方群众和地方政府都是使传统文化复兴的主力军，双方都处于主体的位置之上，失去任何一方的努力都是难以成功的，这是南花村传统村落文化传承与发展的状况所引发的思考。

总的来看，南花村除了具有当地淳朴的民风外，还有着丰富多彩的节日，如每年的二月二、妇女节、清明节、劳动节、七月半、苗年等，还有根据年称好坏、群体意愿等而过的节日，如姑妈节等。为了清晰地了解村庄的节日情况，我们对节日情况进行了简单统计，内容如下：

表 3.1 按照一定日历举行的礼仪

节庆名称	节庆时间	规模	活动内容	地点	参与的人	所属类别	节庆相关禁忌	资金来源	变迁
春节	农历一月	家庭式活动	杀猪、吃年饭、跳芦笙等	村寨	村民、游客	娱乐性节日	不下地干活	无	持续至今
二月二	农历二月二	部分家庭举行祭桥活动	祭祀	各家各户	家庭	岁时性节日	无	无	持续至今
三八妇女节	3月8日	村寨妇女	赛跑、跳绳、拔河等	芦笙场、村寨、鱼田等	村里的女性	娱乐活动	男性不参加活动	集资	活动越来越较丰富
清明节	4月	家庭	扫墓	墓地	家族	祭祀性	无	无	内容有变化
端午节	农历五月初五	集体性	歌舞	村寨	集体	娱乐活动	无	自筹	内容有变化
香炉山	农历六月十九	集体性	歌曲、祭祀	香炉山	集体	娱乐性	无	自筹加补助	内容丰富
吃新节	农历七月	集体性	歌曲、捞鱼等	村里的芦笙场、巴拉河旁等	村民、游客等	娱乐性	无	自筹和补助	内容逐渐丰富
七月半	农历七月中旬	以前有集体活动，家庭式	祭祖、看斗牛等	村里的芦笙场、巴拉河旁等	每一个人	祭祀性	无	村里出钱，或向政府申请	很少过
重阳节	农历九月初九	集体性活动	打粑粑等	家里	单个家庭	团圆	无	无	类似

续表

节庆名称	节庆时间	规模	活动内容	地点	参与的人	所属类别	节庆相关禁忌	资金来源	变迁
苗年	农历十月的第一个虎日	集体性活动	祭祖、跳芦笙、跳舞、跑马等	村里的芦笙场、村寨操场	集体	娱乐和祭祀	无	多方筹资	越来越隆重
圣诞节	12月25日	基督教徒	唱赞歌、诵经等	村里的基督教堂	基督教徒	信仰性节日	无	多方筹资	一直隆重
姑妈节	不定，通常年称好，依照共同意愿	隆重	集体性	越来越受重视	姑妈节	不定，通常年称好，依照共同意愿	隆重	集体性	越来越受重视
鼓藏节	13年一次	记忆中规模大、隆重，如今不举行	集体性	目前没有继续，但有复兴迹象	鼓藏节	13年一次	记忆中规模大，隆重，如今不举行	集体性	目前没有继续，但有复兴迹象

实际上，笔者对苗族很多村寨调查后发现，不同区域乃于同一区域的苗族的节日礼仪的内容、隆重的程度、发生的变迁等由于各地的地理环境、人文生态、人们的观念、外部条件的影响而不同，存在共通性的同时也存在差异性。对于南花村来说，几乎各个月份都有相应的节日，目前村寨较隆重、人数多、规模大的礼仪主要有苗年、姑妈节、吃新节等，规模相对较小的主要是端午节等。在多年前还有鼓藏节，后来由于人口的流动、人力和财力消耗大、难以挑选鼓藏头等多方面的原因，隆重的鼓藏节后来逐渐难以传承。当地人认为，在物质条件丰富、旅游开发、政府重视、群众呼吁等条件的促使下，已经消失但节日内容仍然存活于人们心目中的节日礼仪复兴的可能性比较大。节日活动虽然在村寨没有举行，但是节日的内容、要求等内容都存活于人们的心目中，而

且人们都认为有复兴的必要性，因为它是蕴含了苗族丰富的传统文化。对于南花村和其他村寨的人们来说，如今随着物质经济的发展，丰富的物质与对美好生活的向往追求之间的关系需要调适。从南花村的文化传承来看，很多在过去规模相对小的节日活动逐渐走向集体性的节日，并且人们为了吸引游客又在不同程度地打造地方文化。因此，很多小型的节日也逐渐走向规模化的发展。笔者在介绍节日礼仪的活动时，不打算从节日的隆重程度来叙述，因为节日的隆重性在不同时期由于外部和内部等多方面因素的影响下都会发生变迁。因此，在描述时首先按照时间的顺序进行叙述，然后再根据当地的收成、经济收入等方面的来安排的节日礼仪，如姑妈节等都属于这一类型。在描述的过程中，打算以夹叙夹议、比较的视野进行，同时在纵向和横向的视野下对其礼仪进行关注。具体来说就是按照这样的顺序进行，一年时节举行的礼仪，如上图所示，一类按时间顺序，一月春节、农历二月二、三月妇女节、四月清明节、五月劳动节、七八月吃新节、农历九月重阳节、农历十月苗年、十二月圣诞节；二类按照传统时间进行的鼓藏节；三类是根据人们的意愿进行的，如姑妈节。人们虽然几乎每一月份都要过相应的节日，但是节日的隆重程度、节日的内容都是不同的。

南花村节日礼仪举行的内容分为以下几类：一类是根据一年的时节来庆祝的节日，如一月春节、二月二、三月三、四月清明节、五月端午节、六月香炉山节、七八月吃新节、九月重阳节、十月苗族年、十二月圣诞节等；一类是按照年称的好坏和人们的意愿过的姑妈节；还有按照周期举办的节日，如鼓藏节。还可以从隆重的程度来划分，当然隆重程度随着时代的发展也有其变化，如今，隆重的节日主要有苗年、香炉山节、吃新节、重阳节、姑妈节，小规模的群体性的节日如春节、妇女节、清明节等，还有历史上比较隆重的而当前很多年没有举办过的而有望复兴的节日鼓臧节等。下面主要从隆重的程度对南花村节日礼仪内容进行介绍：

第一节 苗族年

很多民族都有自己独特的节日，如西南地区的苗族、彝族、布依族等，在每个民族的特殊时间，国家会给予特定的假日，特别是对很多民族自治地区。在每个民族过大年的时候都会给人们特定的时间，让大家都有空来共同庆祝民族节日，即使是单个民族的节日，如今都呈现了大家共同庆祝的盛况，不分民族，大家共同享受节日的隆重气氛。当然，在不同地区，同一民族的节日由于社会历史环境、社会变迁等因素，其内容或者传承等都是有差异的。以苗族年为例，目前看来，该节日的流行于黔东南一带的苗族地区，而黔西北地区近几年很少庆祝苗年。

从前面的介绍中可知，苗族如同其他很多民族一样，有很多分支，在不同区域的苗族也有言语、服饰上的差异。黔东南苗族多数讲西部方言的苗语，他们称苗年为“努你”。如今看来，黔东南地区不同地方举行苗年的时间不同，并且有的地方会把苗年分为几个阶段来过，如雷山的西江千户苗寨一年过三次苗年，即开头年、大年、尾年。开头年（苗语成为碾庆）于农历十月上旬的卯日过；大年（苗语称为碾廖），于农历十月二卯日过，一般过三天；尾年（苗语称为碾庚），也称芦笙节，于农历冬月二十日开始过年，最少三天，最多五天，参加的人员多，时间长，是最热闹的节日。[①]

南花村过苗年的时间是从农历十月的第一个虎日开始，过九天，有的地方在农历九月或者是十一月。因此，苗年主要集中在农历的九月、十月、十一月，苗年对于当地苗族来说比春节隆重。2008 年 6 月 7 日，经国务院批准，苗年被列入第二批国家级非物质文化遗产名录。苗年是岁时节令与庆贺野生稻驯化成栽培稻的遗俗，苗族卯节祭姜央，年节祭仰妮。仰原是物候历，经十月发展到阴阳结合；妮原是野生稻，妮姬（梗）是栽培粳稻，妮姬顿是野生稻驯化成为栽培粳稻的名称。苗年有小年、大年、末年三节之分，古代太阳历分别对

---

① 贵州省文化厅编《少数民族节日大观》，贵州民族出版社，1991，第 141 页。

应立冬、冬至、立春节气。因仰阿莎嫁月亮，苗族民间用阴阳合历。现今，小年、大年在祖先图腾日，卯送旧年、辰迎新年，亦分别在立冬和冬至前后过节，历时五至十三天。末年有的信守腊月，有的移则过春节。大年是苗族古代曾经行用十月太阳历的历史见证，小年是稻卯文化节，是庆贺野生稻训化成为栽培粳稻的节日。从年节举行的时间来看，表现共祝当年，同时也表现人们在这一年中诸事顺利，有很多禁忌规则和举行许多象征吉利的仪式。下面主要从准备阶段和举行阶段描述苗年。

一、准备阶段

（一）准备物品

苗族年很隆重，在准备阶段人们要提前准备很多丰富的食物。过苗年不仅存在于南花村这样的传统村落，周边很多村寨都要过。在苗族中，苗年比春节还要隆重，春节是中华各民族都共同举行的节日，而苗族年只是苗族在特定的时节举行的节日。因此苗族年具有反映苗族文化的传承、记忆、族群认同等方面的意义。当然，在我国这样的多民族国家，很多民族都有表现自己、反映自我的民族节日，如彝族的彝族年等。总的来看，各民族的年节无论从物品的准备、举行的活动来看都表现了该民族的文化特点，当然，在多民族交往、交流频繁的今天，年节在展现自我特点的同时，也在反映各民族文化相互交融、相互影响。苗族人的苗年如同其他民族的节日一样，都会受到相应的重视。苗年是比较隆重的，在临近节日几个月时，家家户户就开始为苗年准备各种必备的饮食，开始准备酒肉、腌肉、豆腐、糍粑、糯米等。除了饮食以外，还有节日要穿的盛装，因为需要套数多，需要长时间的准备。过节的那天，人们要用鸡肉、猪肉等肉类来供奉祖先，表达对祖先的缅怀以及敬仰之情。除了这些肉食以外，糯米和各种米酒也是不可少的食物。祭祀完后，大家一起用餐。年节的隆重程度与当年的收成也有关系，因为隆重的节日与物质的丰富、人们的精神气度等密切相关。若那一年是一个丰收年，年节会非常隆重；若是受灾荒的那一年，人们就会没有精力去准备各种丰富的饮食。当然，随着社会经济的发展、经济收入的多样化等方面的原因，人们的收入就呈现了多样化的特点，特别是对于南花村来说，人们还可以靠旅游活动来增加经济收入。老一辈通过参与社区传统文化旅游的打造来获取他们的生活费用，妇女们靠种田、养殖或各种特殊技艺获取经济收入，男性主要去外地打工获取经济收入，有多样的经济来源就不会因为哪一方面的危机而较大地影响经济收入了。而且，随着地方社会经济的发展，人们所需的很多食物若自己家里没有时间亲自准备，都可以到周边的集市上去买。因此，目前来看，在人们心中相对重要的节日，即使年称不好也不会影响。苗年的内容有进行打糯米粑、做糯米甜酒、宰杀牲畜祭祀祖先、鼓笙、斗鸟、社会交际等活动。苗年不像其他节日那般，需要一些特定的情况才会举行，苗年无论在什么情况下都会如期举行，不会受任何因素的影响。过年节不仅仅从食物的丰富性和参加的人多来表现隆重气氛，服饰也反映了人们的欢快和幸福。在这几天人们都会穿上长时间为节日准备的新装，无论男女老幼，都会穿上新衣服。姑娘们更是会穿上母亲为她们制作的刺绣衣服，上面镶有花纹或者挑上花，还有蜡染衣裙，头戴红色的牡丹花，头发卷成一圈。

图3.1 年节中招待客人的瓜米和红薯（黄启香摄）

（二）地点选择

苗年除了要准备大量丰富的食物、衣物等以外，还要筹备很多丰富多彩的民族活动，如跳芦笙，青年人还要为游方活动做准备。据调查，跳芦笙活动在南花村是一直延续着的，直到今天还在年节中隆重举行，当然，跳芦笙不仅仅在过年时举行，在很多大型的庆祝活动中也有跳芦笙的活动。跳芦笙有具体的时间和空间，村民们选择了宽敞、安静的地方，打造专门的芦笙场，芦笙场是一个操场的形式，操场四周都有房栏，上面装饰着苗族的图腾，还有很多名人的各种传说，内容为如何为人处事、懂礼貌、保护生态、村寨的迁徙传说、民间的各种故事。房栏下面提供了长凳子供人们观看节目，因为跳芦笙时不仅仅有本村寨的人，还有很多外来的亲戚朋友、旅游开发后到此旅游的客人等。因此参加的人非常之多，规模大。不仅房栏下面的长凳，村民们也从周围搬运了很多大石头供来参加的客人坐。芦笙场风景秀丽，位置相对较高。

图3.2　苗族服饰文化介绍牌（余舒摄）

（三）活动准备

在苗年做好准备后，到了节日那天一大早，客人们汇集在一起谈笑风生，主办方各理其事，有的准备猪、鸡、羊等肉类食物，苗族人过苗年时的年猪肉，一方面可以宴请客人，一方面可用于腌制腊肉等，使平常一样有腊肉吃；节日的天数比较长，各种食物准备的量都比较大，但气温比较低，食物即使做了很多也不会坏。除了聚餐外，大家还用民俗活动欢度节日，如摔跤、斗牛、歌曲表演等。当然，并不一定要全村聚餐，有的是家族聚，有的是家庭聚。多数情况下，客人以长桌宴的形式共聚。在家庭祭祀中，由于信仰不同，方式不一样。信仰基督教的人家不设立主祭场，只是用食物象征性地为祖先祭拜，不烧香。不信仰基督教的人家祭祀场地相对较宽一些，祭祀的物品相对丰富，如水果类、肉食类放在碗里供奉，设立供奉、祭拜的位置，还有烧香等，但无论是信不信教都需要倒米酒来供奉。隆重的祭祀甚至还有牛头、猪头等，还伴随有蕴含着丰富文化内涵的仪式。如在年节的第一天，在大家开饭之前就要准备各种上述食物敬拜祖辈，祈求风调雨顺等。敬拜之后，大家入席共聚一堂，共同享受美食，愉快地聊天。

二、举行阶段

（一）跳芦笙

跳芦笙是过苗年不可缺少的一项重要活动，也成为生活中必不可少的文化娱乐方式，此活动的举行多数选择在村寨的芦笙堂。南花村芦笙堂是苗家人跳芦笙的场所，每逢喜庆节日、祭祀或贵客来临，苗家都在这里聚会，他们用芦笙歌舞这种古老的传统习俗来表达自己的情感。芦笙堂的地面用石板或鹅卵石铺成“铜鼓纹”或“阿妥纹”，以示苗族后代对祖先的缅怀与思念。芦笙堂也是苗家人迎接贵客的场所，有宾客来，全村的男女老少都到这里与客人同欢共乐。这时，姑娘们精心打扮，头戴银饰、身穿盛装、亭亭玉立地展现在客人面前，她们一个个都能歌善舞；小伙子们则带上心爱的芦笙、芒筒，要在芦笙堂上显示自己娴熟的技艺。当然，最重要的人物是寨子上的老人们。老人们是村民们尊敬的长辈，他们德高望重，每逢重大礼仪都要出场。他们身穿长衫，头扎包巾，显示出长者的风范。“图腾柱”是矗立在芦笙广场之上的，柱上的花纹以日、月、天、地、木和蝴蝶始祖的传说为元素。苗族人崇拜太阳神、崇拜始祖伏曦神、崇拜始祖蚩尤、崇拜枫木、崇拜蝴蝶，自然会把这些事物都雕刻在图腾柱上。图腾柱下方悬挂的“铜鼓”显得神秘和壮观，这正是南花村人祈福、欢庆的象征。在调查中，村民讲述了目前跳芦笙活动的情况：

图3.3　芦笙舞的介绍牌（余舒摄）

跳芦笙活动在我们村通常会选在两个时候举行，一个是每年农历十月的苗年，过苗年的时候，人们自发地到下面的广场，也就是村委会的门口跳芦笙。因为冬天天气寒冷，在这个时候选在下面的广场上跳芦笙会稍微暖和一点。另一个就是游客来我们村旅游人数较多的时候，这个时候主要是跳给游客看。有的时候若天气暖和，人们也会穿上苗衣、苗裙在基督教堂上面的芦笙场去跳芦笙。现在也如同过去一样，跳芦笙舞的人也会有一些少量的收入，最近这几年，虽然游客数量也在逐渐增多，但是年轻人们大多数选择在外地打工，跳芦笙的年轻人也逐渐减少了。

图3.4　过苗年跳芦笙（潘福英摄）

（二）敬祖

敬祖在很多节日活动中都是重要的环节，只是不同仪式上使用的敬祖的食物不同，在不同的节日以相应的食物表达敬意，但是酒、糯米、肉都是不能少的食物，除此之外都是人们吃什么就用什么食物来敬祖，摆放食物的地方通常是堂屋的火旁边。节日期间，人们在进餐之前，就象征性地把各种食物放在相应的位置，然后用酒象征性地往地上洒或者用碗装上酒表示敬祖。

此外，还要跳铜鼓舞。很多大型的、隆重的礼仪都要用到铜鼓，关于铜鼓的由来，在民间也流传着这样的故事，据当地老人说：

苗族祖先开始的铜鼓是木鼓制作的。铜鼓的来历与天有关，是天上所传，据说是天王特地赠送的，主要是供大家享有，但是当时是送给一个名叫务侯的人拥有。据说，她参加开天辟地立了功才送给她。这鼓花纹细致，敲起来山谷震动。人们听了心激荡，鸟听了要歌唱。每当节日来临，大家就欢乐地围着木鼓跳。有一年年节到了，有一对青年男女在节日之中举行婚礼，他们约了许多客人，敲锣打鼓热闹了一场。但是据说此锣鼓是掌握在她的手里，因此，人们要是想用的话，都要花大量的金钱才能够租用，并且不是每一个人都可以借到。据说有一个叫波松嘎的人，他说，各种隆重的节日，不能没有铜鼓，就去找拥有铜鼓的人借，大家给了他三把菜籽、三把水、三把岩石，并教他怎样使用这些东西，然后他就把这些东西带回家。还找了两个萝卜，在火炕里烤得半熟，热得滚烫，用烂棉花包好，装在一个小木盒里，一切准备后，就去找务侯借铜鼓。去借时，务侯不在家，保护铜鼓的两条狗就跑过来咬他，然后他就把所带的东西向狗扔去，把狗烫得在地上乱滚，然后他把铜鼓背上就走。据说由于走得非常急，忘记看路，铜鼓就碰在石头上，响声就震动了山谷，传到了天上。这时务侯听到了铜鼓声，就立刻赶回家，一进屋发现铜鼓不见了，然后就带着狗就追赶过去。波松嘎听到后面有狗的叫声，就掏出三把菜籽往路边一撒，眼前就出现了三片鲜嫩的菜苗把务侯和狗挡住了，经过了多次的波折，他利用了准备的很多物质战胜了困难，铜鼓终于拿到了村寨。从此，铜鼓拿来了，邻近村寨的男女老少都围着铜鼓跳、唱，一直跳了三天三夜。从那以后，动听的铜鼓声便在苗族人的生活之中响起，特别是在很多大型的礼仪之中都会有铜鼓歌舞。

此铜鼓的传说通常以口传的形式流传在苗族村寨之中，人们从铜鼓的传说之中了解到铜鼓传奇的来历和祖先们获取铜鼓的艰辛经历等。

图3.5 过节时用的木鼓（余舒摄）

苗年是南花村苗族过得很隆重的节日，用他们的话来说，隆重性如同汉族人过春节一样。关于苗年的由来，大概是说苗族人民一般在十月以前就耕种完了，而且种下的稻米已经成熟，过了十月、十一月，寒冷的冬天就要到来，因此人们就选在了十月过苗年。这时在外打工的青年们或者是在外读书的学生们都要回家过年。一般，苗年在每年农历十月，一般过九天，他们以十二生肖来计算，农历十月的第一个虎日要杀猪，为什么要在虎日呢？因为在十二生肖中虎是可以吃猪的；紧接着的第二天是兔天，这一天要打粑粑，也就是糯米粑；到了第三天，也就到了龙天，真正的苗年开始，这一天也就相当于我们春节的大年三十。过苗年时，村里的每家都要杀猪，猪一般都是自己喂养的，没有养猪的人家也可以向村里其他人家买或者去街上买。除了杀猪，他们还会杀鸡、杀鱼、买牛肉等，还有自己做的豆腐（当地人说豆腐要自己做的才好吃）。以前生活条件有限，他们能吃的也少，随着生活条件的变好、交通的便利，人们会去镇上或者市里选购自己喜欢的食物、新衣服等。关于过苗年，还有这样的一些小禁忌，过年的第二天要过了一两点，女性才可以去邻居或者是亲戚家串门；不能把洗脸水倒在地上，老一辈说这样可以保财。早上吃饭会很早，一般八点就吃，不会等到十点以后吃，但如果家里有亲戚来的话，可以等。和上面

图3.6　游客体验苗族打糯米粑（潘福英摄）

所提到的一样，吃饭前村里信鬼神的人家会祭祖、烧香，把好的东西都夹出一点放在碗里来祭祖（苗语称酿单）。在过年期间，人们不可以去干活，等过了年，找一个村里的老人，一般是家庭和谐、儿孙满堂的男老人先开个头，去干活，这样来年会顺利，庄稼也会丰收，开头好，那么之后的一切都会很顺利。在过年期间，女婿要跟随女儿回娘家，要带上自己打的粑粑，过年时杀的猪肉，还会带上其他一些东西。过年时除了参加活动，亲戚朋友也会相互做客，一起玩耍。南花村的苗年让村民们得到休息，过完年，又会开始劳作，年轻人也会出去继续打工、继续上学。

（三）讨花带

苗年期间，南花村的村民还会“讨花带”，讨花带可以说是南花村青年男女求偶的方式之一。在活动当天，青年男女换上盛装，集聚于寨子的芦笙广场，男性女性分别围成一个又一个圆，男性吹芦笙，女性跳舞。村里出嫁的女性带领自己家或亲戚家还未结婚的女子来到南花村，村内还未婚的男子在内圈吹芦笙，女性站在第二圈，她们头上戴的若是一只鸟，即表明她已经结婚了，若是牛角则表明她还未婚嫁，未婚的女孩子的母亲围在第三圈，照看自己的孩子。内圈的男生若是相中了某一个女孩子，便会到她的耳边一直吹芦笙，女孩子若是也中意这个男子，便将自己手中的花带挂在男子的芦笙上面，若是不中意这一男子但他仍一直对着自己吹芦笙，女孩子在转了一两圈之后也会将花带挂在男子的芦笙上。得到女孩子的花带并不表明两人就可以结婚，讨花带活动结束，女生家收到男生家送来的礼品后，还会衡量礼品的价值，若是满意，后面才会谈婚论嫁。讨花带主要解决的是村内男子的婚姻问题，不在内圈吹芦笙的男子若是相中了圈内的女孩子，也必须要等到讨花带活动结束之后才能与其沟通。在这过程中，男女就会互相观察，若是一个男性对女性有意就会向女性讨花带，若此女性也对他有意，就会给，若无意就会拒绝，男性又继续观察其他女性。但若是女性有意把花带挂上男性的芦笙，之后男性就会邀请女方父母去男方家吃饭。在讨花带的过程中，男女双方的父母都会在周围观察，若是自家女儿被很多男性讨花带，其父母会觉得是件值得骄傲的事情，因为被很多男性讨花带，则表明自家的孩子漂亮、优秀。随着经济的发展，花带可以用银饰代替。在讨花带期间，只有在圆圈里跳舞和吹芦笙的人才有资格向圈内女性讨花带，在场外的人不可以去圆圈里向女性讨花带，只有在他们结束以后才可以。一般来说，本村的人很忌讳别村的男性来南花村讨花带，因为这会和南花村寨的男性竞争，使南花村的男性讨花带的成功率降低，女性可以是别的寨子的，因为南花村寨村内不通婚，男性只能向别村寻找配偶。

总之，南花村过苗年时充满了热闹的气氛。节日期间，全寨的男女老少都会集中于村里的芦笙堂或是村寨小学门口或是村委门口，姑娘们精心打扮，头戴银饰，身穿盛装，而小伙们也是穿上民族服装，带上芦笙，大家一起手牵手围着，跳芦笙舞。除了跳芦笙舞外，村里还会组织赛跑、跳绳、拔河等活动，尽量让全村、每个年龄段的人都能参与，游戏过后，村里还会相应地给出奖励、奖品，一般都为生活用品，这些比赛也增进了全村人的感情。有时遇到别的村的客人，热情的苗家会邀请客人一起舞蹈，从而拉近彼此的距离。苗家人的热情好客，让客人们感受到了苗族文化的丰富多彩，留下深刻的印象。不难发现，苗年和春节虽然在时间上不同，但它们都有着类似的联系：亲情的联系。过年是一家团圆的时候，也只有在这个时候，大家才会有时间坐下来，放下手里的事情，和亲戚朋友一起聊聊天，一起玩耍。用他们的话说，这是一种共同的记忆，不同的人处在一个相同的环境，因为同一个节日有了共同的记忆，而大家也会为了这个共同的记忆去奉献。

第二节 香炉山节

香炉山位于贵州省凯里市西北15千米处，四面石崖绝壁，形如香炉，故名香炉山。仅一线小道盘旋而上，方圆15千米，众山环列，如剑戟刺天。香炉山是当地有名的山脉，此山风景秀丽，杂花丛树，修篁茂密，云雾缭绕，周围有肥田沃土，深井细流；有古代营盘、寺庙和南天门遗址；有反映起义故事和民间传说的遗迹。山的四面陡峭险恶，远望去，山高耸入云。它的独特使它长期成为周边很多苗族乃至其他民族的攀登之地、崇拜之山。当地的苗族把它称为“波别纠”，即风屏山之意。其名的由来是与其形状有关，从远处瞭望像一个大香炉。

人们过香炉山节，不仅仅因为山的地理环境的生态之美，更因为关于香炉山故事的历史文化记忆也在其中起着一定的推动作用。从调查中得知，苗族民间很多社会生活习俗都与他们丰富的民间传说等有关，不仅仅是南花村这样的传统村落，在很多其他苗族村寨都有很多相应的民间故事、传说等影响其社会生活。如黔东南很多区域的苗族都来此过香炉山节，这些都是与其丰富的民间故事、传说有关，即使是今天，这些故事都在一代一代地影响着人们的社会生活。当然，民间故事、传说口耳相传的特点也与他们没有文字有关系，他们没有书写文本，因此口耳相传的传统文化相当丰富的。老人们回忆了传说故事：

在朦胧的古老时代，是没有这座山的，这座山是由两个苗族姑娘建成的。一个叫阿金，一个叫阿也，她们家有两头牛，一头是红色的，一头是黑白相间的。两个姐妹一边放牛，一边做刺绣，她们针线活儿的本事相当好，绣出的花如同真的花一样，蜜蜂都认为是真的花飞到上面来。两姐妹不仅手巧，而且长得美丽。有一天，她们到山上去放牛，看到在山上飞翔的鸟，就想要是她们也能像小鸟一样在天空中飞舞就好了，这样就能够看到优美的风景，美丽的河山啊，两人还在为这件事而琢磨时，两头小牛就说，你们真想这样，我们可以完成你们的心愿。开始时是小牛托着她们高高地在天空中飞舞，但是后来小牛们就想到，这样可不是个办法。因此，就大家一起来建设一座高高的山脉，爬上去就可以看到美丽的、遥远的景色了。于是，小牛和姑娘就跑到很远的地方搬运石头，慢慢地堆砌，经过了他们的辛勤的劳动，几个月的时间就堆砌了这座香炉山。之所以会有香炉山节，是因为有这么一个传说，在远古时候，香炉山的其他地方因地势低洼，被洪水淹没，而香炉山因海拔高，未被淹没，人们漂流到香炉山，并因此存活下来。

一、节日活动

虽然南花村离香炉山有很长一段距离，但南花村寨的村民并没有因此而不去香炉山过节。香炉山节的时间是固定的，即在农历六月十九。每到这天南花村寨的村民就会去香炉山进行祭拜外。香炉山节的时间一般为一两天、四五天不等。举办香炉山节的一般是住在香炉山山脚下的村民，活动一般有打球、唱歌、跳舞等。周围二三十里的苗族人民云集于此，举行传统“爬山节”活动，老年人多往山顶观光及祈神；盛装打扮的青年男女，或用芦笙伴奏，翩翩起舞，或席地相向，讲述传说故事，歌唱友谊和爱情。节日期间，香炉山镇边的大小山坡上，经常举办各种跳芦笙、对歌、斗牛等活动，使静寂的青山顿时成为欢腾的闹市、歌舞的海洋。久而久之，香炉山成为苗族人民缅怀民族英雄和憧憬幸福生活的名山。

二、传承

香炉山节日是属于区域性的大型集体交往、聚集的活动，该节日在该区域已经传承了很多年了，有一定的历史，虽然如同其他很多节日一样，在一定的时代背景之下受到一定的冲击，但是改革开放后，又在地方政府、人民群众的共同努力之下在当地复兴起来，特别是后来在区域的旅游开发的背景下，这样具有浓厚文化意涵的节日活动又再次浮现生机，展现活力。特别是今天在打造地方文化发展区域经济的大背景下，具有丰富文化内涵、可以丰富人们的社会生活的节日在地方政府和地方群众的共同努力之下，香炉山节得到了很好发展，并且被人们看作是当地重要的节日之一。总之，该节日在地方上存活的原因从整体性的角度来看，第一个方面是节日的意义，即它是苗族人民缅怀先祖、抗击外敌和憧憬自由幸福的圣山。第二个方面是国家、地方政府、地方群众多方面共同协作、共同努力的结果。第三个方面，在今天人们物质生活水平提高的状况下，人们也追求美好的生活，节日也是人们从中获取精神文明的一种方式。第四个方面，除了经济、政治等方面的原因之外，历史文化的驱动、历史文化的根基也是让很多节日活动得以复兴的重要因素。香炉山具有美好的自然生态，同时浓厚的地方历史文化积淀一代代地往下传，使得人们在举行节日礼仪过程之中找到了文化根源，激起了民族、区域、地方的认同。第六个方面，得益于地方政府及其当地人民群众的节日规则、秩序等的保障，因为在很多节日活动之中，有了经济、文化等方面的驱动，但是没有一定的秩序规则，礼仪也无法顺利进行。

第三节　吃新节

吃新节一般在农历七月举行，顾名思义，即吃当地的新粮食。

一、吃新内容

在吃新节前一两天，南花村寨的每个家庭都会到田里采一些稻谷，数量够吃一两顿就可以，并不用采很多稻谷。除此之外，过节前一两天，村里有的人家会杀猪来卖给其他人家，大家都会买新肉吃。南花村过的七月半是指农历的七月中旬，通常，他们会根据十二生肖来定，选农历七月的第一个兔日。这一天，他们会杀鱼、杀鸡等，以前生活不好时，吃的是自己家喂养的禽类或者是自己家种的蔬菜，现在生活条件好了，村民会去镇上或者是市里买自己喜欢的食物。

当地也有关于吃新节的传说：

很久以前，当地发生干旱，随后就发生了一场饥荒。当地也有关于干旱的歌曲流传，如：天上干了七个月，人间干了七整年，井里泉水干，河中流水断，种菜菜枯萎，养鱼鱼死亡；等待雷公怒气散，再去种谷子，那就太晚了。这样庄稼都被干死了，当地的农产品如土豆、红豆、玉米、稻谷、糯米等粮食作物都被干死了，因为各家都没有做好防灾解难的准备，人们处于饥饿之中，都被困在村寨里。并且当年的庄稼都无法栽种，因为没有育苗的种子。正处于此情景之中时，一个老爷爷发现了一只老鼠跑出洞来，并且嘴巴叼着一粒什么东西，人们就在老爷爷的喊声之中追赶着老鼠，发现老鼠嘴上叼着的是居然一粒糯米种子，随后人们就把这一粒种子种植下来，由一粒种子培育了多粒种子，这样慢慢地解决了当地粮食短缺的困境。

一粒糯米种子救活了人们的生命的传说促成了当地人在很多礼仪活动或者祭祀等活动中都要用到糯米，一方面体现的是当地人的社会历史记忆，另一方面也体现人们对于当地的农业产品糯米的重视。当然，各村寨的人们对于吃新节的传说故事也存在差异，比如麻江县绕家人关于吃新节也有类似灾难的传说，但是内容不同，讲述的是官家对地方少数民族的压榨而导致人们出于饥饿的传说故事。传说很久以前，官家对少数民族的剥削、压榨非常残酷，绕家为求生存，一齐起来与官家作对。有一年初秋，官家突然打进河边一带，由于没有准备，村民都被困在了寨子里面。正处于艰难的状况之时，一位老人就突然想出了一个解除灾难的办法，于是就把水稻撒在铜鼓上，并动员大家把米线挂在堂屋的墙壁上，然后让几只鸡来啄米。这时鼓声响起，并且和墙壁发生碰撞，官家听到声响就大怒起来，并且产生怀疑的念头。但是等了一天一夜才冲到了村寨里，这时人们已经不在村寨里，他们已经在夜深时迁移到了深山老林，这样就避免了灾难的发生。从那时起，绕家人为了纪念在这次灾难事件中死里逃生，过起了吃新节。吃新节过的时间是农历七月份，该阶段正是当地稻谷成熟的日子。节日前夕，当地人就会把谷子一粒一粒地摘下来煮熟—晒干—

蒸干一舂一筛干净，到了节日时，人们就会把经过很多道工序加工而成的谷面蒸煮成为糯米饭，再配上稻田的鱼儿和当地的蔬菜一齐炒熟，然后敬恭祖辈。并且还要由家中上了年龄的老人念诵一些请祖先保佑下一辈的祭祀词后，家人才吃团圆饭。

图3.7 喂养有鱼的水田（余舒摄）

二、举行活动

“吃新节”除了吃新的食物，也是他们祭祖的一个重要节日，对于当地苗族来讲，只要过节，一定要祭祖，所以祭祖不单单在特定的节日，只要是节日，他们都会有或多或少的祭祖行为。除了这些，南花村还会在巴拉河旁举行斗牛活动。牛一般有两种：黄牛（苗语为 liod）和水牛（苗语为 ninx）。来看斗牛的人从四面八方赶来，周围村寨也会有很多人来看，这无疑也为年轻男女创造了一个交朋友的机会。南花村的苗族在吃新节主要吃新米，这天家家户户必做糯米饭，捞田里的鱼吃，还要敬供祖先。

总的来看，吃新节是粮食成熟的日子，人们在这一天都会怀着愉快的心情祈求丰收。关于吃新节有这样的歌词：

到了七八月，谷粒黄金金，选定好日子，大家来吃新，又放牛打角，又吹金芦笙。吃新哪里来，有古才有今。洪水滔天后，大地灰沉沉，不见一粒谷，也无棉花种，吃的野梨果，树叶做衣裙，常常打饿肚，皮肉尽伤痕，寒冬抖瑟瑟。有个爸告养，养七群麻雀，喂七对白鸽，吩咐麻雀和白鸽，上天找种来做活。麻雀和白鸽，飞上七层云，看见银河边，谷粒牛心大，麻雀和白鸽，喜得乐哈哈。麻雀掰谷粒，鸽子摘核桃，狠掰掰不动，狠摘不动摇。麻雀和白鸽，无法把种掏，请来刀斧手，用锤捶谷粒，用斧劈棉桃。谷粒成碎粒。麻雀个子小，卸得碎谷种，鸽子力气大，四掰棉桃一起卸，飞下七彩云，落脚告养家。多谢麻雀和白鸽，带来了谷种三大箩，带来棉种三大箩。一代传一代，才有白饭吃，才有棉花穿。送走乐寒冬，春到暖融融。先把杂草吹，再把泥挖松，种子播地下，乐得笑嘻嘻。哪个守田坎，蚂蚱守田坎。蚂蚱脚又劲，爬上草尖尖，见谷冒新芽，脚弹三丈高，啃吃新谷苗。告略三竹竿，把蚂蚱打翻，秧苗嘿嘿笑，穿起绿衣裳。到了六七月，谷苞升了头，脸蛋白花花，乳浆甜蜜蜜。小蜜蜂飞来，轻轻把脸吻，小花蝶飞来，高兴跳芦笙。到了八九月，谷穗黄满坝，粘谷用斗打，糯谷用刀摘。谷粒请进餐，稻杠留天坝。由蚂蚱守卫，不许鼠雀爬。粘谷进了仓，糯谷上榔架。爹妈舂新米，请客来到家。客人四方来，朋友四方来，向蚂蚁赶场，像略鱼上浪。桌上摆鲜鱼，屋脚放酒坛。新米蒸白饭，满屋香喷喷。客人吃新酒，唱歌满屋散。酒摆吹芦笙，飞歌闹沉沉，母笙像鸟叫，笙筒像雷鸣。放牛到沙坝，碰脚像垮山。老人比谷吊，看谁谷吊长。年轻比貌相，看谁好模样。新谷黄央央，也来把话讲，我的老家在天上，生根发芽在田间。多谢你们勤护理，让我子孙万万千，住在谷仓里，往后的日子，越过越甜蜜。[①]

---

① 丹寨县民族事务委员会、丹寨县文化馆编印：《丹寨苗族民间文学资料（第一集）》，1981，第66-67页。

吃新节的主要目的是庆祝秋收，该故事体现了人们对于收获的喜悦，其中的内容再现了如何庆祝，如四面八方的亲朋好友汇聚在一起娱乐，人们欢歌笑语，吹芦笙、唱飞歌、比美等，物质生活的提高带来了人们精神生活的丰富。人们喝上了米酒，吃上了谷白饭，新粮食到处散出了清香味，万万千千的谷粒注入了宽敞的谷仓，丰收的季节不仅仅给了人们的喜悦，其中也折射人们之间的和谐。

图3.8　酿酒作坊（余舒摄）

第四节　姑妈节

在不同的民族之中姑妈都扮演着重要的角色，在礼仪中就有体现。如汉族的丧礼上，姑妈需要送的礼物有其特别规定，显示姑妈的重要地位。彝族社会之中重视姑表亲，姑妈嫁出去，姑妈的儿女就要和舅舅家的儿子结婚。在姑妈节还要回赠礼物给姑妈。

姑妈节就是姑妈们在特定的日子回娘家，此节日礼仪一直是当地苗族世代传承的习俗。姑妈回娘家聚会一直是一大潮流，是一场南花村的外嫁姑娘回娘家齐聚的活动。有人说，女儿出嫁，就是和父母渐行渐远的一场告别，有的人经常回娘家，而有的人自从出嫁后，可能几年甚至十几年都没怎么回来。到了姑妈节，外嫁姑娘终于可以卸下所有包袱和娘家人以及儿时的邻里乡亲共同过一个快乐且难忘的节日。实际上，姑妈节在很多民族之中都有，是在特定的时间邀请姑妈们回家团聚，但是由于人们的观念、社会历史发展等的不同，各民族乃至于同一民族对姑妈节的重视、形式等内容是不同的。下文主要以南花村的姑妈节为个案来展示姑妈节的活动过程，其大体上经历了以下几个过程。

图3.9　穿着漂亮衣服的姑娘们（潘福英摄）

一、准备阶段

姑妈节是当地人重视的节日，在节日到来之前人们就要对很多方面进行准备，如节日时间、节日活动的地点、各种物资等方面的准备工作。

（一）结构性时间的选择

姑妈节的时间选择背后反映的是结构性时间的选择。过姑妈节的主要目的是接姑妈回家过年。姑妈节在很多不同民族之中都有，虽然目的都是邀请离开自己家乡的姑妈们回娘家，但是不同的民族有不同的时间和不同的内容。据笔者对西南地区少数民族的调查发现，不同民族甚至于同一民族都有不同的时间选择，如黔西北的汉族们通常是在农历正月十五接姑妈们回家过年，而很多地方的苗族通常会选择农历正月初五，而南花村苗族会选择在 10 月或者 11 月邀请姑妈们回家过年。总的来看，虽然具体时间不同，但是多数都是选择大家都比较闲暇的日子。当然，无论哪一个民族，大规模的邀请姑妈们回家过年并不是每一年都要进行，而是很多年才举行一次，人们认为要举行这样的大型的节日，就要办好，风风光光地办。因此，这样大型的节日活动通常会至少提前一年通知，一方面，这样的大型礼仪活动需要大家都有时间来参加，人多办起来才有意义；另一方面，约定时间后，就需要理出方案，哪些人来管理财务、哪些人负责哪项活动都要提前规划，因为姑妈节不是单一家庭或者家族的行为，而是村寨乃至于其他村寨之间的共同行为，不仅是人力，还有物力、财力等方面的准备工作都需要考虑。因此，这样的活动是否成功举办也反映村庄人员的组织能力，还关系到娘家的名望，姑妈们和娘家的成员的多少也是社会结构的关系的体现，如村寨之间、亲友之间等方面社会关系的体现。因此，对于礼仪活动时间概念是一个社会文化时间的体现，也可以说是结构性的时间，并不是机械性的时间，选定就不可变化。时间的选择不仅仅是人文性的，当地人还会考虑到天气的状况，还要考虑到那一年的收成状况。如上述所说的，丰收的那一年人们的心情都是舒畅的，若是灾荒的一年，反而还需要姑妈们的帮扶，大型的活动需要消耗很多物质，除了上述方面以外，人们又会考虑到传统文化记忆的时间的选择，通常选定时间人们就会与传统时间联系起来。从时间的选择上，我们可以看到苗族社会文化的多方面的知识。今年举行姑妈节的时间选择在 2019 年 12 月 16 日，选择此时间的原因有几个方面：一是天气好，人们可以在外面一边欣赏美景，一边聊天；二是冬季是人们收获的季节，猪肉也是最丰富的时候，家里的大米、糯米、米酒等都比较丰富；三是人们比较闲暇，姑妈家和娘家都有时间相聚，是娱乐闲聊的最佳时间。

图3.10 姑妈们挑着带给娘家的猪腿（余舒摄）

图3.11 姑妈们挑着回娘家的鱼（余舒摄）

图3.12 姑妈们挑着回娘家的猪肉（余舒摄）

图3.13 姑妈们带着女儿回娘家（余舒摄）

（二）结构性活动地点的选择

姑妈节伴随很多节日活动。因此，人们都会选择风景秀丽的地方作为举行节日礼仪活动的空间。从地理空间的角度来说，摆设宴席的地方选择在南花村上寨的相对较宽的操场上，因为参加的人多，能够摆放长桌宴。在传统的姑妈节中，参加的人主要是村庄的人们，还有相关的亲戚好友也来参加。后来旅游开发兴起后，涉及的人就逐渐增多了，有来自地方政府的相关人员，还有国内外的游客等。姑妈节节日活动的地点也是有专门的空间的，他们称为芦笙场，芦笙场比较宽敞，四周风景秀丽，林木丛生，场地周围设计了小亭子，小亭子为观众和演员们设计了休息的凳子。芦笙场往上有一个小坡，那里是游方场地，是青年男女游方的地方，当地人称为游方坡，也是风景秀丽的地方，从芦笙场往上过林荫小道就可以到达。游方活动主要在村寨人口流动性不大的社会背景之下比较流行，现在的 40 岁以上的人们都会有游方的经历。实际上，在不同的民族之中都有为青年单身男女们提供的交流场所，只是各地各民族对此的称呼不同。据当地人介绍，因为现在年轻人外出的机会比较多，他们交友的空间都比较广泛。因此游方这样的活动在当地不是很盛行，很多年轻人都是到了外地打工找到他们的意中人，而游方坡这样的场地成为一个村寨老人们记忆中的社会空间，如今游客们到此旅游时也会见着游方坡几个字，但只是以一种想象来感知此空间。

在 2019 年 12 月 16 日举行的姑妈节，舅舅们为了迎接姑妈和游客的到来，举行了隆重的活动，如举办了斗鸟、斗鸡、划酒拳、拔河和跳芦笙等活动，并为游客和姑妈们举办传统长桌宴席作为招待。在姑妈节这个喜庆的日子里，全寨的男男女女都共聚在芦笙堂载歌载舞，与客人同欢共乐，大家手拉手一起跳芦笙舞，让远道而来的客人们真正融入苗家热情好客的气氛之中，也让客人们感受到苗族民间文化的多姿多彩，留下美好的印象。

图3.14　迎接客人的酒具（潘福英摄）

（三）物的准备

除了上述时间、空间的选择的准备外，还有物的准备、活动的策划等。如前面所述，无论是哪一个民族的节日活动都要丰富的物品准备，如色彩斑斓的服饰、具有民族特色风味的各种饮食等。无论是服饰还是大部分的食物，都要需要花费时间准备。如以他们的服装来说，服装精致的话，做一套衣服需要花费几年，有的甚至是5年的时间。因此，苗家女性们除了忙碌各种农活以外，业余的时间还要忙着做各种社交礼仪活动的盛装。各种传统服饰的传承也为各种社交礼仪的传承奠定了基础。文化作为一个系统，一方面的消失或者兴旺都会引起另一方面的变化。因此，南花村寨各种礼仪文化的传承也是传统文化系统性的反映。除了服饰以外，还要准备各种食物，苗家人也如同其他很多民族一样有很多地方性的特色食物，或者说是蕴含地方文化内涵的食物。当然，在不同的节日活动中准备的食物有其相似性的同时还有差异性。如各种社交礼仪活动之中的食物都是地方上所拥有的，如肉食类，猪肉、鸡肉、鸭肉等都来自家里所喂养的牲畜。虽然各种肉食来自家里，但是也取决于年称的好坏，若年称不好，那一年就只能到市场上去购买。据笔者调查得知，由于今年周围寨子发生猪病引起了本寨的猪病，大量家庭不能喂养牲口，当地有村民就在外面买肉回村庄吃，而今年很多礼仪活动中的肉食都是去凯里的市场上购买。当然，还有米、糯米等农产品都是村寨所拥有的。也要进行相关活动的资金、各种物的筹备。通常情况下，姑妈节规模比较庞大，一般是寨子中有姑妈家的人家一起举行，每户人家都按照说定的金额凑钱，凑到的钱主要就是用来购买所需物品，如猪肉（特别是猪腿是必须准备的）、糯米、酒等。

图3.15　当地苗绣的介绍（余舒摄）

除了娘家要做物质的准备以外，姑妈们也要提前做准备。主方和客方都要准备礼物进行互赠，各自的目的和意义不同。姑妈们和回娘家也要带上很多礼物，南花村的姑妈们带的礼物如酒、糖果、水果、糯米、大米等。根据姑妈们的经济条件，背回娘家的礼物也有很大差别。但是对于礼物的看重在不同的历史时期，人们的观念不同。据当地人介绍，在物质经济水平不高的年代，通常出现了赠送礼物攀比的现象，如经济好的人家回娘家时，赠送给老一辈的民族服装，还有携带的酒等都体现了经济条件的好坏，物质上的攀比现象比较突出。近年来，南花村的人们的物质生活得到了全方位的提高，人们不再以追求礼物的贵重为主要的导向，而更多地转向了精神文化方面的提高，赠送的礼物攀比逐渐淡化。如在很多年来举行的姑妈节活动中，很多姑妈就会邀请当地出色的芦笙队等之类的来参与活动，一方面是参加竞选，另一方面也是促进各区域之间的活动的相互了解、相互学习。因此，姑妈们准备参加节日活动的礼物也是随着人们的观念、社会经济的发展而逐渐发生变化的。通常是当娘家确定时间并告知她们后，就开始对各种礼物进行准备。姑妈节也会邀请姑妈的婆家人参加，如姑爹们、侄儿们等。姑妈得知信息后非常高兴，同时告知她的家人们，和家人们提前做好参加姑妈节活动的准备。节日追求的是热闹，因此，她们都希望参加的人越多越好，特别是亲戚们在这难得的日子可以共聚，拉近亲戚们之间的关系。如上述所述，因为姑妈节并不是每一年都举行，时间通常不固定。是否举行要根据情况来决定，村寨发展顺利或者有时间的情况下才会举行姑妈节。主办方在商量好举行时间后，就会通知姑妈们。大家对该节日都很珍惜，不仅姑妈去参加，姑爹也会同姑妈一起前去。通常，在确定好要举行姑妈节以后，姑妈的娘家人都会提前回家准备好东西迎接姑妈和姑爹的到来。但是现在由于打工潮的兴起，很多人都出去打工，离家比较远，姑妈们齐聚的机会比较少，如今，要选择姑妈节合适的举办时间很不容易。近几年为了打造该地的旅游，政府和当地的群众齐心协力，该节日得到了多方面的支持，在很多旅游公司、相关企业等投资的情况下，姑妈节呈现了复兴的景象。

总之，姑妈们回娘家，有以下几方面表现突出：第一是姑妈们的情感的表露。第二是姑妈们穿着盛装，姑妈们通常到娘家都是打扮得比较漂亮，通常有红色、蓝色、黑色等多种颜色，精心打扮背后显露的是姑妈们的愉快的心情；一身的扮装都是新的，鞋子、裤子、上衣等都是新缝制的；人们认为，姑妈的穿着等方面也表现姑妈对于节日的重视程度。第三是姑妈们带的礼物，姑妈们带着很多礼物回家，并且是用扁担挑，各地习俗不同，有的地方用麻袋装，南花村用扁担挑着，挑着什么东西可以清楚地被旁人看清，酒、糯米、大米、糖果等礼物都是不可少的。

图3.16　做衣服的老人（余舒摄）

二、活动过程

（一）喝拦路酒

到了姑妈节那天，姑妈们携儿带孙，与姑爷列队挑着红鸡蛋、糯米饭、糍粑、腊肉、鸡鸭鱼、米酒和糖果等礼物，三五成群高高兴兴地赶往娘家过节，到了南花村，就相聚于南花村大桥等待娘家人的迎接。来自四面八方的姑妈们形成了浩浩荡荡的队伍，娘家人们在不绝于耳的鞭炮声中，踏着芦笙舞步，闯过一道道“不管你能喝不能喝，都要喝”的拦门酒去迎接姑妈们。姑妈们同时对唱“不管走多远的路，娘家的路，依然是我们心中最欢快的路。南花村，我们回来了”等歌词。在节日之中，姑妈们还唱诵感恩歌和回门歌，以表达相思之苦和回门的喜悦。娘家的人们和姑妈们在欢快的敬酒氛围之中对唱着当地的敬酒歌，进行着当地的喝拦路酒的习俗。

图3.17　游客喝苗家酒（余艳摄）

（二）参加节日活动

在节日之中，娘家还为姑妈们准备了丰富的活动，让她们回娘家不仅仅可以吃到娘家丰盛的食物，还可以观看到村寨之中丰富多彩的节日活动。节日活动和物质等方面的准备体现了娘家人对姑妈们的盛情。姑妈们到了娘家后，娘家人都会领各自的姑妈回自己家。到了举行活动的时候，姑妈们就会三五成群地赶往现场观望村寨的年轻人的娱乐活动。在场上，年轻姑娘们手撑花伞缓缓而行，东瞧瞧、西望望，小伙子们则背着芦笙。苗族有敬重老人、敬重师长、敬重芦笙艺人的优良传统，而每一次学习和演出，正是老人们讲述本民族文化的好时机。活动内容丰富，不仅仅有芦笙舞、手工技艺竞选、摔跤、斗牛等，同一时间都会有不同的丰富的活动在举行。活动中不仅姑妈们穿着盛装，还有少男少女们都穿上艳丽的民族服装，特别是那些年轻姑娘们，除了身上穿着的各种漂亮服饰以外，还佩戴上了美丽的装饰，如手饰、耳饰、头饰等。她们都会穿上自己觉得最漂亮的衣服，打扮得如花似玉、婀娜多姿。节日期间，满寨子酒肉飘香，气氛欢快，苗族人以最好的状态迎接来自各地的客人。客人进入寨子，感受到、体验到的是奇乡奇俗，他们不仅仅是参与者，也是实践者。那么实践如何体现呢？在节日中会有很多互动活动，若愿意参与的话会有很多机会参与，如打糍粑，年轻有力气的游客就可以亲自去体验如何打糍粑，还可以亲自去包糯米粑粑。特别是那些由于旅游而与当地人建立友好感情的游客们，他们通常会不定期地相互拜访。游客若对当地的这些技术工艺比较感兴趣，就会在姑妈节向当地人学习，姑妈们通常一边相互聊天，一边做自己的服装，这时游客们就会向姑妈们请教，姑妈们也非常热情，亲自给游客们针线，耐心地教授如何缝制衣服，还有的游客也亲自向当地制作芦笙的传承人请教如何吹芦笙等。这样也增加了彼此之间相互学习的机会，不仅仅是游客们向当地苗族人学习了他们特有的民族技艺，当地苗族人也向游客学习了很多文化知识。据笔者调查所知，很多当地的中老年妇女在旅游开发之前由于单一民族集中居住，平时交流都是用当地的苗语，因和外界交流的机会相对较少，很多不会说汉语。但是目前，即使上了年龄的老人大部分都会说一口流利的汉语。他们说，在还没有打造旅游时，他们都不会汉语，他们的汉语都是和游客交流多了而逐渐学会的。在姑妈节也会特地为姑妈们举行很多活动，如歌曲表演、独唱或者合唱比赛，还有让姑妈们参加服饰手工技艺专场比赛等活动。在这样的隆重活动之中能够获得奖项的姑妈通常会在村寨之中留下深刻的记忆，甚至会流传几代人。服饰、银饰这样的手工技艺也是姑妈们的专长，虽然各种花纹、样式相似，但是不同的人做出的针线差异相当大。在这样的比赛中的获胜者，不仅仅会得到很好的社会舆论的赞扬，而且大伙都会向她请教很多技艺诀窍，在当地的名望都会相应得到提高。因此，姑妈们都会为了更好地参与技艺的竞赛而花很长时间做足准备。很多情况下，竞选会采取多样的方式进行，如在同一时空之中选择同一时间做出同一样技艺产品。无论是哪一种技艺，都需要姑妈们平时的积累，因为这样的手工技艺并不是几天就能熟练，都是长时间勤练而获得的。

（三）奖励

在节日礼仪活动中，当地人为了增强人们参与的积极性，都会有不同程度的奖励，如人们会以有民族文化象征意义的物品来进行奖励，并不是只以钱的多少来衡量，本村人们通常利用动物肉来奖励。据调查，一等奖是一只猪腿；二等奖是相对小一点的猪腿；三等奖是一块猪肉。在他们的很多礼仪之中，我们会看到礼仪在他们心目中的重要性。通常很多礼仪中都会涉及猪腿，如我们在前文很多叙述礼仪时讲到，苗族社会之中，对近亲赠送礼物时都会赠送猪腿，是一种较高的礼节。人们参与活动并不是仅仅可以获得一定程度的奖励，同时还会得到其他人的高度好评等，若在一个村寨之中荣获好的成绩，还会进一步推荐到大型的区域性活动之中参加竞赛。当然，从不同的角度来看，举行这样的活动意义是多方面的，对参赛者的意义上文已经讲过，这样的活动也促进了一代一代的文化传承；还有从旅游开发的角度来说，增加了旅游文化的多样性和丰富性，游客旅游可以看到与他们自身不同的文化，而苗族的节日礼仪活动的丰富性中恰恰就满足了这一点，他们从各种节日中看到苗族服饰、各种社交活动等多样的文化展示。相应地，活动的举办也成了促进了当地旅游发展和经济发展。

第五节 重阳节

一、准备食物

据当地人介绍，重阳节、端午节、清明节、春节等是汉族的节日，但是后来由于各民族之间交流增多、文化交融，当地苗族也一起庆祝这些节日。很多节日都是各民族相互影响，就由一个民族的节日转化为多个民族的节日了。以重阳节来说，当地苗族人也同汉族人一样，为了表达对老一辈的敬爱，在那天人们会选择和老一辈共同过节。据当地人介绍，这些传统的节日在苗族社会之中的隆重性随着人们的观念、地方社会经济的发展等方面发生变化。起初，苗族人们也学习汉族人和老人一起聚餐，后来人们越来越重视，认为重阳节不再仅仅是汉族的节日，而把它真正纳入苗族社会的节日礼仪之中，特别是像南花村这样主要以传统文化来打造地方旅游的区域，人们就越来越重视各种节日礼仪，不仅仅重视自己民族的节日礼仪，而且把其他民族的传统节日都纳入其节日体系之中。例如，南花村苗族在重阳节时就会结合当地的饮食习惯，准备丰富的食品，如当地苗族的传统饮食糯米酒、糍粑、腌鱼、自己制作的米酒等。而且，在重阳节前夕，人们都会亲自制作米酒，主要目的是让老一辈可以亲自体验到年轻人做的米酒，同时也可以用来卖给游客。当地苗族人也会把可以治疗风湿或者去湿气的植物浸泡在米酒里，一方面增强口感，使得有刺激性的酒味道变得亲和，同时他还可以治疗由于地方环境而导致的各种病或者细菌等。当有客人来到家里时，他们就会用各种植物泡的酒来招待他们，通常是和他们关系比较好的朋友才能得到如此的待遇。通常在重阳节人们就会把泡好的酒拿出来给大家共享。除了酒以外，人们还会准备各种肉食，如鸡、

图3.18　秋天收获的南瓜（黄启香摄）

3.19　秋天收获的土豆（黄启香摄）

鸭、鱼等，还会准备各种特色的手工食品，打糍粑、舂糯米等。通常，在节日的一天之中，不同时候有不同的食品，如早上通常吃米酒粑和糯米粑，中餐比较简单，隆重的是晚餐，晚餐人员比较集中，亲友们、儿女们等都会回家和老人共同过节。而且有的地方是一家族吃晚饭、吃夜宵，家族间相互邀请亲戚好友。在晚餐时，还有各种歌舞伴随，大家划拳唱歌，相互敬酒，人们认为在这样欢快的场合下喝醉并不是一件丢脸的事情，而且，客人喝醉是主人家好客的反映。

图3.20　在房顶上晒辣椒（余舒摄）

图3.21　收获的玉米（余舒摄）

二、举行活动

从目前来看，节日期间不仅可以品尝到美味的食品，而且还会举行很多活动，如斗牛活动、歌舞表演等。斗牛的活动中比较热闹，斗牛场上的人们都穿着节日的盛装，人们在此场合中不仅可以看到斗牛的活动，还可以欣赏到人们的编制衣服的技能。当然，同一村寨之中人们的活动也有所不同，信仰基督教的人们会选择在重阳节时共聚教堂唱诵礼拜歌曲，不信仰基督教的人们会提前把买好的香、纸、糍粑、酒、肉类食物等去祭祖、祭桥。

第六节　端午节

苗族也将端午节称为“龙船节”，“端”在苗语中意为“到”，“午”在苗语中意为“水”，“端午”即是“到水上去”的意思。相传屈原自投汨罗江后，苗族人民为了哀悼他，就将原有的竞渡活动与到水里抢救屈原相结合，形成龙船节。在㵲阳河沿岸的镇远和施秉及清水江沿岸地区的苗族人民，在端午节这天会举行龙船比赛，祭祀活动、龙舟竞赛都体现出当地苗族祈求风调雨顺、五谷丰登。南花村寨前虽有巴拉河经过，但因河水较浅，当地苗族并没有划龙舟的活动。

一、准备食物

南花村寨的苗族人民同黔西北的汉族人过端午一样，也包粽粑、“游百病”。端午节前两天，妇女们会提前浸泡糯米、洗粽粑叶，准备糯谷稻草来捆扎粽粑。为了增加粽子的口感，有的人家会在馅中加入猪肉或是红枣等食材。到了包粽子的时候，妇女会叫来自己的孩子一起包。近年来，人们渐渐习惯于在超市买现成的，家庭成员一起包粽子的活动逐渐消失。除了吃粽粑外，南花村民还会在节日当天杀一只鸡来丰富菜品样式，改善饮食。吃过早餐后，人们通常会出门爬大阁山、炉山、棋盘山，俗称“游百病”。他们认为“游百病”以后，身体会健康。与汉族所不同的是，他们不会在门上挂菖蒲和艾蒿。

二、举行活动

贵州省大方县八堡乡、兴隆乡的六寨苗族还会在每年农历五月初五这天举行跳花活动，或许是地理环境条件的限制，南花村没有这一活动。六寨苗族苗语称“端午”为“遭亿”，是为纪念其先祖蚩尤。相传蚩尤在涿鹿同炎黄集团开战时，曾于农历五月五日取胜一次，这次苗族将吊旗“蚩尤旗”插入涿鹿战地。为了提醒苗族后代不忘始祖蚩尤，就决定将取胜的五月五日作为节日。每年农历五月五日，邻县的苗族人民会穿着盛装来到花场。在跳花开始前，要先举行“祭花秆”的仪式。花秆竖立于跳花台上，秆上绑着一根直竹，其顶端缠着一段红绸。在“祭花秆”仪式上，“六寨男女老少齐聚花秆周围，围着花秆边吹芦笙边跳舞。绕行三圈之后，由祭祀先生在前怀抱一只雄鸡（代表六畜兴旺之意）绕行花秆一周，然后将雄鸡鸡冠掐出血，滴于酒碗当中。之后又将鸡冠血滴在花秆之上，以示驱邪。最后把公鸡抛向远方，意为六寨人民从此远离战争和苦难。而之前六碗滴有鸡冠之血的血酒，分别给六个寨子的代表饮下，意味着六寨人民血浓于水、团结友爱。祭祀完毕之后，身着盛装的六寨男女老少便开始齐聚一堂，共同庆祝春耕农忙结束。年轻人围在一起吹芦笙、跳舞，年长者则访亲会友，联络感情”。现在的六寨苗族端午跳花活动已经失去了传统的韵味，新的跳花活动得以举行，政府在活动中扮演了组织者的角色，跳花台上的苗族人民已经变成了专业的表演人员，传统的芦笙舞也变成了流行的歌舞表演。原为青年男女谈恋爱的花场如今成为繁荣的食品和百货市场。当然，对于南花村来说，也有很多娱乐的空间现在随着时代的发展、人们观念的变化，人口流动等方面也随之发生变化，2000 年以前人们外流很少时，这一空间是青年男女们交往、聊天、对歌的空间，目前只是作为一种文化史的空间而存在。并且当地人为了宣传自己民族的传统文化，当地苗族青年男女们在游方场为游客展示对唱情歌的场景。尽管南花村苗族和其他地区汉族的端午节活动形式有所不同，但都是繁忙之后的庆祝活动，借此时机他们加强了自己与亲朋好友的联系，表达了对身体健康、生活美好的愿望。

第七节　鼓藏节

鼓藏节主要是为有家族血亲关系的祖先举行的大型祭祖礼仪。鼓藏节在 2006 年 5 月 20 日，经国务院批准被列入第一批非物质文化遗产名录，名录释义：苗族牯藏节也称苗族鼓社节，姜央裔族苗语称“吙略”，鸟氏族称“吙夫闹”，是以血缘宗族为社区、以12周年为周期举办的祭祖大典。12周年是古人认为木星围绕太阳运行一周的周期。在汉代及以前，中原行用木星历，后因发现木星运行周期为11.86年，用木星纪年误差太大而弃之。苗语“略”的意思是混沌，“宇略”是混沌天空，“吙略”标志由混沌进入明序。苗族“吙略”传说是姜央创立用于祭祀其母蝴蝶妈妈和鹊鹄鸟祖的大典，后被传承下来。它来源于中国远古枫姓蝴蝶氏族通过天文，发现木星运行规律，制定12年周期木星历，安排12个强大氏族值年，由值年氏族首领敬授年时，组织祭祀大典，举办氏族联谊，开展族际社交活动，扩大择偶婚姻范围，借以提高人口数量，期望枫姓兴旺发达。木星历历元为公元前7617年，这就是苗族“吙略”定型的推定年份。苗族鼓社有鼓跟鼓主，即鼓藏头组织祭祀过节，主祭12人，对应12年。起鼓、立鼓、藏鼓，历时3年，则是地球一年四季、一季三月的对称扩展。枫姓后人过节祭祖，奠怀先祖开天辟地创制木星历的业绩，传承祖先创造的优秀文化。这就是苗族鼓藏节的来龙去脉。但今天的南花村，早已不过鼓藏节，过鼓藏节必须要由村中的寨老来主持，但对于寨老的要求又很高，其下必须有四代后辈，并且儿女双全才可以。而在南花村中，能被选为寨老的人几乎没有，同时随着时代的进步，人们主张勤俭节约，避免铺张浪费，也渐渐地不过鼓藏节。

一、埋鼓礼仪

在南花村人的记忆之中，鼓藏节与埋鼓礼仪有着紧密的联系。因此，在介绍鼓藏节之前需要简单叙述一下埋鼓仪式。实际上，鼓在很多民族礼仪之中都必不可少的乐器，并且不同的礼仪之中有不同的鼓歌和鼓舞伴随，鼓在很多礼仪之中具有一种神圣的意味。鼓在不同的礼仪之中的作用不同，很多民族祭祀祖先时用到鼓的目的是通过鼓舞或鼓歌来沟通人神。鼓对于普通人来说，不过是我们日常生活中看到的有活动时需要用到的工具，或者说是人们唱歌、跳舞时用来伴奏的乐器，而在南花村苗族地区却是有另外一种含义。据当地的老人们回忆，他们小时候确实经历过“埋鼓”，是流行于村寨的一种仪式，是老一代传下来的。那么为什么要进行埋鼓仪式呢？据老人们说，埋鼓仪式是为了划分界限而举行的。据说南花村与邻居村曾经因为寨子界限问题而发生过矛盾，并且还引起相互之间的争吵，两个村对村寨边界都有一套各自的说法，各说各有理，后来经过一番争吵和一系列的调节之后才分清楚了各自的土地。但是由于当时的技术不发达，人们也不太注重数据之类的鉴定，加上村寨所处的地理位置特殊，即使利用测量工具也不能做到准确，只能是大概的数而已。后来经过人们的一番考虑之后，为了避免今后又对边界问题发生矛盾，人们就想出了一个办法，就是选择一种特殊的方式进行土地界限的划分，即用当地苗族在很多社会活动中所用到的乐器——鼓来作为分界线。但是不可能把鼓直接放到分界的位置之上，最后通过协商决定把鼓埋葬在具体位置之下。由于鼓是木料做的，要在一定的时间内对鼓进行更换，在那天村寨之间相关的人们都要参与埋鼓仪式，主要是把新的鼓抬到具体的位置，再把老的鼓挖出来进行更换，以此作为分界。要是有强占、多占等不合理现象，再把它挖出来作为评判的依据。老人说，这种方式在以前还是一种相对合理、公平的分界线的方法。在那天不仅要更换鼓，还有很多相关的苗族活动。因此，不仅仅是换鼓，仪式还伴随丰富的活动来促进村寨之间的友好交往。还有一个老人介绍了另一个故事，埋鼓不仅仅可以划分界限，还有助于加强村寨之间兄弟血亲的共同记忆。这位老人已经 70 多岁，他告诉我们，相传他们的祖先来此居住之时，有几个亲兄妹，后来通过繁衍后代，人口逐渐增加，南花村显得拥挤，于是进行分家，最终形成了两个村落乃至于多个村落。因此，从血亲关系来看，多个村寨的人都是有着家族血缘的，都是亲兄弟们的后代。为了防止两个村的人们通婚，他们把祖先留下来的共同拥有的鼓埋在两村之间，以此来警戒相邻村寨的人们不能相互通婚。因此，埋鼓仪式作为界限的含义具有多层，不仅仅反映位置，还有表现通婚界限等意义。在今天虽然没有进行埋鼓仪式，但是此仪式的故事仍然流传于村寨之间，人们通过口耳相传的形式一代一代往下传承，同时实践着礼仪中的观念，邻居寨之间的通婚的禁忌在今天仍然在继承。人们以这样一代一代传承的历史文化记忆来约束自己的行为，从而建立和谐的社会秩序，当然，行为的实践背后有一套文化的逻辑在起作用，文化逻辑和实践逻辑相互补充、相互促进、共同发展，从而促进村寨和谐秩序的建构。据当地老人们诉说，埋鼓节逐渐消失后，进而发展出了鼓藏节，他们认为鼓藏节就是埋鼓仪式的延伸，但是鼓藏节今天也不再进行了。他说，由于鼓藏节需要的人力、财力非常大，村民们大多难以负担得起，于是后来就没有再举行。据他说，在原来，鼓藏节非常隆重，每 13 年举行一次。大概过程是这样的：第 13 年到了以后，村里的带头人和巫师就带领村民把埋好的鼓挖出来，领头人一般是寨主，而巫师则是懂得巫术并且很能让村民们信服的人。在挖出以后，就要"引龙"，在巫师的诵经下，把"龙"引到鼓这里来。"引龙"完成以后，巫师们开始"做法"，也就是在鼓的周围诵经，并且把之前准备好的锣鼓拿出来，边敲边诵经，人们也会把自己的新衣穿上，在鼓前唱歌、跳舞，有的跟着巫师来的人还会在鼓前祭拜，在心里许愿，祈求"龙"让人们风调雨顺，让村民能够办事情顺利等。人们会跟着巫师走动，把村子游上一圈，希望村里能够获得"龙"的庇佑。在人们游完之后，会在巫师的带领下把"龙"送回去，也就是把刚刚挖出来的鼓又埋回去。之后就是杀猪宰羊，人们把鼓埋回去以后，鼓藏节的仪式并没有完成，而是进入高潮，那就是人们会把自家的猪和羊牵出来杀了，请来亲戚朋友，共同享用这顿美餐。整个节日过程大概要持续一个星期。根据老人的说法，人们杀猪宰羊的目的是拉近人与人之间的来往，把不认识的人联合在一起，慢慢熟知，加强关系，成为人与人之间沟通的一座桥梁。

二、传承

从举办时间的角度来说，鼓藏节每 13 年举行一次，但是规模相当大，消费大，人们为了此节日的举行，在举办前很多年就要做好充分的准备，无论是人力、物力等方面都要准备。为了节日的隆重举行，每家都会尽自己的能力去工作。妇女们不仅要忙着家务活，有空时还需要为家人准备苗族的盛装。实际上，苗族人在很多重要的场合中都会穿上苗族盛装。特别是今天经济发展的背景下，人们对服装的装扮越来越看重民族的特色，如服装上各种花纹、银饰等。物质生活水平提高，人们的观念也随之发生变化，他们并不会因为举行这样的大型活动会消耗多年的积蓄而不堪重负，但是随着人们流动的社会圈的扩大，人们不会有那么长的时间来为大型的活动来准备。传统习俗的传承单靠地方人们的传承显然能力有限，还得靠外部力量的多方支持，需要政府和地方同时作为主体地位来共同传承。当然，据笔者对南花村这样开发旅游的传统村落的长时间观察来看，目前很多传统的礼仪文化活动呈现了濒危的趋向。近几年，在国家农村经济发展的宏伟蓝图之下，地方政府为乡村发展也是花费了大量的投入做了很多工作，并且地方政府为传统村落如何发挥地方特色才能持续性地发展做了很多思考。以南花村来说，若发展地方产业就难以在此区域进行，因为独特的产业相对欠缺，若靠种植农产品来发展该村落的话则没有地方优势。因此，政府就以村寨的地方特色来布局，即传承、开发南花村的传统的古老文化来发展旅游，因为，对南花村这样的传统村落而言，即使在物质经济得到发展的状况下，综合地方经济环境、地理位置、社会历史等方面的考虑，政府定位南花村是一个充满了丰富地方传统文化的苗族村寨，南花村的传统文化是长期靠人们传承下来的，虽然有的地方传统文化在经济的消耗、人口的流动、社会变迁的背景下等发生变化，但是总体来看，他们的很多传统文化的形式即使没有存活下来，但是社会历史文化的传统记忆仍然在人们的心中，并且很多传统的文化都是通过口头的形式一代代地往下传承的，如内容是什么、传统文化的意义何在等方面的记忆都会在村寨年轻一代的脑中回旋。因此，能够表现文化多样化、展示自我文化自信的传统记忆文化若要在当今社会变迁背景下传承与开发，需要多方力量的贡献，但是想原汁原味地出现在人们的社会生活之中也是难以实现的，因为，当今人们在变迁的社会之中追求的是一种快速的经济收入方式，而需要长时间、耐心等特点的传统文化的操作在与其他现代技术化的经济收入比较的状况下，显然难以在人们的社会生活中存活

鼓藏节一般 13 年一次，第一个 13 年要举行 3 天，第二个 13 年举行 5 天，第三个 13 年举行 7 天。第一个 13 年和第二个 13 年人们一般不杀猪宰羊，只有到了第三个 13 年才能杀猪宰羊。参加鼓藏节的人有一个不成文但是大家早已熟知的禁忌，就是来参加鼓藏节的人不能说不吉祥的话，或者说不吉祥的字词，并且应该尽量说一些吉利或者敬仰龙王的话语，否则将会受到惩罚。因此，人们由于对龙王心怀敬畏，在参加鼓藏节时都不敢说一些不吉利的话或者

说话之前都要思考一下，生怕自己说错话，得罪上天。

关于鼓藏节在本村不再举行，还有其他的传说，一位老人是这样讲述的："在以前，南花村的苗族与周边的汉族产生了矛盾，苗族内部产生了一个背叛他们的苗民，叛徒偷偷把南花村埋鼓的位置告诉了汉族，汉族得到这个消息以后，就找到了苗族埋下的这个鼓，把它挖了出来，于是，鼓就被破坏了，所以从此以后，南花村就再没有举办鼓藏节了。"鼓藏节的很多传统记忆仍然流传于他们的记忆之中，他们说鼓藏节就是把前13年鼓藏节中埋下的鼓挖出来，然后进行祭祀，祭祀之后再进行埋鼓。这个礼仪程序是苗族文化的一个衔接。

从人们目前的消费观念来看，人们认为办理这样的活动是一种浪费，因为他们的传统记忆之中，消费的规模相当大，若仅仅靠群众自己，没有外部力量的支持，很难办理。他们说，若要过鼓藏节，就必须要按照过去的传统礼仪进行，需要大量物质的准备；还需要大量的祭牲，包括牛、猪、羊、鸭等家畜，还有祭祀的其他物品，如稻谷、糯米等；还要花费大量经费排练各种娱乐活动，如芦笙舞、跳芦笙、斗牛等。在传统的苗族村寨之中，年轻人在家务农的人比较多，而现在人口流动比较大，年轻人都没有在家，并且长期在外。因此很多地方苗族传统文化都是靠老人来完成。因此，人力也是比较缺乏，这些都是鼓藏节人们不愿意过的原因。

鼓藏节的参与人数相对较多，除了家庭、家族成员，还有亲朋好友等都要隆重招待，并且举行的时间较长。因此，人们认为要是举行这样的活动家里没有人就难以招待。并且过鼓藏节，还有很多补充的礼仪，如上文所述的埋藏鼓、祭祀鼓等都伴随其中。当然，有的苗族村寨目前为了旅游的发展，鼓藏节仍然在举行，因为它不仅仅说是一种消费、浪费，而且还是民族文化、区域文化实践的重要体现。从文化实践的角度来说，是真正的体验、文化的洗礼，人们看到了它丰富文化的魅力。

第八节 三八妇女节

南花村举行三八妇女节活动的时间和国家规定的时间一样，在每年阳历的3月8日举行。这一天是女性自我展现、真正自由的重要日子之一，自我展现主要是通过各种才艺、技艺等方式；自由主要是在这一天，妇女们完全从家务活动中解脱出来，带小孩、做家务等都由男性来承担。在这特定的日子，她们尽情地参加村寨为她们举行的各种活动。和亲朋好友汇聚，不能参加各种比赛活动的妇女们也到处串寨。

一、准备阶段

此活动虽然只是举行一天，但是需要很长时间的筹备。活动筹备工作主要由当地的村委和村寨的相关人员来完成，主要是时间、地点的选择，活动、食物和资金的消费、人员的分工等。第一，时间的选择。考虑到天气的情况，人们会提前几天看天气情况来定时间，若3月8日是雨天，人们就会另选择晴朗的日子进行。第二，地点的选择。地点的选择也要考虑到多方面，因为这是一个集体性的节日，活动地点要宽敞、安全，在各种节日活动举行前夕，都会指定相关人员召集当地人对地点进行修理，还有相关路段的整修等也需要考虑。第三，人员的选择。在举行活动前，村委会会召集村寨负责人们开会选出工作人员，如总管人员、财务人员、食物购买员、后勤人员等，都需要双方进行协商、讨论后选出。总管人员的选择大家都会很慎重，因为关系到活动办理的成功与否，通常，总管都是由长期在村寨主持如各种结婚、丧礼等大型活动，并且人们都认为办事比较公正、可靠的人当选，文化水平高并不是人们的首选；也还会选身体好、能够吃得苦、有公心的人来担任，因为参加办理这样的节日活动的人们纯粹出于公心，并不是为了获利。当然，能够在这样的隆重活动节日中承担一定事务，大家也很乐意，因为这样的活动场合会接触和认识村寨的人们，人们也会认识他们，同时也是展现他们一技之长的机会。因此，只要大家推选，个人一般不会推辞，即使有很繁忙的事务都会接任，会尽力把大家寄予希望的事情放在首位。第四，资金筹备。资金主要用来作为活动项目、集中会餐等方面的消费。据当地人介绍，资金主要来源于两个方面，一方面是由当地人以户为单位进行捐款，另一方面来自旅游公司的赞助，还有的来自相关企业家等多方面的外资援助。因此，资金的来源是多元化的，每一年的资金来源都不同。每年的节日活动都相似，但是物价、人们的观念不同，每一年的消费就不同，需要资金也就有差异。

图3.22 芦笙坛（余舒摄）

图3.23 做糍粑（余舒摄）

二、举行活动

图3.24 锣（潘福英摄）

举行活动的主要目标是让妇女们展现自己、过得开心。该节日的活动项目主要针对女性，男性则提供后勤服务，如主持活动、料理家务、杀猪、做饭、拉队等，男性不参加比赛。通常，活动有独唱、合唱、拔河、爬树、捞鱼等比赛。不同的活动举行的地点不同，如独唱、拔河等活动多在村寨坡顶的芦笙场举行，捞鱼比赛是在村寨公有的田里进行的，喂养鱼的人在不同的年代不同，在旅游开发之前，鱼由当地人喂养，如今鱼是由政府承包养殖。每到这一天，村里热闹极了，游客也会此观看活动、体验活动，很多公共空间都会举行相应的节目，如芦笙堂会举行很多歌唱表演。节日的隆重除了由丰富的节日活动体现以外，还有人员的众多也是重要体现。妇女们也会邀请她们的亲戚、好朋友来观看她们的活动，但不能够参与她们村举行的庆祝活动的比赛，因为比赛只针对本村户籍的人，目的也是为了激发本村人的积极性。她们说，若一个村寨的活动比赛邀请其他村寨来参加比赛，就激励不起本村寨人们积极向上的精神，并且奖就可能被外村寨的人拿走，那么本村寨就白白地为其他村的人们花费精力。当然，有的节日活动村寨也会邀请其他村寨参加，并不是所有的节日活动都拒绝其他村寨的人参与，有的活动是彼此之间轮换邀请的。比如在苗年时的很多比赛节目，特别是单项的比赛活动都会邀请外村人参加，一方面是提高竞争力，另一方面可以增强比赛的气氛，扩大规模等。如斗鸡、斗鸟、斗牛等竞争力度强的节目，人们认为参加的对数越多，越能够体现实力强，若参加上述节目对数少，人们就觉得获得这样的奖项就没多大分量。因此，有的活动都是跨村界进行的，而有的活动只针对本村人们举行。

三、会餐

三八妇女节会餐涉及人员多，食物也很丰富。通常在活动之前就要统计参加人数，按照一家多少人参加会餐来计算，还要登记各家的邀请的亲戚或者朋友等，目的是先作大概数目的统计，以免食物准备过多而造成浪费。至于游客的数量，旅游公司都会提前和当地有关接待人员对接。因此，数目比较确定。人数统计好之后，食物的准备也是人们需要重视的内容。食物在不同时代来源不同，如在 2000 年之前，打工在当地不太流行。因此，活动中很多食物都是靠村民们自己家出，不需要向外购买就可以解决，如蔬菜类靠当地人种植就足够，鹅、猪、鸡等都是家里喂养的，每家每户提供一些，随后事务人员根据给的数量象征性地给点费用。而目前，南花村如同其他很多村寨的人们一样，到城市里购买，因为外出打工的人数相对较多，再加上当地旅游开发以来，政府对于当地的社区环境也做出了很多规定，不仅仅是地理生态的环境整治，还有人文生态方面也制定了很多规章制度，目的是打造干净文明的村寨，如村寨的很多旅游空间禁止喂养牲畜，若要喂养牲畜，只能在村寨比较偏僻的空间中喂养。

第九节　圣诞节

圣诞节，又称为耶稣节，是西方的传统节日，时间在每年的公历 12 月 25 举行。圣诞节是一个宗教节日，因为圣诞节是以基督教的主耶稣的诞辰为由而举行的节日。因此，过圣诞节的主要成员是基督教徒，但随着基督教的广泛传播，圣诞节已经不仅仅是基督教徒的节日，其他教派也会过，甚至到如今已经成为广大非基督教徒群众的节日，其最原本的意义已经发生了巨大变化，但对于基督教徒来说，此节日是他们最重视的节日之一。当然，圣诞节在西方和在中国的不同地方，庆祝内容存在共同性也存在差异性。

从前文的南花村寨概况可知，南花村分为上寨和下寨，村寨人口居多的潘姓就信仰基督教，基督教传入南花村的时期如同西南地区的很多村寨一样，主要清朝末期传入。从潘家老人们的回忆中得知，他们信仰基督教也是传承老一代的信仰，也体现了对老人们的敬重。而下寨的杨姓和刘姓主要信仰本民族的民间宗教。因此，当前来看，同一村寨的人们在信仰上不一样，信仰所带来的文化影响了人们的社会生活。由于不同信仰的存在，人们的日常生活方式也不同，如信仰基督教的潘家在周末就会齐聚于村寨教堂，唱诵他们的礼拜歌曲和学习《圣经》的内容，相互之间闲聊，教堂为他们提供了交流空间。

南花村的福音堂是个比较小的教堂，所以在过圣诞节时他们一般不装饰教堂，只是简单地打扫。和城市里的基督徒不一样的是，他们一般会在下午举行活动，这些活动都是自愿参加。因为圣诞节是西方传入的，不是南花村自古以来就有的，所以圣诞节等词汇没有苗语的说法，苗语中也直接说圣诞节。在调查中，有一位基督徒为我们讲述了部分内容：

“我们平时多干活，尽量把一周的事情在平时安排好，有计划地进行。在周六和周日都会抽出一天时间去参加教堂的活动，我们每一位都有教材，如圣经、赞美诗等，这些书有不同的版本，汉文版和苗文版，我们教堂在周边来说是修建得最好的，前几年有机构专门为我们筹集了资金对教堂进行改造，目前在周边来说也比较新。这也与我们村打造旅游有很大的关系。我们在教堂除了吟唱歌曲和学习《圣经》的内容外，大家都会轮换着讲述自己日常生活中遇到的各种困难或者是不开心的事情，在教堂里大家都会彼此讲述和为别人消解。还教导我们日常如何做人做事，如不喝酒、不闹事、不乱骂人，多做好事，乐于帮助人。还讲述了很多余生的快乐和幸福都是要靠我们此时的表现，我们做的好事越多，到彼世越幸福等。当然，教导归教导，我们也会结合我们的实际生活来安排我们的行为，如教导我们不喝酒，但是我们苗族社会，大家齐聚或者哪一家办事情，不可能不给别人酒喝，或者是大家都喝酒，你不可能自己一个人看着别人喝，喝是可以喝，但是不能酒后闹事。”①

基督徒在吃饭之前也要祷告一番才开始吃饭，很多礼仪活动之中如葬礼等都按照基督教的程序进行。他们除了要过自己的节日外，还要过西方节日，圣诞节就是他们重视的节日之一。那么他们如何庆祝圣诞节呢？圣诞节是集体性节日，参加的人多，在节日期间，不仅涉及周边的乌烧寨、开怀寨、季刀寨的基督教徒，还会邀请很多他们的亲朋好友来参加。当然，参加的人员有一定的年龄。年龄通常在 40 ～ 60 岁，因为 40 岁以下的人通常在外务工、上学，60 岁以上的人体力跟不上。各村各寨的基督教徒到达南花村的福音堂，在教堂内用汉语和苗语唱赞美诗。下面从三个方面进行介绍。

一、准备阶段

圣诞节参加的人多，活动多，还要给参加的人们准备圣餐、分发礼物给每一位到场的朋友们，程序相对较多。因此，在活动前夕，人们都要提前筹划，如准备筹备资金、活动的方案，如主持人选、通知人员等方面的筹划工作。通常人们会去邀请相关的牧师来主持或者参加活动，因为牧师相对较少，本村组织人员为了体现活动的隆重性，也会征求大家的意见，看能否邀请周边相对熟悉的教堂相关人员来参加，通过交流、互相促进、互相学习对方的先进经验。出于这样的考虑，每一年在圣诞节这样隆重的节日里，人们都会邀请很多外村的人们来参加，互相交流学习。据调查，他们的活动资金主要来源于当地教徒、红十字会、旅游公司等。这些资金用来进行活动的消费，还有剩余的话，就会推到下一年继续使用。他们说基督教文化当中就有节约的观念，因此，在日常生活中或者在很多活动之中，人们都会有规划地消费，提倡节约。承担活动任务的多数是那些经常参加教堂活动的人，因为他们较熟悉程序。

二、活动

圣诞活动除了要进行平日举行的各种学习《圣经》、讲道、唱诗歌活动以

① 访谈对象：潘仁智，52 岁，男，苗族，基督教徒。

外，还要在傍晚集体吃圣餐，通常，所有来教堂参加活动的人都可以参加免费用餐，共餐完后，还要分发礼物。下面分别介绍各个环节的内容：一是唱诗。在圣诞活动中他门唱诵的歌曲主要是赞美诗，赞美诗的内容丰富，还有很多节日活动、礼仪活动等都有相应的赞美诗歌。除了吟唱相关赞美诗歌内容以外，都还要由村寨的相关组织人员讲道，在特定的活动中也要讲述相应的内容，如在圣诞节还要讲述耶稣是如何为了解除人们的痛苦又如何牺牲自己等方面的知识。二是吃圣餐。从上述准备环节中可知，圣诞节大家要齐聚享受圣餐，圣餐比较简单，人们享受神圣食物，目的并不是品尝美餐，而是体验同神圣人物同在。这是当地基督教徒们对特定时空中基督教文化的认知的表现。除了特定的节日如圣诞节以外，南花村寨基督教徒的苗族群众每个月月初都会吃圣餐，人们认为吃圣餐主要的意义就是希望能够把所犯的一切罪都洗干净，重新做人。他们认为，人无完人，都会犯错，可以通过这样的实践来解除或者改正错误。

三、分发礼物

吃完圣餐之后，在场的人们就会获得礼物，如圣诞帽、圣诞果等，象征性地给在场的人们分礼物，礼物除了教堂筹资买来的苹果等，还有邻寨来参加的人们买来的糖果。总之，在圣诞节那天，基督教徒会聚集在村里的福音堂，一起颂歌、颂诗，而且他们还会买一些水果、花、糖之类的物品，大家一起过圣诞节。因为在日常生活中会有村民来参加礼拜仪式，教堂靠近门口的地方有一个捐献箱，前来参加礼拜仪式的基督教徒会捐献不等额的钱，或多或少，对于金额没有硬性的规定，用他们的话说，这叫奉献，奉献多少都没关系，主要看心意。要到圣诞节的时候，牧师就会把捐献箱里的钱拿出来，安排人员去镇上或者市里进行采购。在南花村，每个月月初都会吃圣餐，长老会事先准备饼、葡萄汁，购买的资金主要来源于大家日常生活中的奉献，福音堂教堂内有奉献箱。因此平常基督教徒把捐的钱放进奉献箱，奉献者一般分为本寨和外寨，本寨贡献十几元、几十元不等，外寨一般贡献上百元。基督教徒奉献的钱，通常会安排几个人一起管理，以免出现贪污行为。

图3.25　花环点缀的教堂（余舒摄）

总的来看，基督教传入南花村已经有一百多年的历史，影响着信仰基督教的苗族村民的思想观念、行为举止等。圣诞节是村里信基督的教徒所过的一个节日，不信仰基督教的村民不过圣诞节。除了圣诞节，其他节日村里信仰基督的苗族村民和村里不信仰基督教的苗族村民过的是一样的，除了在一些仪式上有所差异。在南花村，即使信仰不一样，也并不影响村民之间的交往，不影响他们之间的情感，因为他们认为虽然信仰不同，但他们始终是一家人，会互相尊重彼此的信仰，不会互相排斥。在特殊场合，人们都会互相帮忙，如村里有老人过世，他们都会一起去帮忙。显然，文化是可以共存的，每一种文化都是人们调适性的选择。

南花村丰富的节庆，让我们更进一步去了解了它的魅力所在。当然，南花村除了节庆，依旧有着其他更神秘的文化等着我们去发掘。节庆只是南花村的一个部分，南花村的组成也不单单是节庆能构成的，它的构成、运行、发展，一切都让人神往。

第十节 小规模节日礼仪

一、二月二

二月二由来已久，关于二月二这个节日的文献记载最早见于盛唐时期。随着社会经济的发展、人们观念的变化，二月二的实践内容和意义也在发生变化。特别是中国这样一个幅员辽阔的地方，由于不同地区、不同环境、不同文化、不同民族等差异性，各地的民俗实践都会有差异。南花村虽然也承袭古代的风俗过二月二，但已经与其他地方有所不同。“文化传播，是指一种文化向其他范围转移或扩散，引起文化的互动、采借以及整合过程。”[①] 在文化传播的过程中，当地会根据生态环境、社会环境等方面整体性地在适应环境中有选择性地进行。

二月二是中国民间传统的节日，不同民族会有不同仪式。此节日受到了各地苗族的重视，各地的苗族都在这特定的日子举行各种活动。有一些地方会去祭桥，有一些会去走亲等。还有的村寨把这一天称为龙抬头，要祭祀龙坛。这一天，南花村的苗族人特别是德高望重的寨老们就会以他们最独特的方式把龙从山顶指引到龙坛，乡亲们和游客们就一同前去烧香，但是基督教教徒们只是参加活动，并不烧香。为了庆祝该节日，村民们会举行很多隆重的“龙抬头”祭祀仪式，民间艺人也进行民间歌舞的表演。男女身着盛装聚在一起祈福，目的是祈盼新的一年风调雨顺、人丁兴旺、出行平安、五谷丰登。南花村在此节日中实践的活动也是不断发生变化的。据当地人说，以前二月二，村里每家老人都会煮蛋给小孩子吃，蛋可以是鸡蛋、鸭蛋、鹅蛋，但是会染色，一般染为红色；家长还会编织装红鸡蛋的小袋子，可以装上一两个鸡蛋，在鸡蛋煮熟、过凉水之后，染上红色，晾干后就把鸡蛋放进小袋子里，挂在小孩子的身上，若是小孩子太小，就会把鸡蛋挂在堂屋或者是小孩子的背带上，让鸡蛋陪着孩

① 林耀华：《民族学通论》，中央民族大学出版社，1997，第12页。

子。当小孩子饿了，就把鸡蛋剥开让小孩子吃，大人希望小孩子吃了蛋以后，他们会健健康康地成长，这也是老人对小孩子表达关心和疼爱的方式。当地人说，以前生活贫困，能吃蛋是一件奢侈的事，二月二煮了鸡蛋只能分给小孩吃，而现在不同，蛋煮了以后不仅仅是小孩子吃，大人们都可以吃。现在的生活好了，鸡蛋这类的物品很常见，平时也可以买来吃，但是村里仍有部分人保留“煮蛋”这样的传统习俗，传承了古时的文化和社会记忆。如今，南花村的人们还会举行很多传统文化活动，下寨的苗族人会在这一天举行祭桥等祭祀活动，而上寨的人信仰基督教，他们就不再进行这样的祭桥活动了。

总的来看，南花村的二月二具有当地苗族特色，包含着丰富的文化内涵，从二月二的饮食可以了解到南花村经济的发展，也可以了解到，南花村村民即使是在物质匮乏的时代，也希望能够给予孩子最好的祝福，希望通过二月二戴红鸡蛋、吃红鸡蛋的习俗使孩子能够健康成长。另外，也可以了解到南花村庆祝二月二节日的目的也已经发生改变，在其他的许多地方，过二月二是希望能够风调雨顺、五谷丰登，而南花村主要是希望孩子能够平平安安、健健康康地成长。显然，文化传承是一个连续统一体，是一系列事件的流变，是一个时代纵向地传递到另一个时代，文化既可以横向传播，也可以纵向传播，并且在传播的过程中会由于各地的各种因素而发生变化。

二、清明节

在万物复苏、生机勃勃的春季，清明节可以说是民间最重视的节日。清明时节，天气回暖，给人一种希望的气息，可人们却在生机勃勃的春季，想到了“死亡”，想到了逝去的亲人。可以说，清明是将生和死结合在一起的节日。在世的人意识到死亡的存在，思念逝去的亲人，才会感悟到生命诚可贵，人们才会更好地生活，活得更加努力和充实。人们通过到墓地祭拜祖先和逝去的亲人，期望祖先保佑当年能够获得好收成。而扫墓可以把生活中的不如意暂时抛在脑后，可以近距离接触大自然，感受大自然的生命力，也可以使人们对逝去的亲人不会太过于感伤。清明节的历史悠久，兼具自然与人文两个内涵，它不仅是自然节气点，也是中国的传统节日，因为清明一般在公历 4 月 5 日前后，正是村民要播种的时节。村民们为了在秋季得到好的收成，会在播种之际祭祖，希望能够得到祖先的庇佑，让播种的作物茁壮成长。

如今，清明节已经成为国家的法定节日，其主要目的是让人民祭扫逝去亲人的墓地。扫墓在民间又称“上坟”，往往是一大家族的人增强情感的重要活动，也是在世的人对逝去亲人进行缅怀的重要活动，能够为在世的人寻找自己的根，增强自己的归属感，不至于在这万千世界迷失自我。

南花村的清明节习俗和汉族一样，也要去祭祖，会去坟前挂纸、烧香。每到这时，几兄弟会相聚在一起，去对自己的祖先进行祭拜、烧香、扫坟等。另外，南花村村民通常会在墓前把带到墓地的食物煮熟并吃完，食物一般为鸡、酒、糯米等。一大家人，很是热闹。

图3.26　人们通常在清明节才能割掉墓前的草（余舒摄）

现在清明节扫坟的规模没有以前的大，因为村里年轻人要么出去打工，要么出去读书，村里剩下的年轻人很少。这里还提到一个关于他们坟地的选择，村里每家都有土地，如果家里有人去世了，可以埋在自己的土地里，如果看上了别人的土地，可以用自己的和别人换，或者出钱买。村里还有信耶稣的人，他们家里如果有人去世，其相应仪式和不信耶稣的那些是一样的，有区别的是信耶稣的人家不烧香、不烧纸。虽然信仰不同，但村里人在这些方面却很少有矛盾，在他们看来，信仰的不同并不会影响他们之间的人际交往。在清明节时也要带上丰富的食物，如熟猪肉、糯米粉、酒等去上坟敬祖。当然，祭品种类数量每一家都有所不同，有的只是带酒，而有的会带上各种肉食。

图3.27　到潘氏家族祖墓的路充满布满了杂草（余舒摄）

图3.28　潘氏宗族通过集资为潘氏祖墓立碑（余舒摄）

如果哪家需要给祖先立碑，在清明期间就可以进行，墓碑上必须刻上逝者所有子孙的名字，若逝者的子孙太多，墓碑的正面刻不完，主人家就会要求刻碑刻的店家把剩下的子孙的名字刻在碑的背面。墓碑背面的名字并不会被遮住，因为南花村在立碑的时候，碑和墓之间有一定的距离，人可以正常通过。

每个人都要面临死亡，死亡是人类不可避免的。亲人的逝去，对于在世的人来说是一件很悲痛且永远不能补偿的事情。因此，清明节为亲人打扫墓地、供奉祭品，就成为人们悼念亲人的一种方式。南花村虽然有信仰基督教的苗族群众，但在基督教传入之前，他们接受的都是本地文化。因此，即使基督教传入南花村的时间已经不短，但信仰基督教的苗族人民仍然还会受到传统文化的影响，会为逝去的亲人扫墓。

三、七月半

七月半一般是每年农历七月十五，又称中元节，是我国传统节日之一。中元节的由来已久，但关于中元节的由来，大家众说纷纭，各不一致。有的认为中元节源于佛教，据《盂兰盆经》载："释迦弟子目连，看到死去的母亲在地狱里受苦，食物入口即化为烈火，如处倒悬，要求释迦救度。释迦要他在'夏安居'结束之日，即七月十五日，准备百味饮食，供养十方僧众，可使母解脱危难。"① 有的人认为中元节源于道教，据南北朝时期的道经《太上洞玄灵宝三元玉京玄都大献经》记载："七月十五日，中元之辰。地官校戒，擢选众人，分别善恶。诸天大圣，普诣宫中，简定劫数人鬼簿录，恶鬼囚徒，一时俱集……道士于其日夜讲说是经，十方大圣，齐咏灵篇，囚徒饿鬼，当得解脱，一俱饱满，免于众苦，得还人中，自非如斯，难可拔赎。"② 有的认为来源于中国祭祀祖先、秋尝等各种习俗。自古以来，中国的各个地

① 转引自李涵闻、李一佩、李渊源《河南"河南七月半"节俗调查究——以信阳二十里河村为例》，《地方文化研究》2013 年第 4 期，第 1 页。

② 转引自李涵闻、李一佩、李渊源《河南"河南七月半"节俗调查究——以信阳二十里河村为例》，《地方文化研究》2013 年第 4 期，第 1-2 页。

方就存在不同程度的祖先崇拜，随着时代的变迁，各个地方仍然沿承祭祀祖先的习俗。

七月半是民间在初秋时节庆祝丰收、感谢大地的恩惠的节日，南花村自古以来就过七月半，但由于时代的进步、思想观念的改变、生活水平的提高，七月半的庆祝形式也发生了一系列改变。

过去，七月半在南花村被称情人节，这是因为在节日期间男男女女会走亲访戚，会认识许多异性，在接触过程中对歌，产生爱慕之心，此后便持续交往，直至结婚。在节日期间青年男女三五成群地到别人家串门，以前生活比较贫苦，家里没有多少可吃的食物，于是人们多会去别人家串门。苗族自古以来就是比较热情好客的，即使家里没有多少食物，也会尽其所能来接待客人。青年男女在串门的那家进行对歌，对歌时间晚了就在串门那家睡觉，但由于人数较多，房间不够，于是主人家通常会把男子赶出去睡在坡上，女子则睡在房间里，问及原因，当地人告知男子的身体素质比女子好，比较抗冻。

如今，南花村人的生活已经发生了巨大改变，无论是由于旅游给他们带来了丰富的经济收入，还是自给自足的农作物种植，都使得南花村的村民能够解决温饱问题，也有剩余的食物作为他用，也有足够的时间做一些娱乐活动。现在的南花村很少把七月半称为情人节，因为随着科学技术的进步，人们的交流方式已经发生改变，通信工具的发展使人们不需要面对面交谈，借助通信工具就能够交流。另外，如今的南花村在过七月半的时候，各家各户除了会准备丰盛的食物，有的人家会祭祖，感谢祖先的庇护，使农作物得到丰收经济收入得到增加；而信基督教的人家就会举行祷告，感谢主的恩惠，使他们过上如今的美好生活。除此之外，村干部也会组织村民举办一些娱乐活动，例如拔河、篮球比赛、晚会等。

如今的南花村过七月半时能够举行一些娱乐活动，体现出南花村村民经济收入不断增加，人们的生活水平不断提高，在物质生活的需要得到了解决之后，向精神生活的需要而努力。另外，从南花村过七月半的举行各种活动中，可以看到南花村过七月半的目的已经产生变化。从最初的趁节日期间走亲访戚、找对象到如今的不同信仰的村民以自己的方式祭祀祖先、举行各种娱乐活动，体现了南花村村民接受的文化是中国古代流传下来的祖先崇拜，是传统文化的延续。

四、中秋节

中秋节在每年农历八月十五，具有悠久的历史，是中国的传统佳节，是家人团圆的日子。中秋正逢秋收要结束之际，在外的人们都会回家庆贺秋收。因此，中秋节可以说是家庭团圆和感恩丰收的日子。

每年农历八月十五，南花村村民也像汉族一样过中秋节，也像汉族一样吃月饼，和汉族没有太大差异的地方。农历八月十五，稻谷基本成熟，农民基本开始秋收，于是在南花村，村民过中秋节除了会去街上购买月饼以外，还会用自家种的糯稻做糍粑，也许并不是家家户户都会做糍粑，但做糍粑的那家人会把糍粑分给亲戚邻里。从南花村过中秋节的形式来看，他们也深受到汉文化的影响，认为中秋节是一个家人团圆、邻里来往的节日。在丰收之际，家人、亲戚朋友互相走动，巩固彼此之间的关系，增强彼此之间的情感。

图3.29　打糍粑（余舒摄）

总之，南花村节日礼仪是一种社会文化现象，反映着苗族人们的共同心理特征。他们的节日礼仪具有群体性、周期性以及相对稳定性。无论是在农业社会、工业社会还是信息化社会背景之中，南花村节日礼仪总是贯穿于人们的社会生活之中，异彩纷呈。正如有学者指出的："节日礼仪有历史久远的，也有伴随着国家的建立、发展、人们的经济生活变迁等而创造的节日礼仪内容，种类丰富，如政治性、宗教性、世俗性等礼仪，有祭祀为主的、有情爱为主的、有欢聚主题、有表达敬意的、娱乐竞争性的、有综合性内容贯穿的等等节日礼仪。"中国各民族在民族聚居地方、民族特性、社会历史变迁等多样的生态下创造、传承和发展了丰富多彩的节日礼仪。节日礼仪是各民族文化重要的组成部分，有丰富的内容贯穿于各民族的节日礼仪之中，如神话、传说、信仰、仪式、戏曲、音乐、舞蹈、饮食、工艺等。总的来说，礼仪承载了各民族文化的历史文化记忆、文化创造、人们的生活的变迁、人们的观念、社会机制和生活审美情趣等丰富的内容。举行丰富多彩的节日活动，在节日之中渗透了丰富的礼仪，人们通过其中的内容感受着感官的刺激、增强人们的认同意识、实现群体的繁衍，同时寻找精神的、心灵的等方面的意义。

第四章 日常生活礼仪

第一节 上梁礼仪

房屋是人类建造出来的以供自己居住的建筑物。房屋是家庭的基体，是人类生存和情感寄托的一个重要场所，在屋内不仅可以抵挡外界的一切干扰，抵挡各种天气变化，还可以和自己的家人享受自在的生活，增加交流，增进情感。因此，各国家、各地区、各民族的人民都致力于为自己和家人建造一个牢固且美观的房屋，而中国自古以来在房屋建造礼仪方面尤为重视。南花村苗族人民沿承中华传统文化，对于建造房屋也有诸多礼仪。

梁是建筑中架在立柱上面的横跨构件，承受着上部构件与屋面的所有重量，是上架木构件中最为重要的部分。上梁礼仪是建房礼仪类别中的一种，人们举行上梁仪式的目的是希望梁能够撑得起一个房子的重量，稳固一个房子的重心，希望能够为家庭成员带来平安。

据史料记载，上梁仪礼始于魏晋时期，到明清时期，全国各地都比较盛行。南花村也沿承着上梁礼仪这一习俗。在南花村，房子大多是用木材建设而成，以前全部用的是木材，但随着工业技术的进步，产生了砖和水泥，现在的房子一般由砖和水泥、木材建设而成，被当地称为第二代房子。南花村的树木众多，良好的生态环境也为木房子的建造提供了有利的条件，但蛀虫也颇多。因此，为了保护房子不被昆虫啃咬，每户人家都会把一些玉米捆好挂在墙壁上，让昆虫吃玉米而不啃咬房子，起到保护房子的作用。

南花村要建木房子的话，建房子的主人首先就要挑选上梁的木材。由于南花村盛产杉木，因此上梁木材多以杉木为主。杉木的选择，要求是笔直，枝繁叶茂，寓意多子多福；又要树龄适中，不宜太小，也不宜太老，树的大小要基本一致。选择好树木之后，请专门的木匠砍伐树木，砍伐树木的时候要注意不要破坏周边的树木。砍伐好之后，就抬回家制梁，若是信鬼神的人家，就要烧香烧纸，若是信基督教的人家就要做祷告、唱赞美诗。在南花村无论是信鬼神的村民还是信基督教的村民，梁都会放烟花或者是鞭炮。而制梁的长度则要根据主人家的房子大小来定，在制梁过程中，比较忌讳人直接从梁上跨过去，他们认为这会给主人家带来不幸。在制梁完成之后，就要选择日子举行上梁仪式。

在看好上梁吉日之后，主人家会通知亲戚朋友前来参加。姑妈家尤为看重，姑妈前来参加的时候都会准备礼物，一般会有一头猪和糯米、酒、鸡等，而主人家为了答谢姑妈，也会准备礼物，通常是一只猪脚。在上梁仪式当天，亲戚朋友都会在上梁仪式举行之前到达，在这之前主人家也会做一些准备，例如绑好梁子，绑梁通常是用新布。梁子的中间会绑上红布，比较喜庆。到了吉时，就会放鞭炮或者是烟花，信基督教的人家就得祷告、唱赞美诗，信鬼神的人家就得烧香、烧纸，做完这些之后，就会由男子爬到房子上面，拉住绑在梁上的布，把梁拉到房顶，放置好后，主人家就把准备的糍粑或者糖从房梁上抛下来，供人们抢，哄抢的人越多，主人家越高兴。

图4.1　房屋内部结构（余舒摄）

上梁结束后，主人家设宴款待前来参加上梁仪式的亲戚朋友，上梁仪式结束。

图4.2　正在建设的房屋（余舒摄）

第二节　礼拜仪式

在南花村中有信仰基督教的苗族民众，因此在每个礼拜都会进行礼拜仪式。南花村上寨，有基督教徒专门进行礼拜仪式的场所福音堂，信仰基督教的村民就会到福音堂做礼拜仪式。但也并不是所有信仰基督教的村民都会进行礼拜仪式，例如年龄未满十八周岁的孩子就不用去教堂里进行礼拜仪式，因为未满十八周岁，心智可能还不成熟，在他们满十八周岁以后，他们有权利选择是否信仰基督教。

到了礼拜天早上，组织礼拜仪式的牧师就会前来福音堂组织村民进行礼拜。如今，南花村的牧师并不在南花村长住，而在凯里市区工作，只有在礼拜天或者村子里有事情，需要他回来主持时才回来。礼拜天早上，牧师会从凯里到南花村福音堂，等村民差不多到了的时候，就开始举行礼拜仪式。首先是由牧师讲解耶稣的生平经历、恩德、贡献等，介绍村民信仰耶稣的好处，信耶稣会给他们带来福气，作为对耶稣的恩惠的回报，要规范自己的日常行为，不做耶稣禁止的事，同时他们也要宣扬和弘扬耶稣的功绩，使得更多的人信仰耶稣，壮大基督教的规模。之后就带领村民唱赞美诗，主要还是要赞扬主的恩德、功绩。唱完赞美诗之后，牧师还要为村民讲解赞美诗的寓意，因为有的村民不识字，不太了解赞美诗的寓意。赞美诗讲解完之后，礼拜仪式就基本完成。在礼拜时，他们会一起去教堂祷告，一起唱歌颂耶稣的歌，其中有一首叫《敬老尊长歌》，有一段是这样的：

> 人生经历幼到老，事主爱人主引导，圣经自古有朋训，敬老尊长常祝祷。求主赐福众儿女，引领行走天路程，身心康泰春常在，喜乐平安福无垠。

这是一篇关于教会生活敬老孝亲的。除了这些，他们所唱的还有很多，多为歌颂耶稣有的也可以用苗语来唱，每个人手里都有一本或者多本歌本。

礼拜仪式的主要作用在于向基督教徒宣传和弘扬主的恩德，规范基督教徒的行为，使基督教徒找到归属感。

第三节　民间宗教礼仪

一、概况

随着社会的发展，民间宗教礼仪的内容逐渐发生变化。随着时代的发展，有的宗教祭祀逐渐消失，而有的祭祀如祭山水、祭桥等仪式则贯穿于人们的生活之中，其祭祀目的各有不同，如有的用于赶走人们生活的不顺利、祈祷风调雨顺，还有的为了表现地方特色文化的特点。如上述内容所述，南花村如是一个打造旅游发展地方经济的传统村落。在特定时期民间文化受到打击，从而影响地方文化发展甚至消失，但是改革开放以后，特别是地方发展旅游的情况下，为了吸引游客的有的文化逐渐地复兴起来。

苗族祭祀内容丰富，有对祖先和各种神圣物如树、山、水、石、水井、桥等祭祀，还有很多祭祀的空间。当然，各地苗族由于民族居住格局的多样性，祭祀对象不同，如与汉族杂居的苗族他们还有如指路碑、供奉祖先的神位等，而南花村上寨由于基督教文化的传播的影响，他们的祭祀对象在保留本民族的民间宗教文化的同时发生了变化，如他们还在堂屋摆放有耶稣、十字架等基督文化的符号加以敬拜。因此，南花村虽然长期以来几乎都是一个民族居住的格局，但是毕竟该区域的人们长期以来受到多元文化的影响，并且从他们的历史记忆之中发现，他们虽然在此居住已经至少有几百年，但是从他们的家谱中可知，该区域的苗族如同其他区域的苗族一样，是从中原一带迁徙而来的。据最早迁徙到该区域的苗族潘家说，他们已经整理过他们的家谱，他们说，他们的家谱是村寨里相对文化程度较高的两位老人所写的，资料来源于北京故宫，他们到故宫查了材料，然后在大家的共同努力下整理出了家谱。当然，他们在整理家谱的过程之中发现，他们的家族分布比较广泛，有河南、江西、湖南、贵州等各地的，居住比较分散，并且不同地方的同一家族有不同的民族，土家族、苗族、汉族等都有。据他们告知，他们属于军屯的后裔，在来这里之前，这里是一个风景秀丽但是没有其他民族居住的地方，关于如何迁徙于此地的传说故事，也表现了此区域的优势。因此，总的来看，该村是一个多文化交融的区域。民间宗教礼仪就是反映其文化典型的例子，很多礼仪类型都呈现了多元化交融的特点。

（一）特点

不同的事项有不同的祭祀对象，如小孩不乖和家里有人生病时祭祀的对象是古树、石头、水等；需要保佑人们平安健康、生产丰富需要献祭祭祀物，主要是祭祀祖先。当然，祭祀礼仪通常是与其他礼仪为伴，或者是和大型、隆重的很多社会活动相互联系的。特别是对近祖的崇拜和信任，如在葬礼和节日活动中都伴随有祭祀礼仪，如葬礼之中都要举行召祖先神灵一起参与祭祀的礼仪，还有过苗年等相对隆重的节日都要举行召集祖先神灵的礼仪，一方面表现了活动的隆重性，另一方面表现活动神圣性等意义。

（二）目的

一是目的。苗族民间宗教活动的目的随着时代的变迁而有所不同。有的祭祀活动是为了满足人们社会生活的需要，如为了人们的平安等，有的是表现了活动的神圣性、重视性。在不同的时代背景下，活动目的也会发生变化，如有的村落举行祭祀活动也是为了娱乐，出现了异质性等。对于南花村来说，也有很多祭祀活动，主要目的还是出于村寨人们的社会生活，有的是为了传统文化的保护和传承、体现民族性等，当地群众和政府同时发挥力量保护传统文化，大力发展旅游。因此，目的性、意义性等方面都呈现出丰富性。

图4.3　路边的纸人（先放梅摄）

二是祭祀所用之物。祭祀所涉及的物根据不同的时代、不同的人群也呈现了多样化的特点。在民间宗教祭祀中，不同区域的人们利用的祭祀物有区别，或者同一区域的不同民族的人也是不同的。祭祀物除了各种牲畜、家禽、酒、饭、糯米，还有如纸人、草人、竹子和杉树皮制作的各种武器，通过这些丰富的物作为媒介，向神灵进行祭祀。

（三）执行者

不同村寨的民间宗教的组织者不同，对南花村来说，很多民间苗族祭祀活动都由鬼师来完成，鬼师通常没有什么其他的职业，其本身属于农民身份，除了有祭祀活动请他以外，其余时间都是从事自己的农业活动。鬼师往往是本村原有宗教从业者因为年老或者没有人执行职务时，自己愿意从事这种职务或者在群众的建议之下来担任的。鬼师几乎没有拜谁为师的情况，都是自己学习所得，同时也没有统一的宗教教义或者经书之类的书籍，而是全靠自己的记忆和经验进行。在祭祀活动之中，除了举行一系列的祭祀仪式之外，还有祭祀词伴随其中，祭祀词靠口传，并且通常以本民族的语言传唱而流传下来，并不是以翻译的形式进行。此外，祭祀活动也是随着时代的不同而发生变化的，也是有多元文化渗透的，如祭祀祖先、选择日子等方面都吸收了外来文化。

实际上，苗族如同很多其他民族一样，消灾礼仪渗透于各种礼仪之中，如出生、结婚、丧葬等人生礼仪，还有很多节日礼仪之中都渗透有消灾礼仪。鬼师在祭鬼之前，都要先提起祖师，意思是自己所做的一切都是祖师爷所流传下来的礼仪。当然，不同的地方乃至于同一地方由于受到外界文化的影响，鬼师所做的礼仪也有所不同。还有由于不同地方苗族语言的多样性，对鬼师的称呼也不同，云南文山用苗语称鬼师为“孜能”或“能”，当地的苗族巫师一般为男性，女性偏少；在湘西，苗族把巫师称为“老司”，一曰阴沙帽，湘西有些苗族巫师称为“果岱”，主要从事择日，即推算各种礼仪的吉利日子，推算的方法与汉族的推算方法相近，受到了汉文化的影响。贵州苗族则称巫师为“鬼师”，在宗教活动中，多要利用鸡鸭等。在安顺，苗汉对巫师称谓相同，男子称鬼师，又称端公；女子称迷喇，又称迷婆，主要担任神与人之间沟通的任务。在贵州彝族与苗族杂居的地方，还称为溪婆。而在台江一带，鬼师所主持的宗教活动较多，受到人民的尊敬，并且鬼师的数量较多，每村一人，有的村寨会有几个鬼师，当然，很多情况下主要是作为主要鬼师的助手。如笔者调查的南花村也是有几个鬼师，大师通常是杨鬼师，其他主要作为他的助手，他们虽也懂得一定的礼仪的内容和程序，但是在操作上面多数以杨鬼师为主。实际上，苗族如同很多其他民族一样，认为不同的日期吉利程度不同。因此在进行很多事情前都要选择吉利的日子，择日者多数为男性，他们文化程度不高，甚至有的认识的字很少，他们主要靠的是口头念诵，具有一定的固定口诀形式。[①] 他们的这一身份不是职业化了的，有人家来请时才去行使这一职业，平时也是主要从事农业活动。鬼师多数为男性担任，很少有女性担任的。他们通常认为女性鬼师能力不强，只能做简单的活动，难以承担复杂的任务。

苗族如同很多少数民族一样，他们的宗教信仰没有形成一套系统，学者们把他们的信仰归类到民间信仰。在他们的语言之中没有神这样的词汇，但有鬼这样的词语。实际上，很多民族的语言之中也是如此，如彝族语言之中有鬼，而没有神。在很多民族之中，若在平时用到鬼这样的词时，都表示不好的意思，认为鬼就是不好的东西的象征。苗族人认为，每当生活中发生不顺利的时候，可能是因为有各种各样的鬼灵的干扰，如水鬼、山鬼等，因此，一旦有不顺利的事情发生，人们就会请鬼师来进行相应的仪式。在南花村，有的苗族信仰基督教，有的信仰苗族的民间宗教，总的来看，信仰苗族传统宗教的人相对多些。信仰基督教的苗族人若遇到不顺利的事情时，通常不请苗族鬼师，而是请求牧师或者请求信仰基督的教徒来祷告，而相反，不信仰基督教的当地苗族人若遇到不顺利的事情或者家里有人生病等就会请鬼师来举行相应的仪式。举行这样的仪式时，鬼师通常由男性担任，也有少部分是由女性担任的。当然，不同的鬼师能完成任务的能力是不同的，最基本的各种消灾仪式大多数的鬼师都能够完成，但是有难度高的仪式和复杂的仪式就要选择名气大、经验丰富的鬼师来主持。苗族鬼师不像很多少数民族的祭司一样需要一代一代往下传承，当然也有少部分的是一代一代往下传承，但是这种情况相对较少，多数是后天学习得来人们认为做鬼师与个人的身体素质或者个人对各种事物的感悟等方面都有联系。如南花村有 3 个鬼师，但是经常主持消灾消难仪式的主要是一人，其他的两人中一个虽然对于鬼师的一套仪式相对较熟悉，但是由于年龄

① 周永健：《苗族巫师的考论》，《湖北民族学院学报（哲学社会科学版）》2012 年第 5 期，第 15-16 页。

大，精力有限，很多仪式需要举行的时间较长，而且有的还选择在深更半夜举行仪式。因此，很多仪式都是请下寨的杨鬼师来完成，另外一个主要是辅助鬼师的，同时也是向其他鬼师学习各种仪式的操作。笔者在村寨采访杨鬼师时，外寨的人也来请他去做消灾仪式。请他去做消灾仪式的人家是这样说的，他们家有一个病人，在外面的医院都医治了很长一段时间了，但是仍然没有得到好转，因而请杨鬼师来为病人解难。通常情况下，当地的苗族人在生病或者是家里小孩经常哭闹等事情发生时都会请鬼师去解难。

从目前来看，当地人若有生病等情况时，首选的是请医生，医院无法医治时就一定会请鬼师来举行仪式，可见传统思想对其影响之深。也有首选请鬼师的情况，若病人心慌或者做梦不好时，就通常不去找医生医治，或者家里有不顺利的事情如牲畜喂养不顺利、心理烦躁、容易和外人吵架等，都会请鬼师来完成，此类事情医院无法治疗，医院治疗的主要是有确切的病情的人，而对于此类心理问题就靠鬼师来完成，这就是所谓的民间方术。当地人认为，鬼师有能够沟通阴间的本领，称为过阴。若没有过阴的本领时，就用芭茅（也有的用稻草，有的地方还称为毕芭茅）通过占卜测出是什么鬼怪作祟。鬼师一直以来都是不脱产的农民，现在也是这样，而且多数地方都没有师徒传授相承的习惯，大的村寨更是如此，南花村就是这样。苗族鬼师和很多民族的祭司不同，他们给不顺利的人家做各种仪式时都不会收钱。通常，主人家为了答谢他们，就会象征性地给一定的物品送给鬼师，一般是鸡、鸡蛋、酒等。在调查中，杨鬼师告知笔者，他们一直以来都没有收大量的费用，也有少数的人家会给一定的称为打酒钱的小费慰劳鬼师，当地人都很尊重鬼师，因为鬼师做这样的仪式并不是为了获得经济收入。这类似于彝族的苏尼，苏尼的和苗族的鬼师一样，也是处理人们家庭的不顺、没有明显的病症而感到精神不振等之类的事情，也同样不收取任何费用。但是彝族当中很多苏尼多是由女性担任，男性相对较少。鬼师这一职业直到经济社会发展的今天都还在保留着，当然，此职业的活态发展与当地的人文生态是密不可分的。他们长期从事这一职业也是受到职业道德的影响，鬼师是为人们解难，不是为了挣钱，不讨价还价。当然，除了上面所说的主人家为了答谢他们会给一定的物以外，还有仪式当中用到的大米、糯米等的物也是归鬼师所有。通常，用来作仪式的米的数量是一升左右，少的差不多只有一小碗。实际上，不仅仅南花村这样的村落举行驱鬼的仪式，还有很多苗族村落如黔西北一代的苗族村落也会举行，笔者调查到，贵州威宁大街浆子林村的苗族虽然信仰基督教，但是若生活之中有不顺利的事情，如小孩哭闹、家庭之间容易产生吵架或者其他不顺利的事情发生时，他们就会请村寨之中懂得这方面知识的张大爷来完成。而且，浆子林村是一个多民族的村寨，有彝族、苗族、汉族聚居。因此，不仅仅苗族人请他来做这样的仪式，周围的汉族、彝族等都会请他。浆子林村苗族人都信仰基督教，但是此种治疗方式不会因为信仰基督教而不在村寨之中进行，可见，苗族的传统医疗方法不会因为信仰而消失，这种传统的治疗方式只要是适合于他们的生活需要就仍然会进行。而对南花村而言有点不同的是，信仰基督教的人们即使有这样的事情发生都不会去请鬼师，而是请当地教徒来完成。实际上，还有不同的苗族寨子在做同样的仪式时由于各地传统文化的传承情况、不同民族文化的影响程度、各地的社会环境、各地地理环境等方面的不同，各地仪式的内容等方面都会有差异。以南花村寨为例。据当地人还有鬼师的告知，鬼师首先会咨询不顺利的人的具体情况，然后通过占卜了解是哪些鬼来这家作祟才导致这样的情况。具体操作过程如下：主人家派人去请鬼师。通常都要带上酒，在他们这个地方重要的是米酒或者糯米酒，而在黔西北很多地方主要是带苞谷酒和用燕麦制作的麦炒面，并向鬼师讲述家里不顺利的具体情况，看鬼师哪一天有空，鬼师便择算哪一天比较合适。到择日的那天，主人家再亲自来领鬼师。做仪式时，需要的物有米、香火、纸钱、黑色的布和红色的布、碗、冷水、酒，还有茅草等各种植物，鬼师还需要 2 名助手，主要是负责帮助提供鬼师需要的各种物品，如上山去砍主家种植的小神树，在他们村寨盛行神树的称呼，神树通常只有主人家才知道，很多地方的神树有年代长、丫枝多、茂盛等特点，并且培植在家边的树才称为神树。在南花村，听鬼师说神树一般种植在各家的林地里，并且不仅仅是一棵，有很多棵。在做这样的仪式时，需要砍伐这样的小神树来插在家里，通常是插在堂屋之中，做仪式之前，鬼师就会邀请助手们提前准备。鬼师在做此类仪式时不仅仅在家中进行，而且仪式需要花费几天。据杨鬼师说，看看是祖先神还是家里逝去的亲人的鬼灵作祟，而且水鬼、山鬼、树鬼、桥神等都有可能会给家人的不幸，若是祖先神或者家人的鬼灵作祟的话，仪式就在家里举行，通常选择堂屋，就需要2棵神树幼苗插在堂屋，还需要其他的肉类，如鸡肉、猪肉等。若是水神作祟的话，鬼师就需要到村寨当中被称为神水井的地方去做仪式，通常是念诵一定的祭祀词，还要把各种物品放在水井旁边，象征性地做献祭仪式，表现出人和自然的相通性，若人们对自然不敬，也会受到相应的惩罚。因此，若是水鬼作祟，就要通过鬼师作为媒介来沟通两界之间，达成桥梁，做相应的仪式以对人们的过失行为进行补救。若是山鬼作祟，鬼师就会念诵相应的祭祀词。鬼师的祭祀词是记在脑中的，能随时念诵，不同的仪式有相应的祭祀词，祭祀词主要以苗语的形式念诵，而且传承的方式主要是口耳相传，并不是书面的形式。根据不同情况做不同的消灾礼仪。

二、禁忌

南花村如同很多其他村寨一样，也有自己的禁忌文化。禁忌在不同区域、不同的民族甚至同一民族，由于各地所处的地理生态、历史记忆、人们的观念、经济水平等方面的差异性，禁忌内容是不同的。据调查，当地的禁忌按照不同的分类标准进行分类，如按照年龄来分，有小孩的禁忌、老人的禁忌、年轻人的禁忌等；按礼仪来分，如结婚礼仪上的禁忌、出生礼仪上的禁忌、葬礼上的禁忌等。禁忌就是对群体之间或者不同群体之间，甚至对于个人方面的行为进行规范。禁忌也是礼仪的重要内容。下面具体来看不同类型的禁忌内容：

（一）小孩的相关禁忌

即对于小孩本人及其家人在与小孩互动过程之中的行为实践的规定、约束。南花村的小孩们如同其他地方的小孩一样，都是每个家庭最为看重的人，孩子健健康康长大是每个家庭都盼望的事。各区域、不同民族或者同一区域的人们虽然都看重孩子的健康成长，但是各地的行为实践由于上述方面的差异，在行为实践过程中存在差异性。南花村关于小孩也有很多行为方面的规定，并且成为礼俗，人们都按之行事，如小孩出生后必须由家族中德高望重、身体相对健康的老人为小孩取名字，并且男孩多数是按照家族取名或按照字辈取名。宗教信仰不同，取名规则就不同，信仰基督教的家族给小孩取名时通常都在圣经中选择，名字一旦取好就不会轻易改变，因为取名是在一定的仪式之中进行的，要严肃对待。还有本村的小孩，特别是不信仰基督教的家庭的小孩，家长一般要给小孩随身戴上一种用红布包成三角形的药物，目的是防止被人下蛊。虽然，关于小孩的禁忌各民族都有不同的规定，但总的来看，目标是一致的，都是为了希望小孩健康成长。

（二）婚姻禁忌

南花村苗族人民一直尊崇传统，在南花村苗族人民的社会生活中，存在种类繁多的禁忌。婚姻禁忌内容也是一代一代往下传的，下一辈遵循上一辈的做法。通过对村民的访问及观察，了解了一些关于婚礼的禁忌。具体来讲，有以下几个方面。

一是同寨不通婚。南花村整个村子大部分人姓潘，是同一个祖先发展而来，所以寨子潘姓间不开亲，而龙姓和杨姓也已经和潘姓杀鸡歃血结拜为兄弟。因此南花村内的潘、杨、龙三姓之间皆禁止通婚。南花村同寨不通婚这个禁忌直到如今依旧在执行。关于同村寨不通婚，有这样的传说流行于村寨：

> 有一个喝酒的仪式需要12个人，但是当时的潘家人数不够。因此叫杨家来凑人数，随后又叫龙家，但当时龙家比杨家大，龙家便要求杨家要叫龙家公公，即龙家要比杨家大一辈，三家一起杀鸡喝血结为兄弟，世代不开亲。后来南花村上面住满了人才往山下扩展，形成了上寨和下寨。最后，潘家给其他两家分土分地，才形成了今天的南花村三姓格局。但是这个婚礼禁忌仅限于同村，南花村苗族人民可以和其他村的潘姓、杨姓和龙姓通婚。

二是接亲禁忌。在以前，南花村人结婚是通过对歌的形式实现的，男女双方对歌，若女方输了，立马就要随男方回家。回家后，男方要请熟悉女方家的人带上三斤米、鸡、六七斤肉去女方家提亲，幸运的时候女方父母就会直接同意；有时候女方父母也故意刁难，因此要上门说媒好几趟。在新郎接新娘的过程中，若在半路上遇到抬死人，新娘要回避，直到看不到抬死人的队伍，新娘才可以出来继续赶路。另外，南花村很避讳遇到同天接新娘，若结亲队伍在路上相遇，双方要争走上方或高处，因为南花村苗族人民认为走低处是倒霉的，会带来晦气。在新娘到新郎家时，要在门口让男方家未婚的年轻女孩接进门，避讳让已婚女性迎接。

三是挑喜水禁忌。南花村有新娘必须要挑喜水的习俗，新娘挑喜水的时候一定要用左肩挑，避讳用右肩。

四是结婚对象禁忌。南花村尤其忌讳蛊，只要家里一个人携带有蛊，整个家庭都会受到影响，因而结婚也尤为忌讳蛊，不与有蛊者结婚，若在结婚后得知对方有蛊也会离婚。其次，不与麻风病患者通婚，犯有羊癫疯者同样不通婚，家族中出现有人偷盗、犯罪的，不与其通婚。

南花村的老人表示现在这种现象少了，因为随着社会的改革，对外开放、医疗的提高教育的加强、人们知识的增长，人们的观念也渐渐改变，不再去过分计较相关的禁忌。

（三）葬礼的相关禁忌

一是正常与非正常死亡的禁忌。民国之前，南花村对于葬礼有非常多的讲究。分为正常死亡和非正常死亡，正常死亡的人，一般在家里停尸两三天，在出殡时，要邀请鬼师做法，吹芦笙、放炮、烧香、烧纸、办酒等；非正常死亡的人，不可以焚烧尸体，要用绳子捆好之后，在山上放三年再下葬。如今却不怎么讲究，非正常死亡的和正常死亡举行同样的葬礼，但是年轻人死亡是不吹芦笙的。

二是不见天之禁忌。在南花村苗族人民的葬礼中，在要上山埋葬的时候才会把逝者的遗体放进棺材，但并不立即盖棺。因此，为了防止死者遗体见光，主人家会准备一条蓝布和白布以及新床单把棺材口盖住。到了墓地之后，要盖棺材之前，基督教徒的苗族民众会为逝者举行唱赞美诗仪式，在这过程中，要把布和床单拿开，但为了使逝者不见光，床单四角会分别被四个人拿住放置空中，遮住棺材。在唱完赞美诗之后，由逝者的儿子、儿媳为其整理遗容、调整身体。之所以要整理遗容、调理身体，主要是因为南花村地势比较陡，在抬棺材到墓地的过程中，不免会产生磕磕碰碰，逝者的遗体可能会受到影响而有所移动。

（四）女性禁忌

在南花村苗族人民老一辈人的记忆中，女性的行为在当地有很多限制，具体表现在：日常生活行为禁忌。女性不能坐门槛；酿酒女性酿，在酿酒过程中不可以乱说不吉利的话。以前女性不能碰铜鼓，人们忌讳和有蛊的女性来往。月子禁忌。妇女坐月子时，禁止自己抱未满月的小孩出门，不能碰别人家的东西，不能把衣物包括小孩的衣物挂到其他人家去；坐月子期间，妇女不可以吃冷的、辛辣的、油的，不能吃太饱，不可以吹风、要带头帕和帽子，多穿衣服，防止受凉。这些禁忌仍然在继续约束着人们的行为。

（五）日常生活的相关禁忌

一是禁止说的语言。在以前，南花村苗寨的人们特别忌讳遇到“老虎鬼”，在南花村流传这样一个传说：“老虎鬼”一般手臂上挂着篮子，篮子里装有刀或者剪刀，专门害人和牛，能使人和牛生病或者发生不好的事情，被害的人家要请鬼师做法驱邪。因此一般忌讳乱说别人家中存在“老虎鬼”，要不然会被要求赔偿。如今，年轻一代对于“老虎鬼”不怎么在意了，不会刻意去注意这些，但也不会故意去犯这些禁忌。

二是南花村寨苗族民众在以前外出或者去其他地方遇到井水之类的，若想要喝水，在喝水前要打草标，若不打草标，则可能会生病。

三是不能随意夸赞别人或别人家的东西，例如看到人家的小孩不能夸他可爱、漂亮、身体好等，否则会招来“口水鬼”使小孩生病；也不能夸人家的牛好、猪好，否则牛和猪也会生病。在小孩子生病、牛不吃草、猪不吃食时，村民就会请鬼师做相关的仪式，然后在鬼师指定的树上捆上相关的东西（家禽的羽毛、纸人、树皮、竹节等）。

四是对于“口水鬼”，村民还有另一种说法，当有人乱说其他人坏话时，被说的人家就请鬼师去做相关仪式，把家禽的羽毛、纸人、树皮还有竹节用红色或黑色的布条或绳子把它们捆在树上，其作用是让说坏话的人闭嘴，不乱冤枉人。例如村里有户人家的小伙子本来要娶一个姑娘，但是有人乱说这位姑娘怎样的不好、家里不干净等导致男方不愿意结婚，婚事作废，女方家就会请鬼师去做法事，往树上捆上羽毛、纸人、树皮和竹节，让对方闭嘴不能继续造谣。

五是在南花村有斗牛的习俗，但举行斗牛比赛时，必须要经过牛的主人的同意，在不经过牛主人的同意的情况下不可以擅自让自己的牛与对方的牛打架，否则就会引起争吵甚至赔偿。

六是苗寨尤其忌讳蛊和谈论有关蛊的话题。苗寨民众对于蛊都是小心翼翼，但是无论是老人或年轻人都表示从没见过蛊。因此，现如今对于蛊的说法也渐渐模糊，不再像以前那样谈之色变。

七是下秧苗后不可以唱歌、吹芦笙，七月半除外，直到 10 月才可以继续唱歌、吹芦笙、跳铜鼓，因为以前认为在下秧后载歌载舞的话会不利于农作物生长，导致庄稼歉收。

八是火灾过后要进行扫寨仪式，请鬼师做法，全村禁止生火，一旦发现有人生火会立即用水扑灭，而且鬼师会在每家门前撒大米，以示驱邪。去河边杀牛分食，但不能带回家中食用，一定要在河边吃完牛肉，再去其他村子借火种。通过以上仪式扫除村中的邪祟，保护村子的安全。

九是晚上若是有人喊你的名字，不能乱回答，如果你听出喊你的声音是认识的人才可以立马回应，如果你听到的声音是陌生的，就一定要听到三声以上才能答应。因为老人认为，一般喊名字不到三声的就是鬼在作怪，若你回应了他，就会被他带走，会生病甚至死亡。

南花村民众也忌讳早上出门遇到女性，在路上遇到蛇拦路，认为这会破坏了一天的好运气，给人带来霉运，等等。随着现在社会的发展，人们接触事物的增多和知识的增长，许多禁忌在生活中渐渐模糊，但依然在生活中发挥作用。

图4.4　在房屋上挂纸人以驱邪（黄启香摄）

图4.5　村寨小路的祭祀物（先放梅摄）

（六）信仰基督教人群的禁忌

村子里有一部分人信仰基督教，他们的禁忌与不信教的村民有所不同，内容如下：

一是信仰基督教的人们在吃饭前祷告，内容是向上帝陈述今天的经历，感谢上帝赐予的食物和所有的一切。礼拜天无论多忙都要去教堂做礼拜，不吃星期天宰杀的动物的肉，禁止吃动物的血，所以一般杀猪、杀鸡都会把血弃之不用。

二是信仰基督教的家族不扫墓、不过清明节，一般在清明节的这天，信仰基督教的家庭只是去给山上的坟地除草，然后回家，不再做其他的事情。

三是过年过节期间不烧香、烧纸。

四是无论结婚还是有人去世都不请鬼师，办丧事时不吹唢呐，不烧香、烧纸，不准为死者哀哭，不准对死者进行跪拜。

五是生病时相信耶稣会治愈他们，而且只相信西医，不信鬼师和巫医等。

三、祭祀空间

（一）祭祖坛

南花村是一个十分注重对祖先的祭祀的村寨。祭祖坛，顾名思义，就是南花村村民祭祀苗族祖先神灵的地方，每逢节庆日子，村民们都要带祭品到这里烧香、烧纸祭祀祖先，祈求祖先的庇佑，也表达了村民对祖先的缅怀和崇拜。关于祭祖坛还有一个说法，村里老人告诉我们，祭祖坛是以前村里过招龙节时用来祭祀山神的，他听上一辈人说，以前南花村 13 年过一次招龙节，杀猪、敲铜鼓、吹芦笙，带上饭菜、酒、肉等上山聚餐，而且最后家里要送给前来参加的亲戚一户一只猪腿让他们带回家去。过招龙节是为了让山神保佑未来的日子里风调雨顺，庄稼丰收。

（二）神井

“神泉”是一个关于南花村迁徙的传说。传说老鸦村一个村民饲养的大白鹅飞到南花村坡，孵出 12 只可爱的小白鹅。一年后，大白鹅看见了来此地砍柴的主人，就向主人昂头高歌：“这里是风水宝地，我等你已多时了。”主人认为这是天意，是一种吉祥的象征，就举家迁到南花村居住，繁衍后代，这里的人们从无大病发生，村民们把此井视为“神泉”。

神井也是人们祈福、祭祀井水的重要空间，如南花村苗族人们举行婚礼时，新娘进村寨之后第一件事就是前往神井处去挑水，其目的并不是表现刚结婚的媳妇嫁到男方家需要劳动，而是在人们的观念中，神井具有保佑新人幸福白头、早生贵子的作用。

（三）南花村芦笙堂

芦笙堂是苗家人吹芦笙歌、跳舞的场所，每逢喜庆节日、祭祀或者贵宾来临，苗家人都会在这里聚会联欢，他们用芦笙歌舞这种传统技艺来表达自己的情感。芦笙堂的地面用石板或鹅卵石铺成“铜鼓纹”或“阿妥纹”，以表示苗族后代对祖先的缅怀和思念。

芦笙堂也是苗家人迎接贵客的场所，有宾客来，全村的男女老少都来到这里与客人同欢共乐。

芦笙堂中央的图腾柱上也有花纹，而且意义非凡。柱上的花纹是以日、月、天、地、木和蝴蝶始祖的传说为构思雕刻而成的。苗族人崇拜太阳神、自然、枫树，崇拜蝴蝶。因此把这些事物都雕于图腾柱上。图腾柱下方悬挂的铜鼓显得神秘和壮观，这正是南花村人祈福、欢庆的象征。

（四）夫妻树

如上所述，南花村是一个风景优美的地方，森林也是其中具有代表性的风景之一。人们根据树的用途或者树名来充分发挥其利用价值。从不同的角度来划分，人们把树分成了不同的类型。如从树的成长年代来看，树分为幼树、老树等；从树四季的状态来分，又分为万年青树和普通树，如松树、竹子等常年保持绿色的树就归为万年青树；还有根据树成长的形状来看，如夫妻树等。人们会根据树的不同类型赋予其不同的功能。如老树这一类，年老但仍然不枯萎，人们就会赋予其神圣的地位，人们就会在特定时期带着供品去进行祭祀；还有根据形状如被称为夫妻树这一类的树，人们就也会在一定的时间去祭拜。南花村禁止人们砍伐被赋予一定意义的树，因为对于被赋予意义的树，人们认为树并不只是它本身，而是已经和人们的生命实践相互联系。村寨里有人向我们说了这样的内容：

> 我们村寨有各种树，人们会根据其成长的年代来对其进行祭拜，也会根据其他方面进行祭拜，如人们就会把形状神似夫妻的树称为夫妻树，并进行祭拜。这些树人们都不会对其进行砍伐，因为这些树与人们的社会生活有紧密的联系。如有的夫妻长期不能生孩子，他们就会对夫妻树进行祭拜。南花村具有代表的树种——枫香树通常作为下寨的苗族人祭拜的神树。人们选择祭拜的树多数是年代久远，或是形状特别的。

一眼望去，寨子里拥有着众多的古树，绿树成荫，枝繁叶茂，把南花村保护得严严实实。从外形看不出神树与其他树有什么区别，但在村民心中，却可以从密密麻麻的古树中精确地找到它们的身影。

（五）宗教场所政治制度

为进一步加强宗教场所政治学习的制度化和规范化，村寨制定了相关制度，该制度从 2009 年 11 月起执行，具体内容如下：一是学习计划。教务管理小组按照政府宗教工作部门的部署和要求，结合本场所的工作实际，制订年度政治学习计划。二是学习内容。包括马列主义、毛泽东思想、邓小平理论、“三个代表”重要思想和科学发展观等基本方针政策教育；形势任务教育和时事政策教育；党的宗教政策、理论以及相关的法律法规。三是学习时间。每月不少于一次集中学习；信徒自学时间每月不少于 2 小时。四是学习档案。学习记录每年年底汇总一次，按年度建档。学习记录档案应长期保存。

（六）“和谐教堂”八条标准

一是爱国爱教。引导信教群众热爱祖国，拥护中国共产党的领导和社会主义制度，维护祖国统一、民族团结和社会稳定；弘扬宗教优良传统，努力与社会主义社会相适应。

二是知法守法。组织、教育、引导宗教教职人员和信教群众学习、遵守宪法和国家有关法律法规；坚持独立自主自办原则，坚决抵御境外势力利用宗教进行渗透；自觉抵制和反对邪教。

三是团结稳定。民主管理，组织成员团结，宗教教职人员关系和睦，宗教教职人员和信教群众之间关系和谐，宗教活动场所与社会空间关系融洽。

四是活动有序。宗教活动文明健康，遵守国家有关法律法规，符合本教的教义教规，努力为信教群众提供良好的宗教服务。

五是教风端正。宗教教职人员遵守教义教规，品德良好、仪态端庄、潜心修持、持守职分。

六是管理规范。管理组织健全，管理制度完善，管理方式民主，管理机制有效，管理措施到位，特别是财务管理规范。

七是安全整洁。建筑设施安全，安全措施到位；院落整洁卫生，与周围环境协调。

八是服务社会。社会责任意识强，积极开展教会公益慈善事业，服务社会服务人群。

（七）爱国爱教公约

一是拥护中国共产党的领导和社会主义制度，热爱祖国，遵守《中华人民共和国宪法》，积极为社会主义现代化建设贡献力量。

二是遵守政府的政策法令，进行正常的宗教活动。不妨碍生产和社会秩序，不利用宗教进行非法、违法活动。

三是提高警惕。防止别有用心之人利用宗教进行破坏活动，协助政府揭露和打击披着宗教外衣的犯罪分子。

四是认真学习时事政策，提高爱国主义和社会主义觉悟，做好工作，积极参加公益事业。

五是认真学习宗教知识，保护宗教文物、古迹，发扬宗教优良传统。

六是与各教派之间加强团结，互相尊重，互相爱护，共同构建和谐社会。

七是遵守教义教规，遵守社会公德，共同维护社会和谐稳定。

（八）宗教场所消防安全管理制度

一是主动接受当地政府对治安和消防安全工作的辅导和管理，并与政府有关部门签订目标责任书。

二是严格执行治安管理和消防安全的各项法律法规，积极开展安全和消防知识的宣传教育和培训。

三是定期、不定期开展安全隐患排查和各项治理工作，随时对场所内的电源等进行检查，发现安全隐患及时整改。定期对场所内的消防设施、灭火器材进行检查，确保其安全有效。

四是配合有关部门做好重点时节（安全月、重大宗教节日、夏、冬季）的安全稳定工作。若有重大事故发生，要及时向政府宗教管理机关和有关部门报告，配合当地政府和有关部门进行妥善处理。

（九）宗教场所卫生防疫管理制度

一是宗教活动场所在所辖范围内搞好美化、绿化，使场所成为清洁幽静、环境优美的地方。

二是信众、游客要保护场所内文物古迹和注意环境卫生，不得在场所内乱刻乱画、乱扔果皮纸屑等。

三是宗教场所内的食堂、厨房要做好卫生工作，严防陈腐食品入口，自觉接受政府卫生管理部门的检查指导。

四是宗教场所范围内随时保持无纸屑、积尘、烟头痰渍等。

五是建立卫生值班制度，在宗教活动完成后，安排人员进行清扫，在宗教节庆安排大扫除。

四、礼仪类型

人们认为形状特殊的物是灵物，供奉它能够驱邪。不同的村寨祭祀对象有差异，南花村祭祀对象丰富，祭祀的对象有树、山、水、桥等。对于各种物的祭祀是因为这些物与人们的生活关系密切。

（一）祭树仪式

通常，很多苗族村寨都选择大树来祭祀，但是南花村是对小树进行祭祀，因为他们很多仪式是在家进行的，而通常在家举行仪式时需要小的竹子或者小的神树。小的神树一般是家里自己培植的，种植在自己家的山林里，并且离住宅不远。他们培植的小神树多是杉树，从小都是长得笔直的，南花村的很多家庭都有。

（二）祭桥仪式

搭桥主要是针对经常哭闹的新生儿或者是 12 岁以下的小孩举行的一种消

灾消难的仪式。据老人们回忆，过去很多人家的孩子都非常之多，但是存活的数量特别有限，而且医疗水平较差，特别是年龄较小的孩子死亡率较高。因此，在孩子哭闹或者生病时，人们通常会请当地的鬼师来为小孩做消除灾难的仪式。他们认为，小孩出现这种状况与出现“不干净的东西”有关，家人就会去请寨子里的鬼师来为孩子举行搭桥仪式。搭桥仪式所需要的物包括两个鸡蛋、鱼，主人家把这些煮好后，就找一个能够搭桥的地方象征性地搭一座“桥”。搭桥的地方通常选择的地方是三岔路口，找好地方后，主人家就带鬼师和他的帮手们到主人家的森林去砍一棵自己培植在山林的小神树（小神树通常有几棵，培植的这些神树就是为做神树的仪式而准备的，如搭桥这类的仪式就需要用这些小神树。这些小树的种类也是适合当地地理环境种植的，据当地鬼师介绍，主要包括松树、竹子、杉树等）。小神树需要准备几棵，并且高度不能太高，除了用来象征性地搭桥以外，还要插在主人家的堂屋里以作驱邪之用。帮手们把神树准备好后就交给鬼师搭桥，仪式是这样的：在三岔路口，挖一个凹形，在两边利用石头垫好，在上面搭上几棵神树，然后在神树上方放上石板，把准备好的鸡蛋和鱼摆放在石板上，然后鬼师就在“桥”旁一边吹着他的法器，一边念诵驱邪词。歌词如：神灵们，祖神们，今天为你们搭建了桥，为你们带来了很多吃的东西，鸡蛋、鸡肉等都是你们喜欢吃的，搭建了桥为你们的行走带来方便，以后不要来影响小辈们的生活了。

据笔者调查，搭桥礼仪如今还在南花村中盛行。上寨的潘家氏族信仰基督教，他们通常是请当地的教徒来祷告以达到消灾的目的，就不再请鬼师来行使消灾仪式。下寨的两个姓氏的苗族不信仰基督教，因此，搭桥仪式还在他们家族之中盛行。当然，此仪式不仅仅在该村仍然发挥其作用，在其他的苗族寨子也还有请鬼师去举行这一礼仪的。笔者在调查该村时，也遇到了其他苗族寨子的人来请鬼师去为他们哭闹、不乖的小孩行使搭桥礼仪。鬼师这一职业就是因为很多消灾仪式在村庄的存活而延存，若没有这一类仪式的存在，他们也随之消失。因此，职业的存在和礼仪的存活是相辅相成、互相呼应的。即使今天医学发达，民间的医疗方式也还在延续，民间医疗和医院医疗同时在人们的生活中发挥作用，通常情况下，在病症处于轻微的情况下，人们都会请鬼师来做搭桥仪式以期起到消灾的效果。小孩的哭闹处于轻微的状况下，人们认为鬼师居住在本村，并且大家都相互比较熟悉，而且收取的费用很低，通常他们都不收取费用。但是主人家出于答谢或者是为了小孩的平安，都会象征性给点食物或者钱。总之，时间、财力、人力方面都花费得比较少。因此人们就会认为，为了平安，即使稍有哭闹也会为小孩做该类仪式。通常，人们都会先到医院进行医治，在医院医治效果不明显的情况下，主人就会请鬼师来行使此仪式，因为在无助的情况下，只有请求地方医疗，这是当地人普遍选择的方法。也有的人说，到处无法医治而鬼师来行驶礼仪后达到效果的例子也有很多。因此，人们就会相互劝使主人家邀请鬼师来行使此礼仪，主人家为了达到家人安康的目的也会利用传统的方式。因此，即使在社会发展的今天，很多传统的地方知识仍然并行着现代技术，在人们的生活之中共同发挥作用，互相补充，互相促进，互相影响，达到了各美其美，美美与共，和谐发展。

搭桥礼仪在多种情况下都有可能举行，没有孩子的人家为了求得孩子，有孩子的人家为了孩子的健康成长都会进行搭桥仪式，目的都是实现心中的期望。敬桥的仪式有隆重的也有简单的，分为大敬或者小敬。相对隆重的敬桥仪式通过良好的仪式环境和丰富的食物来实现，在物质不丰富的年代，隆重的敬桥仪式的举行需要看家庭经济条件是否宽裕。因此，隆重与否也是家庭经济的反映，而今天在大部分人家物质经济条件相对宽裕的情况下，物质的丰富对于每一个家庭来说基本都可以实现。因此，仪式物质丰富显然已经不是判断家庭是否富裕的标准。从调查来看，人们对待仪式是否诚意的表现主要是看种类，种类丰富就行，并不追求数量的多少，浪费反而会使得人们反感。因此，不同社会背景之下，人们的观念也随之发生变化，行为方式、内容都会随之发生变化。因此，搭桥仪式物质的种类相对较丰富，特别是建新桥时，鸭子至少 1 只、蛋 2 ～ 5 个、鲤鱼至少 2 条、酒至少 1 坛、两碗糯米饭，有的还有苹果、梨等。这些食物都需要带到礼仪现场，并且拿去时都是生的，需要到现场才能煮。建立新桥满 3 年以后还要邀请家族、邻居、好友们一起在相同的地方再次举行较大的礼仪，这一次因为参加的人相对较多，规模相对较大。因此，食物比较丰富。不仅仅具有上述食物种类之外，还有猪肉、羊肉等。若是小规模的相对较小的敬桥仪式，在搭桥时所需要的食物相对较少，但是有的食物也不能少，如鸡蛋 2 个、鲤鱼 2 条、酒 1 壶、2 碗糯米饭。通常搭了桥过了 2 年后，就只是请弟兄们一起喝酒，用的食物主要有公鸡 1 只、鲤鱼 3 ～ 5 条、酒 1 壶、3 升糯米饭。比较而言，种类相似，只是数量、种类相对少些。

（三）捆树仪式

在南花村非基督教徒的苗族家庭里，当小孩子总是哭闹或是生病，比如孩子手脚生泡，吃药或是擦药都不好，家长就会去请寨子里的鬼师去为孩子举行“捆树仪式”。“捆树仪式”是在白天举行，主人家请鬼师到家之后，主人家就会根据鬼师的要求准备一些物品，主要是两只鸡、两只鸭、两个鸡蛋和两条鱼。在所准备的物品中，特别注重是成双成对的。在准备好物品之后就会请鬼师做法，鬼师主要是念一些术语。念完之后就会捆一些东西挂到树上，捆在树上的主要是有木棍、辣椒、红纸等。

图4.6　捆树仪式（黄启香摄）

（四）门上仪式

家里有人生病去医院久治不愈，就会请村里的鬼师前来举行仪式。一般用到的物品就是狗的心脏、白纸、竹条。主人家买狗在家等鬼师，鬼师到了之后，鬼师就杀狗取出狗的心脏，并念一些经，把煮熟的狗的心脏让病人吃了。之后就把准备好的竹条弄成连续不断的圈，而圈数则根据患病者的年龄来定，一般是30岁以下的就弄成3个圈，50岁以上的就弄成5个圈，并把白纸也挂在竹圈上，最后挂在门上。

图4.7　门上仪式布置（黄启香摄）

（五）门边仪式

死亡有正常死亡与非正常死亡之分，南花村针对非正常死亡的亲人，他们有一套自己的解决方式。在南花村，如果家中有亲人在外面死亡，死者就不能进家门，也不能和祖先共用香火，只能在门边为其另外立一个可供香火的地方。也鬼师举行门边仪式，一般用到的东西就是白纸、一块木板、

图4.8　门边仪式布置（黄启香摄）

两个碗、白纸和一个可插香火的瓶子。

（六）缓解矛盾的仪式

共同居住于一个地理空间，人们在日常生活中难免会产生摩擦或者矛盾。为了缓解矛盾，防止村民与村民之间、家人与家人之间的矛盾恶化，巩固家庭的和谐，促进村子的稳定，在历史发展的长河中就产生了具有当地地方特色的缓解矛盾仪式。

在南花村，要是家中有人吵架，其家人就会觉得可能是吵架之人被不干净的东西附身，就请寨子里的鬼师来为他们举行仪式，希望能够以此来缓解吵架者之间的关系。缓解矛盾的仪式主要针对产生矛盾之人举行，家人拿着他们的生辰八字给鬼师占卜，让鬼师找到到底是什么不干净的东西影响了他，并且占卜好举行仪式的时间。举行缓解矛盾仪式需要准备的东西一般就是鸡、酒、糯米等。

综上所述，南花村的民间宗教实践贯穿于人们的行为之中。

第五章　礼仪的整体性互动

由上述内容可知，礼仪渗透于南花村人们的社会生活之中，体现在一年的季节变化、人的生命历程、人们的交往等过程中。这些礼仪一直以来伴随着人们的生产、生活，可见它们并不是无意义、无缘由地产生、发展和运行的，我们总是在礼仪中渗透着的自然地理、历史文化、政治制度、经济等内容中找到礼仪传承的理由和意义。它们蕴含着、传承着、解释着人们的过去，同时塑造着、延续着、维系着人们的现在和将来，也同样鼓舞、开创人们的未来。在均匀、无差别、连绵不断的时间之中，若人们的社会生活之中没有丰富多彩的礼仪和人文的对话，人类生活将是无秩序的、混乱的，人们会缺乏很多精神气息和乐趣，会难以领会五彩缤纷的人文世界，无法感受文明的生活。

据我们对南花村苗族民众的社会生活调查可知，我们通常看到的、听到的很多礼仪都是反复进行的礼仪，如很多节日礼仪、消灾礼仪、人生礼仪都是反复进行，似乎没有什么变样，但其意义却发生了深刻的变化，这取决于时空背景。南花村在这样一个充满变革的时代环境之中，虽然礼仪本身变化不大，但是其代表的深刻意义却发生了改变。对于礼仪这种灵活的、动态的行为方式，尽管在不同时空之中重复的礼仪形式大体上不变，但举行礼仪的确切的风格会不同，因为风格不同，意义就会发生变化。如礼仪得到良好的或糟糕的举行，或精心安排或缺乏准备，参与人是烦闷、茫然或兴趣盎然、满腔热忱等都是不同时空中仪式的重要意义所在。也就是说，从表面上看与以往一样的礼仪，它的意义可能都会发生变化，这一点与礼仪的时空背景有密切联系。仅仅局限在仪式文本本身进行阐释，就不能从具体的时空环境之中提供礼仪之意义的阐释。①

实际上，礼仪的传承是一个动态系统，它不是封闭的，是随着国家、经济、政治、社会、文化的变化而变化的，是一个互动机制下的动态的传承。因此，要了解礼仪的意义，我们需要建立在广泛的时空背景之中，也就是不能仅仅独立于一切原因、一切目的、一切背景的内在结构而进行解释。在广泛时空背景之中进行礼仪的解释，不仅仅是为了获得额外的信息，也是使我们自身拥有一种途径，能够更好地获得信息，进而能够更深层次地理解其意义。显然，这样做比我们仅仅阅读文本所获得的东西更多。因此，为了重新发现仪式的意义，有必要将南花村礼仪放在与之互动的社会、政治、经济以及文化环境之中进行分析。将礼仪文本放在其所发生的具体背景之中，有利于开展更深入的解释。下面具体讨论与南花村礼仪在政治时空、地理生态时空、文化时空之中多方面的互动。

第一节　礼仪与国家权力的互动

国家在不同时期对乡村社会动态的介入，对社会结构和经济状况的影响等方面存在差异。需要考虑到这些问题，如不同时期国家与礼仪的互动，诸如丰富的物质、人们的美好生活、幸福观的反映是什么，如何从礼仪之中反映？还有人们对于礼仪的态度如何，是认知的还是关心的？地方政府在执行政策是怎样的，在礼仪之中如何反映？从以上角度去考察礼仪，从而反映其深刻意义。如果按照这样的方式把礼仪置于国家影响之中进行评价，就会发现礼仪的意义。实际上，礼仪与环境互动问题的考察是一条解释礼仪变迁与礼仪意义的有效途径。

① 霍布斯鲍姆、兰格：《传统的发明》，顾杭、庞冠群译，译林出版社，2004 年，第 135-136 页。

第一，1949 年前，社会动荡，国家介入地方的机会不多，人们对于礼仪的举行更重要的是出于保障自身生活的目的，看重的是文化的经济效益，也就是主要关注文化对于物质方面的贡献。大部分苗族在民国初年信奉了基督教，因为当时基督教的传播方式采取的是在地方实行经济扶贫，为当地人解决就医、就学等方面的问题。大量的外来文化对地方产生影响，对礼仪文化的影响就是其中重要的一个方面。在基督教传入的过程中，基督教文化的地方化、宽容性、包容性使地方文化在传播自身文化时，无形之中也渗透了基督教文化。当然，不同的礼仪受到外来文化的影响程度不同，同样的时空背景中，不同的人群受到影响的程度也不同。

第二，"文化大革命"时期，很多礼仪活动被认为是迷信思想，受到了打压。地方虽然也在偷偷地进行各种礼仪，但是很多内容都会被模糊化了。在此时空背景下举行的礼仪是对于民族文化的自我认同，对记忆的实践。

第三，改革开放后，文化得到复兴，更重视传统文化的魅力，对于很多消失的礼仪，官方和地方一起进行恢复，官方进行引导和支持，而地方主要结合实际情况进行复兴，并不是对每种礼仪都进行复兴，人们会从利益出发去考虑仪式恢复的必要性。因此，他们对礼仪的恢复更多考虑的是礼仪的价值所在，在此情况下举行的礼仪，也就有了广泛的认同。对于礼仪的看重不仅仅局限于地方，整个国家都在不断复兴消失或处于濒危的文化，一些历史悠久的、消失多年的礼仪也在复兴。新制度、新规则的时空环境之中打造出新的文化，被赋予了新时代的文化魅力。

第四，当今更注重对于传统村落文化、美丽山村的建设。乡村振兴背景下，有的村落需要发展旅游、振兴传统文化来发展地方的社会、经济、文化，从而使得人民群众过上好的生活。如今是一个人口流动大、乡村村落景观受到破坏的现代社会，在这样的环境之中，凝聚丰富文化的乡村是我们必须重视的精神家园。对乡村精神家园的建设需要结合不同的、具体的农村情况来处理。对于南花村来说，从自身需要出发发展地方文化、发展旅游是地方致富的重要途径，其中礼仪的打造是重要内容之一。在改革开放后，很多具有丰富文化内涵的礼仪得到复兴也是重要的传承方式之一。

第二节 礼仪与地理环境的互动

如前所述，南花村是一个植被丰富、自然环境保护相对较好的村寨，整个村子都被古树覆盖得严严实实。其林地面积2000亩，森林蓄积量7000立方米，森林覆盖率达83.2%。2014年12月5日，凯里市人民政府为其古树马尾松、枫香、杉木、木荷等挂上了凯里市古树名木保护牌。为保护森林、严防火灾，凯里市人民政府于2016年12月30日制定了《凯里市人民政府森林防火通告》，于2016年向南花村发放森林生态效益国家级公益林补偿基金。2000年5月，南花村被授予“农业部生态家园富民示范村”。当地不仅森林覆盖率高，而且地表水环境质量好，水资源丰富，水源从山顶的神泉处流出，直接引入农田进行灌溉，在村里没安装水管时，这股水经常供人们饮用。不仅山上井水丰富，而且山脚还有一条巴拉河，巴拉流经的区域面积达100多平方千米，给人们提供了充足的灌溉水源。据当地人介绍，1993—1995年，南花村就制订了工作计划，建成了2000米黑冲至寨头的水利沟渠，该村还自筹部分资金加上上级补助部分，完成了全村的人蓄饮水工程。2004年7月，国家旅游局授予南花村“全国农业旅游示范点”。地方生态好是多方面的齐心协力的结果。政府还对农村环境进行综合整治，凯里市环保部发放垃圾箱、垃圾车等用于南花村环境整治工作。从1994年开始，南花村就注重环保问题，三棵树镇政府协助南花村逐渐形成了一套环保管理机制，三棵树镇政府聘请两名保洁员专门负责打扫桥头的白色垃圾，村委聘请一名保洁员负责全村公共区域卫生，各家门前严格实行门前三包责任制。这个机制形成后，村民们基本上做到及时清扫，还自发在家里比较隐蔽的地方修起了小棚子，用于堆放牲畜的粪便。2016年10月到2016年12月，南花村将财政拨款项目的资金11.27万元用于环境的综合治理，共建成饮用水源保护警示牌3块、移动式垃圾斗3个、垃圾箱20个、垃圾手推车3辆、三轮电动垃圾清运车2辆、环卫工具15套、生活污水管网建设449米、项目公示牌1块。三棵树政府制定了《三棵树镇南花村卫生清洁制度》，以村或组为单位，推行七天一整治、一月一评比的卫生整治长效机制。

村里的环保工作因此能有效开展，为礼仪的举行、开展提供了良好的条件。下面可以具体从仪式实践涉及的物、空间等来看地方文化与生态的适应和互动。

第一类，仪式中物的地理生态性。一是米酒。苗族是一个酒文化浓厚的民族，黔东南地区的苗族酿的酒多为米酒。南花村酿酒历史悠久，酒味道醇厚，来的游客无不称赞。米酒是苗族人民节日庆典的必需品，也是祭祖、招待客人的必需品。苗族人民会常说一句话“有空来我家喝酒”。米酒在苗族人的生活是不可或缺的，要是家里来客人而没有酒的招待，客人会不开心，会认为是被轻视了。酒文化不仅仅是一种饮食文化，更多的是一个情感媒介、一个交流感情的载体。在采访小卖部的一名中年男子时，他简单地描述了酿酒工艺的流程。首先是将糯米煮熟，接着放入酒曲，封密一个多月后取出，此时米酒呈液体状，再用锅及其他器具蒸煮，醇香的米酒便酿成了。二是腌肉。要做腊肉，首先得选好鲜肉，选取的肉为五花肉，乡村做腊肉用的都是自家宰杀的猪肉，肉质较为结实。接着将五花肉切成条状，洗净后，烧一锅热水，将五花肉往锅里的开水过一遍，这么做是为了不让生水留在肉上。把过水后的肉拿出来，用食盐腌制，依据口味的不同调整盐量。黔东南人们口味都偏重，盐放得多一些，还会放一些花椒，大约腌制一星期。腌制好以后，在肉上扎一个孔，穿上棉线，然后把肉拿去外面晾干。晒的进程中一定要防止接触到水，通常晒四五天，肉皮成为暗红色就能够了。乡村都有熏腊肉用的炕，把腊肉放上去，再把一些配料也放上去，如陈皮等，熏制 3 天左右便可以了。腌肉保存时间长，可煮可炒，是南花村民较为喜爱的食物。三是河鱼。河鱼是指当地的村民到巴拉河边捕捉的鱼类，鱼有大有小。河鱼的做法主要有两种，一种是把捕捉来的鱼洗干净后放入簸箕晾干，之后用油炸，拇指般大小的炸鱼松软酥脆，实属美味。另外一种做法便是将鱼洗净，与稻田鱼一起煮酸汤鱼。捕捉河鱼花费精力多，且鱼的产量少、价格高，但很美味。四是腌葱果。腌葱果馨香美味，是南花村人民心爱的美食之一。南花村人喜欢吃腌葱果是因为它清凉爽口，提神解暑。腌葱果最适合夏天食用，不仅解暑，还可以增进食欲。腌葱果制作方法为：春末夏初，将葱果晒蔫，用白酒、干辣椒、甜酒等调料品加入并装入坛中，密封十余天后，揭开坛子，即可食用。

图5.1　南花村妇女在煮糯米（黄启香摄）

图5.2　接酿成的糯米酒（一）（黄启香摄）

5.3　接酿成的糯米酒（二）（黄启香摄）

第二类是礼仪实践空间的地理生态性。一是吊脚楼。苗家吊脚楼建立在斜坡上，把地削成一个“厂”字形的土台，土台之下有木柱支撑，按土台高度装上枋和横梁，与土台取平。房顶大多盖轻瓦，平顺严密。一栋栋吊脚楼浮沉于朝雾夕烟中，有如海市蜃楼。吊脚楼一般以四排三间为一栋，一般为三层，上层可存放物件，中层住人，下层围栏立圈，作堆放杂物或关养牲畜之用。苗族有一个植树造林的民间故事：

> 有个冬神农，她踏着白云，转身向南行，生串串大山；回身朝北走，生重重峻岭，生山有了巅，才撑住了天，生谷有了涧，才镇住了地。生山是光山，像石头溜溜；生岭是秃岭，象口锅倒立。周身无衣遮，遍体无裙围。有个宝温神，她从天宫来，带来万物种，样样有七筒；有的是椿树，有的是杉、茶，有的是茅草，有的是芦苇，还有岩清杆，向南把种撒，朝北把籽抛。给山岭缝衣，给山岭穿衣，给山岭穿裙，山才绿茵茵，岭才青幽幽。①

该故事讲述了苗族祖先从北向南迁徙而来之时，面对的山、地等都是光秃秃的一片，后来他们的祖先在居住地种下了各种树木和植物，如适合南方气候种植的树种有椿树、杉树、茶叶、清杆、芦苇、茅草等，从而使得光山变成了绿树成荫。此故事流传于黔东南一带的苗族地区。二是寨门。寨门是苗族古老的建筑，从古至今一直都有，南花村的寨门也秉承了苗族文化特色，保留了苗族建筑中一些特有的元素。在以前，南花村有六个寨门，那时的寨门主要是为了抵御强盗和土匪。现今，政府为助推旅游发展，维护村容村貌，积极构建村子完整的建筑格局。南花村村民不仅继续维持着从前的传统，而且也配合政府的工作。南花村还保存有两个寨门，一个是比较陈旧的，一个是重新翻修的，寨门的中间是空的，可供来往的车辆和行人通过，旁边分别由四根柱子支撑

① 丹寨县民族事务委员会、丹寨县文化馆编印：《丹寨苗族民间文学资料（第一集）》，1981，第2页。

着，用“美人靠”两两连接，两边分别形成两个正方形的空间，人们可以在此避雨、乘凉。顺着寨门往上看，可以看到寨门的正前方还挂着南花村的牌匾，告诉人们，这个地方叫作“南花村”。寨门是人们初入南花村时最先进入视野的，会让人记忆深刻，许多来游玩的人都喜欢在此拍照留念。三是南花村桥。以前村民们出行很不方便，于1994年开始，村里面开始组织修建南花村大桥，该桥位于该村脚顺河400米处，这里河面较窄，两岸都是岩石，适合建桥。以前要到达南花村只能通过划船，如今，南花村桥成了泸榕公路通往南花村苗寨的交通要道，也是巴拉河沿岸的苗族人民休息、纳凉以及举行活动的场所。每逢佳节，男女老少云集于此，开展对歌、吹笙、跳月、游方活动。这座桥体现了苗族建筑与民间文化艺术的完美结合。南花村桥全长约70米，它的地面和靠栏都是用混凝土修筑的，有60根柱子分别挺立在桥的两边，促成这气势宏伟的大桥。在拱桥的大拱圈上设置了小拱，用支柱来支撑桥面，从而减轻桥梁的重量并增大桥梁泄水能力。四是巴拉河。清水江有着众多支流，它的其中一条支流自三棵树镇流过，这条溪流有着一个美丽的名字，叫作“巴拉河”，据说“巴拉”是苗语的音译，有两种意思，一种是美丽、清澈，另一种是“天赐之河”。巴拉河清澈明亮的河水，引人注目，河的两岸是野营的朋友们喜爱之

图5.4　南花桥（黄启香摄）

图5.5　南花村寨门（先放梅摄）

地。岸边还有农家乐，人们常在这里开展简易的烧烤派对，欢饮达旦，与南花村的风景形成一幅充满和谐、美丽的画卷。五是长廊。游走在南花村鹅卵石的小路上，右边是蔓藤遮挡的石壁，左边是一排排的长廊。长廊由两大部分构成，每一部分都像自立门户一样，都有自己专属的名字，分别叫作“议事亭”和“法治长廊”。长廊由木材搭建而成，由很多根柱子与“美人靠”组成，地面全是一块块的小木板铺成的。长廊不只是木材的堆砌，里面还拥有关于法治的种种宣传，随处可见的几个宣传小标语和小故事，都是关于法治的。其中有个小故事：“春秋战国时期，为了树立威信，推进变法，秦国商鞅下令在都城南门外立一根三丈长的木头，并许诺：‘谁能把木头搬到北门，赏金十两。’围观的人不相信如此轻而易举的事能得到如此高的赏赐，结果没人肯出手一试。于是，商鞅将赏金提高到 50 两。重赏之下必有勇夫，终于有人将木头扛到了北门，商鞅立即赏了他 50 两。商鞅这一举动，在百姓心中树立起了威信，变法就很快在秦国推广开来，秦国渐渐强盛更，最终统一了全国。”路人在此地休息、闲聊，似乎与这里的主题显得格格不入，其实想想也不矛盾，或许法治文化塑造的是一种氛围，而人们的闲情逸致体现的是一种人文情怀。六是南花村神井。这是位于山坡上的一处景观，远远望去，令人望而却步，仿佛里面有着不容亵渎的神灵。村民们为神井修筑了一个亭子，亭子的顶部有两层瓦砾，亭子由八根柱子支撑，前面的两根柱子由具有苗族特色的“美人靠”连接。“美人靠”的正对面，每天都在涌出清冽的泉水，泉水可用于灌溉水田，也可供甘露给路过的人和动物解口干舌燥之急。

图5.6 吊脚楼（黄启香摄）

第三类是民间故事的地理生态性。实际上，在人们的社会生活之中，不仅仅礼仪行为实践中体现了与地理生态的适应，还有苗族社会之中流传的民间故事也体现着社会文化与地理环境的适应，体现的是万物合一的哲学观。如在南花村流传的十二个蛋的故事：

往刚和沙局，往共和沙地，他们四个公，各在天一方；往共在东方，沙地在西方，往局在南方。他们四个公，一起去挖岩，凿成哥凹凹，拿石板来盖。他们四个公，一人从东方，一人从西方，一人从南方，一人从北方，吹来三口气。那个岩凹凹，盖上青石板，一年刚刚满。他们四个公，搬掉青石板，低头向下看，有个岩妈妈，她从石凹里，慢慢走出来。这个岩妈妈，出生满三年。四个老公公说，开口对她说：请你下沙滩，住在山脚下。岩妈妈听了话，住在山脚下，脸面朝东方，脊背朝西方。东方摇三摇，西方晃了晃，岩妈妈很生气，生十二个蛋；孵蛋十二月，出了十二崽。龙是第二个，去海里休息。雷是第三个，雷向天上走，去天上睡觉。人是第四个，人来到世上，人就会说话。虎是第五个，虎住山林；鹿是第六个，鹿生九支角，九角共一桩。牛是第七个，牛来犁山坡。鸟是第八个，鸟儿到处飞，沟边吃野果。羊是第九个，羊儿一来到，开口就咩咩叫。蛇是第十个，钻进茅草丛。野猫是十一，野猫进山林。马是十二个，马来驮人，马吃嫩草。姜央是老大，还没孵出来，岩妈受不了，请老鹰抱，老鹰又推辞，岩妈妈央求道：请你帮我抱，以后我喂鸡，在灶变捡米，你可抓鸡吃，当作财力送。老鹰答应了，过了一个月，姜央出来了，姜央开口说，我去种田去，养活我妈妈。岩妈妈就说，各自去远方，各自显本领。雷公上高顶，雷开口就回答，我要劈杉树，我要劈房子，岩妈吩咐说，不能劈房子，不能劈杉树，你要劈杉树，定死在树上。她对老虎说，本事有多大。老虎开口说，二天你仔大，我就吃掉他，岩妈开口说，我仔手脚快，坡上安圈套，射中你胸口，你就活不了……”①

该故事中叙述了岩石妈妈生的十二个孩子，有在天上生活的雷，有海里生活的龙，有地上生活的人，有吃草的、为人们服务的马，有陆地上生活的虎等。无论是天上的、地上的、水里的都各显神通，各有其本领，不能够敌对对方，若相互发生斗争，必然带来一方的消失等。表现了各物都是宇宙中不可缺

① 丹寨县民族事务委员会、丹寨县文化馆编印：《丹寨苗族民间文学资料（第一集）》，1981，第15-16页。

少的，各自都能有其作用，体现宇宙万物本是同根生的思想内涵，深刻反映了万物之间相互联结、相互统一的生态哲学观。

第四，礼仪中饮食种类的环境适应性。由上述礼仪活动内容可知，很多礼仪中礼物的互赠、饮食等方面都离不开鱼、糯米等。实际上，礼物和当地生态环境相互适应，一定的地方生态环境为礼仪中的礼物种类提供了选择的可能，另外，礼仪文化也促进了食物的消费，从而建构了供给与需求之间的关系。如当地气候湿润、温度适益，当地苗族人在夏季通常在水田里喂养稻田鱼，当然，不仅仅南花村这样的村寨喂养水田鱼，周边很多地方也是如此，并且不仅仅限于苗族人，汉族、侗族等民族也有喂养水田鱼的习惯。为此有的地方还有特别的节日礼仪活动，如戏鱼节，在此节日中，不仅当地人可以到水田里捉鱼，游客也能下水田捉鱼，并且捉到的鱼可以带走，也可以拿到当地的农家乐去烤。如上所述，在很多节日礼仪活动中，鱼是互赠礼物的时不可缺少的，如姑妈节时，我们就会看到姑妈们挑着自己家喂养的水田鱼回娘家，即使娘家也喂养水田鱼，但是姑妈们也要赠送给娘家，表达了共享美味的意思，“有难同当、有福同享”的理念在村寨中延续着。

第三节　礼仪与社会经济、娱乐审美的互动

第一，礼仪与社会经济的互动。据调查，南花村有很多大型的礼仪活动，如苗族 13 年一次的鼓藏节，还有盛行当地的姑妈节、年节，还有出生礼仪、结婚礼仪、葬礼等隆重的礼仪，这些隆重的礼仪很多都需要有足够的经济实力才能承担。由于这些隆重的礼仪需要大量的物力、财力等方面的消费，单一的家庭通常难以胜任，人们为了减轻负担，采取大家共同出资、共同互助的方式进行。并且还有这样的情况，有的礼仪活动消耗非常之大，圆满、成功的办理需要具备一定的经济实力，没有一定的财力积累难以办理。因此，人们不会每一年都举行，而是选择收成好、经济比较景气、人们热情度比较高、发展顺利的年头才举办。很多大型礼仪活动都是公开举行的，临时参加的人员很多，不

仅当地人素来关心这样的大型活动，同时也是很多当地各民族同胞、外来游客等都关心的。办理此类大型的礼仪需要整合多方面的力量。虽然这样需要耗费很多精力，但是人们都希望办理这样的礼仪活动，这样的活动会使得村寨的影响力增强。若人们办理此类大型活动的激情高的话，各方（如政府、外来企业家或其他社会力量）都会伸手援助。目前看来，随着社会经济的发展，当地旅游业受到了当地人和政府等多方面的重视，很多礼仪也有复兴的迹象。据当地人介绍，姑妈节、芦笙节很多年没有庆祝了，但是他们认为，这样的传统节日应该恢复起来，因为这样的节日活动有利于人的流动，有助于人们的交流和群体凝聚力的提升，对于当地发展旅游业等也有很重要的意义。游客们来此地不仅仅可以欣赏到当地的生态美，同时还可以看到移风易俗的礼仪活动，这也是很多游客来此地的重要目的。显然，对地方民俗文化的重视必然影响旅游的发展，礼仪带来地方旅游经济的增长。从村寨的地方民歌中也可以看到旅游与村寨文化的互动，如："苗寨南花村名远扬，招来四海客观光。周年造访人涌流，东道姑娘敬酒香。"

第二，娱乐审美。人们对很多大型的礼仪活动都很渴望，在节日还没有正式到来之际，村里的人们就开始活络起来。当确定举行节日活动后，人们就会向外面的亲戚、朋友宣传。当地人认为随着经济的发展，人们的物质的充沛，愉快、幸福的生活也需要当地传统的大型礼仪活动来增添色彩。即使大型节日礼仪活动过完了，人们都会长期有着一种念念不忘的心理，如目前很多老人都还会回忆很多年前举行的大型的节日礼仪活动，他们都会记忆起很多美好的事情、热闹的氛围等。人们听到他们的描述都会身临其境一般，都希望这样的大型娱乐活动会重新上演。

每逢节日，寨子里的人们都会放下手头的工作和家人或者村寨乃至于外村来的客人、亲朋好友一起共度，大家一边聊起家常，一边共享美味佳肴。特别是在农闲时节，大家都会互相串户串寨，有的人不熟悉但是通过节日会相互熟悉起来，由陌生走向共同了解，有的通过这样的共聚互相联亲建立亲情或者是姻亲。人们并非只是为过节而过节，而是通过过节这样的礼仪活动人们可以了解更多的节日之外的事情。在这样特殊、隆重的节日之中，人们可以毫无保留、放开心情尽情地享受其中的美妙，因而在这样特殊的节日中看到了相对真实的自我，平时压抑的、沉重的心情都会随之放开，人们都会畅所欲言。如果在这样的场合若有所保留，人们之间就会对这种行为感到疑惑，就会产生对对方的怀疑，就如同象征人类学家特纳所述的，这是处于阈限阶段，阈限阶段之中人们是处于模糊状态的，人们是在相对平等的时空环境之中活动的，因而，在这样的时空中人们就会以此背景来相互了解。当然，放开心情可以通过很多方式来展现，饮酒、狂欢是一种常见的方式。在南花村，饮酒是一种常礼，这在其他民族中也较为普遍，当然，不同时空不同民族饮酒的礼仪规定也有差异。人们的交往也可以通过饮酒来建立，喝酒的姿态、态度的恰当与否都会影响到对彼此的印象以及是否还有后续的交往。当然，喝酒不仅仅在节日礼仪活动之中进行，在其他的很多时候也会饮酒，如建设房屋等人数较多的场合都是离不开酒的。喝酒并不是喝闷酒，不是劝酒，而是在愉快的心境之中畅饮。人们齐聚酒桌，有歌声伴随，在场的人都有自己擅长的民族歌曲，还会有丰富的舞蹈伴随酒席。时而拜谈、时而歌舞伴随，在快乐的情景之中畅饮，人们在酒席之中并不只是喝酒，而是伴随着幽默的故事、幽默的话语，在优美的歌舞之中相互了解，彼此认知。在场的人都不是因为要喝酒而来这样的场合，特别是物质丰富的今天，人们不会因为酒的缺乏来找酒喝，人们共聚的目的是放松。通常，人们都会和相互熟悉或者相同年龄阶段的人挨在一起宴饮。因此，在选择座位空间时，人们都是在相互了解的基础上进行的。村寨是一个人们相互熟悉的空间，在相互熟悉中，人们就会对其他人进行分类，有的以年龄，有的以性格等。当然，并不是同一空间的人们都会相互投缘，能够建立融洽的关系，他们除了以群体共同知识的结构来进行划分，也会以个人的性格偏好、活动的特点等方面综合系统地考虑后选择自己适合的区域空间。

在很多隆重的大型礼仪活动的参与过程中，人们展现的是喜悦之情。在很多前面讲述的节日礼仪等盛会中，人们心理都感到高兴，特别是在节日将近之际，或者说在很多大型礼仪活动时间固定后，人们都会以倒计时的方式期望节日的到来，人们都会盘算如何接待参加盛会的好友们，人们会考虑某家与村寨的人们有何种社会关系，某家与某家是旧交，某些人会赶到，某家需要亲自请。因为，外村的人们举行大型的礼仪活动时，人们都是相互请去待几天。因此需要考虑房间的腾空。因此，在准备很多大型的娱乐活动时，和彼此关系较好的人员无论是血亲还是有其他各种亲缘关系，人们都会亲自去请来参加。很多大型的娱乐礼仪活动不仅仅是个人或者某个群体的事情，而是大家都要一起张罗，体会自己作为村寨的一员需要履行各自的职责的同时，都能充分享受快乐。这样的大型活动能体现人们作为村寨主人翁的地位，村寨的每个成员都要以主人翁的态度来对待此类礼仪活动。人们认识到，礼仪举办是否顺利会关系到一个村寨的名誉、声望，若办得顺利，能体现村寨的凝聚力。

第四节　礼仪与族群文化记忆的互动

不同民族都有不同的仪式歌曲，利用不同的语言来传承，其中是该民族社会生活、社会历史文化的各种观念的表达。很多礼仪活动伴随着仪式歌，如葬礼有葬礼歌、婚礼有婚礼歌曲、接待客人有不同的欢迎歌等。南花村苗族也是根据不同的时空、不同的礼仪内容吟唱不同的礼仪歌曲，利用这样的实践来反映社会历史文化记忆进而加强民族认同。

南花村，意为欧花河下方。如同上述介绍内容，它是一个苗族村落，但也是一个多元文化渗透的村落。该村的民族文化保存得比较完整，旅游在该村已经进行了多年，这也使很多民族文化活动受到当地人的重视。这些体现民族文化的活动不仅仅可以传承本民族的文化，同时也能给村庄带来经济收入。苗族的礼仪歌曲就是南花村民族文化重要的一部分，南花村的苗族礼仪歌曲渗透在人们生活中的各个方面，在他们的生活中充当着重要的角色。苗歌内容广泛，如农闲、各种节日、婚嫁、丧葬等伴随着的酒歌、情歌、结婚歌、丧葬歌、飞歌、山歌，如表达情感时有用来作为桥梁促成姻缘的情歌，如处理矛盾和纠纷时用来说道理的礼仪歌，如记叙生活日常、陶冶情操的生活歌……各类场合都有相应的礼仪歌曲伴随。当地有“以饭养身，以歌养心”

的俗语，但现在随着当地社会的变迁，大部分年轻人外出打工了，歌曲多数只有中年妇女或者老一辈的人能唱。很多礼仪歌曲的社会历史文化内涵仍然在当地人的心中保存，年轻人虽然不会唱，但是有丰富的节日活动时，很多外出的年轻人都要回来参加。对于不会唱诵歌曲的一代来说，很多歌曲的社会历史记忆仍然留在他们的脑海里，伴随在这些隆重礼仪活动中的礼仪歌曲记载着他们的社会历史，人们也通过礼仪歌曲的传承加强了他们的族群认同、民族认同乃至于对国家的认同。目前看来，仪式歌曲在社会生活中依然重要，伴随着他们的社会生活，很多礼仪歌曲通过一代又一代的传唱，还保持着传统的风格，并且随着当地教育、文化、生活水平的提高，口传的很多礼仪歌曲已经整理成书面的形式，从而使大家可以相互学习、相互传唱。

一、爱情歌

苗歌的种类繁多，可以即兴演唱，如爱情歌，爱情歌就是苗歌的其中内容之一。爱情歌，顾名思义是青年男女用来表达心中情感、追求配偶的歌曲。据调查得知，老一代人都是以对歌来找心仪的对象。不仅仅 60 多岁以上的老人实行这种方式，在 2000 年之前，这都是人们找对象的方式之一。唱诵情歌并不是在任意的场合进行，据调查，当地有个叫游方坡的地方，人们便在此唱情歌，游方坡位于村庄的山顶上，现在有一条小路通往山坡，是一个相对封闭的地方，植被丰富，生态环境优美。目前，年轻人不实行游方了，因为很多年轻人都是外出打工，认识对象的形式已经改变。因此，这一时空的保留只是作为一种历史记忆了。据老人们回忆，在以前，游方时就要唱诵游方礼仪歌。游方通常是在晚上，女生等待男孩子的口哨声，口哨声一响，未婚的女孩们就聚集前往村里规定的房子里，男孩们也随后就到，通常一晚上有的对上好几次歌甚至要对歌到天亮，对歌的内容为夸赞对方的话，例如夸对方漂亮、身材好、善良、家境好、双方合适，等等。一般是男女对唱，女生一旦对歌输了就要嫁给对赢她的男生。因此，人们很重视对歌，苗歌一般都是自学而成，但是有时候为了在对歌中胜出，会出现以几个女生或男生一起抓上一只鸭子去请求歌师教唱苗歌的情况。所以，选择对歌的对象非常重要，一定要找心仪的对象对歌，而且在对歌过后，互相心仪的男女还要互赠定情信物（即一件自己喜欢的东西）给对方。对歌一般不局限于本村，通常和外村对歌。通过村民潘仁伟，我们了解到对歌不仅只是在村里特定的房子进行。在下秧过后，农历六月至七月过新米节的时候，青年男女会聚集到村子附近的山上去对歌，除此之外，牛打架、苗年节、七月半等都会有男女青年聚集对歌的活动，极其热闹。

二、酒歌

苗族人离不开酒，也就离不开酒歌。酒歌，顾名思义，就是关于酒的歌，分为酒歌飞歌、年轻人唱的"恰酒"、老年人唱的"恰嘎布酒"三种。老人唱的酒歌调子要低一些，苗族人每逢吃饭喝酒绝不离酒歌，一般主人会唱的内容是说自己家里没有什么好酒好菜招待客人，希望客人见谅，好好吃菜、喝酒。而客人会唱主人热情好客，用好酒好菜来招待自己。每逢过节或者有其他大事来客人时，村民都会前去村口迎接。苗家的拦门酒有三道、六道、九道、十二道之分，十二道是苗家人迎接客人最隆重的礼仪。每一道拦路酒的含义都不相同，依次为："恭喜""昌盛""勤劳""善良""宽宏""富裕""明亮""美丽""长寿""勇敢""聪明""华贵"。每一道对应的敬酒歌都不一样，歌声一道比一道亮。唱完歌曲、客人喝完拦路酒后方才进村，一道道拦门酒让远方的客人感受到他们的热情与豪爽，香甜的美酒与美妙的酒歌足以让人领略一个民族的文化内涵与魅力。因此，各种不同场合吟唱的礼仪歌曲在村庄之中不仅作为专门的活动歌曲，并且适用于社会生活之中，如扮演者娱乐、历史文化记忆、调解民事纠纷等场合，为村民们的生活增添了一番姿色。

三、换装礼仪

苗族有换装礼仪，并且一直延续到今天，如在诞生、结婚、死亡等人生礼仪中，都存在这一仪式。在不同的礼仪之中，换装的时间、地点、款式、颜色、图案、配饰以及穿戴等方面都有一定的限制，显然有其自身的文化内涵。实际上，换装礼仪在很多民族当中都会有规定，不同民族在换装的时空选择、颜色等内容上存在差异。换装礼仪在苗族各地都盛行。对于这种现象，不同的人有不同的解释，很多人说这种是一种传统行为，是老祖先遗留下来的传统习俗。关于换装礼仪背后的内涵，有学者从教育人类学的角度指出，换装礼仪的服饰符号与民族成员的换装体现了成员的成人化过程，将服饰中所蕴含的精神文化内涵以及社会规范融入了个体的生命之中。民族的这种精神文化的内涵是借助于服饰符号以及仪式行为得以传承的，有助于个体通过文化认同、族群认同和自我角色认同最终实现社会化，具有重要的教育作用。而且在全球化的今天，换装仪式不仅表现了民族自身的特色的传承，并且有助于各民族之间的相互了解和促进人们深入理解苗族文化，从而促进苗族文化的本土化传承和健康发展。实际上，从文化记忆的角度来说，苗族服饰是社会历史文化记忆的载体和民间信仰文化的展现。当然，苗族服饰文化得到传承和发展，主要还是因为地方存在深厚肥沃的民族文化土壤。换装仪式不仅表现为其社会、个体的需要，更重要的是一种文化的需要。特别是作为器的装饰物还体现着更多的情感因素并且成为苗族礼仪的象征。苗族是一个没有文字的民族，他们的文化传承可以通过很多方式进行，如行为方式、口传形式、物的图像记载等，而服饰就是他们进行文化传播的重要媒介之一。这种图解方式比语言、文字等有着更普遍的心理渗透，而且也成为后人了解苗族文化的重要途径。当然，苗族服饰种类不一，不同地方、不同支系的苗族由于其审美、社会历史文化、地理环境等方面的不同，他们服饰的制作方式、内容符号等方面都是不同的。蜡染、刺绣和银饰作为苗族服饰制作的特色，黔西北的苗族多数采取的是蜡染的方式，而黔东南有的地方是用刺绣和银饰，南花村苗族的服饰有刺绣和银饰。从苗族的服饰也可以看到各族群或各民族之间的亲疏关系和历史文化的演变以及民族迁徙等方面的情况。

四、民间信仰文化记忆

民间“鬼神”文化记忆不仅在南花村的苗族社会中有，很多地区的其他民族也有这样方面的记忆。如笔者在威宁石门调查期间，也调查到了当地人对他们周围的布依族的巫文化记忆，当地的汉族等都有这方面的文化记忆。该村寨也如同其他民族一样都有其自身称呼，他们把行使仪式的人称为“鬼师”。如上面所述，鬼师担负神与人之间的沟通工作，人皆敬之。关于祭祖丧葬等事，需要由鬼师到场主持，据实地调查，南花村有几位鬼师，他们掌握这一门技术主要是向上一辈学习的，不仅仅南花村的人们，周边很多村寨的人若遇到很多不顺心的事情、严重疾病或丧事等大事时，都来请鬼师为人们行使相关的仪式，以保家庭、家族、村寨中的人的平安。主要的任务是驱鬼保平安。南花村的人们的日常活动，如治疗疾病、婚姻、丧葬、家畜之类，均受鬼神信仰所支配，一遇到生病，即以为是鬼作祟，就请鬼师做法。请鬼师到家后，鬼师告知家属病人是受何鬼作祟，需采用何种物品进行解除。当地对各种作弄人的“鬼”进行命名，名称繁多，解除之法亦有不同。据调查所得，列举当地人对鬼的命名及解法如下：

（一）井鬼

苗族民间认为井鬼是一种坏鬼。据当地村民文正英口述，小孩刚出生，出现不健康、脸上发青、爱哭等症状，孩子的家人就会请鬼师来做法。鬼师是神与人之间沟通的中介。鬼师一张帕子遮住自己的脸，就知道小孩刚生下来出现这些病状的原因，是因为这孩子不幸碰到井鬼。要解除出此病，需要拿刚孵卵出的一只小鸡、酒、白米、香、纸到神井祭拜，小孩便可好起来。

（二）口嘴鬼

南花村苗族民众认为口嘴鬼是一种恶鬼、坏鬼，发生口舌纠纷、家庭或婚姻不和睦、生育不顺利，有人出事故、有人惹官司等，人们认为都是“口嘴鬼”在作祟的缘故。苗族民间自古以来，都相信这种的存在，每年都有人请鬼师做“打口嘴鬼”的巫事。在南花村，外人看到苗家的小孩不能夸他可爱、漂亮、身体好等等，否则会招来“口嘴鬼”使小孩生病；在小孩子生病的情况下，村民就会请鬼师来做法。根据鬼师的要求，主人家需准备一些物品，物品一般主要有两只鸡、两只鸭、两个鸡蛋和两条鱼，但是也根据不同的症状来准备具体的物品，特别注重物品要成双成对的。鬼师在做法时会念一些咒语，如下：

Had——xil !	哈——唏！
Wix dliel jas hnaib lal,	等到好日子，
Sos dliel jas hnaib vut;	待到好吉时；
Hnaib nongd ghax hnaib yeix,	今天是好日，
Hmangt nongd ghax hmangt yul;	现在是吉日；
Dax ghab wil dail wangx,	才请我巫师，
Lol gol wild ail xangs;	驱鬼老师傅；
Wil bib yenx hlat ghad,	我命带三寅，
Wil bib yul hlat ob;	我命有三酉，
Bib yenx jef dod khod,	虎命才驱魔，
Bib yul jef maif langf.	鸡命才驱鬼。

念完咒语后，还要准备干木棍、辣椒、红纸等用红线捆好，并把它捆在鬼师指定的树上，这就是象征打口嘴鬼（dib ghab niux lot）仪式。

（三）老虎鬼

信鬼的苗族村民都认为老虎鬼是坏鬼。据调查得知，在南花村里信鬼的村民都认为一个房子里都会有一个老虎鬼，专门害人、害牛、害猪等。而这些只有鬼师才能看到，如果哪家的牛或猪生病了，便请鬼师来做法，在牛圈或猪圈旁边烧香、烧纸、敬一点酒。这便起到辟邪的作用，从而使牛或猪好起来。

（四）平安鬼

南花村村民鬼不仅有坏的，也有好的，据许梨奶奶介绍，平安鬼是个好鬼，人们都特别地敬畏它，每年正月期间，人们都会请鬼师到家里来做法，需要一只公鸡、酒、香、纸、蜡烛等来敬供平安鬼，并在房正门上挂上一些用红纸捆绑的竹签。这象征着平安鬼保佑家里人在外面工作顺顺利利、平平安安、健健康康等。

五、道德文化

道德文化及其与人们的社会生活互动。关于礼仪蕴含的文化内涵我们可以从其丰富的象征符号系统之中获知，在考察符号系统背后的文化之时，不仅要看到礼仪本身，同时也要从礼仪与人们社会生活的互动的角度出发去考察。具体解决的问题是礼仪如何反映观念文化，以及观念文化如何反映在人们的社会生活之中。如在南花村苗族的礼仪中我们看到了当地人与各级各类的神之间的互动，反映了人与各种神如祖先神、山神、水神、树神之间的沟通存在一种伦理道德性，同时也看到了各事物的相互依赖性、相互影响性，及礼仪背后反映的生态平衡性。当然，生态平衡性从很多民族的传统礼仪之中都可以看到，如彝族的毕摩宗教文化的经籍之中、礼仪实践之中我们都可以看到。在丧葬礼仪和消灾难仪式之中，毕摩在主持各种礼仪活动时都会邀请祖先神，从道德的角度来说，对祖先神的邀请是敬仰先辈的表现。这些行为不仅仅体现在礼仪的操作过程之中，在彝族人的社会生活之中都会有很多尊重上辈的礼仪活动。在此提到彝族的礼仪或者是日常生活之中的各种道德文化内涵，主要是说明这些观念的反映不仅仅存在于苗族的社会生活之中，实际上各民族之中都有涉及。虽然各民族的礼仪或者日常生活中都有具体的道德文化观，但是由于各民族乃至于同一民族在生活环境、民族文化、历史发展性等方面的不同，表现的方式、内容、传承性等方面都有差异性。我们从关于南花村苗族的各种礼仪的描述可以看出其背后反映道德文化观念，如从不信仰基督教的当地苗族行使各种巫术礼仪活动时看到背后反映的人与祖先神、山神、水神之间的关系。

第五节　礼仪与旅游文化互动

一、旅游开发

由于南花村地理位置的优势、民族文化保留得较好、离市区的距离较近等原因，当地旅游开发的时间较早。虽然开发较早，但此区域的传统文化长期以来保留得相对完整，并不是同很多学者所认为的，传统文化保留完整是因为地方与外界的交流较少、相对封闭。南花村恰恰反驳了这一观点，该区域一直以来都受到了外界的影响，他们的文化、经济、人们的交流等都是与外界有着密切联系的。南花村传统文化的传承相对较好的原因之一也是长期受到了外界的关注和帮助，当然，还与他们的民族居住特点有着密切的关系，南花村基本处于单一民族居住状态。

图5.7　村寨到芦笙场的小道（余舒摄）

二、旅游对礼仪的影响

一是旅游对传统技艺发展的影响。该区域旅游开发以来，引起了礼仪用品风格和样式的变化，也改变了这些工艺品原来的意义，原来富有宗教和礼仪意义的工艺品现在成了商品。关于旅游会不会对传统技艺造成一定的影响，当地有村民说了这样的内容：

> 我是村里现在会传统刺绣的村民之一，但是现在会刺绣的人数不多，特别是年轻人较少。我从小开始和奶奶、母亲学习刺绣，在我父母那一辈，几乎每一位妇女都会刺绣。但随着旅游业的发展和人们外出打工的人数约来越多，特别是2000年后，她们受到外面的影响越来越大，很多人都接触到了外面的东西，从事了其他各方面的工作。青年人对于外面的世界有了更多的向往，他们认为出外务工是一件有出息的事。在外面打工要识字，很多在家里没有外出打工的年轻人是因为她们不识字，很多读过书的人都出去了。这些都是使传统的刺绣工艺面临着无人继承的局面的因素，现在村里面真正会传统工艺的人越来越少。

二是旅游发展对建筑风格的影响。旅游产业的发展引起了南花村建筑文化的改变。旅游发展之前，南花村的房屋大多是木制的吊脚楼，旅游发展之后，传统的木匠已经不满足于原有的手艺，村民也不满足于传统的吊脚楼，他们开始寻求一种具有现代和民族融合的建筑风格，以至于在上寨出现了很多半边吊脚楼群，也有极个别的村民，更是完全抛弃原有的吊脚楼，开始修起现代化的房屋。

三、诗歌

南花村发展文化旅游给地方增添了很多丰富的诗歌，这些也体现了礼仪文化再创造的意义。

赞美南花村之歌 ①

第一首	深山访苗寨，山高寨子深。人未到村口，已闻唱歌声。身着五彩服，二女敬且尊。房屋皆木构，楼房只两层。家家依山住，面南朝深谷。移步往上行，引者真热情。山上大树多，凉风沁人心。谷场排队迎，民风自醉人。乐起翩翩舞，歌声也销魂。男女皆演员，老少亦不分。能歌又善舞，个个是明星。汗流脂粉滴，越跳越精神。酷暑全不顾，只为悦客心。虽非绕梁曲，山音情最真。终场欲下山，阿童伸手挽。忽然一阵风，轻轻拽衣衫。或有留客意，再把前曲翻?
第二首 七绝南花村	绿水青山万木春，飞歌缭乱百褶裙。芦笙场上歌如海，醉在苗乡第一村。傍水依山绿映红，民风不与外间同。木楼吊脚美人靠，铜鼓芦笙舞影从。水绕山环远道来，牛角敬酒动裙钗。盛装银饰金丝绣，借问人间谁剪裁?
第三首 贵州“南花村苗寨”	地瘠州贫偏号贵，白云生处访苗山。梯田古树木楼小，香柚甜橙妇孺闲。饮酒进门三部曲，攀岩拾级九回环。吹笙击鼓翩翩舞，醉梦南花村夜未阑。
第四首 南花村苗寨	古山苗寨民风朴，妇孺壮老倾情出。银饰叮啷舞笙鼓，远方来客片刻熟。
第五首 村庄•南花村	这里的土地没有开出“南花村”，这里的祖先也没有生出像“南花村”一样美丽的女人。这里却有一头牛在奔跑中宁静。城市的伊甸园在这里也能看见。
第六首 男耕女织	南花村的人们适合于土地交谈。南花村，有一个世界，视线所及的地方都是青草，一双龟裂的双手每天重复喂养着。牛、马、羊、人还有三分的土地，四月的土地上，一张锋利的犁铧。比一头瘦小的牛走得更快。一个叫“南花村”的女人孕育了一个村庄。树与天空相伴下的南花村，沉默的花语叹息着多少年的恋情。曾经一次次眼眸爬过的村庄，蜗牛一样滞留在镰刀越过的地方。水，靠山而行。山，傍水而居，我去过的那些地方。阳光和候鸟随风而逝，而我留下，还在寻找和发现，一个叫“南花村”的女人。

① 此部分内容作者为杨再将。杨再将，苗族，1940年生，贵州省天柱县人，曾任民进凯里二中支部主任、政协黔东南苗族侗族自治州文史学习委员会委员。贵州省诗词学会会员，黔东南苗族侗族自治州老年诗社（霜枫诗刊）理事主编，著有《抱竹轩诗文选》《埙篪合韵》。

附 录

附录一：南花村2005年以来取得的荣誉[①]

时间	所获荣誉
2005年4月	凯里市创建中国优秀旅游城市领导小组授予中国优秀旅游城市“先进集体”
	凯里市综治委授予2006—2010年“平安村寨”创建示范点
2011年7月	中共凯里市委授予“先进基层党组织”
2014年4月	中共凯里市委授予“农村精神文明建设示范村”
2014年5月	凯里市全民国防教育委员会授予凯里市全民国防教育“示范单位”
2015年7月	中国三棵树镇委员会授予南花村党总支“优秀党组织”
2016年7月	中共凯里市委授予“先进基层党组织”
	中共贵州省委宣传部 贵州省文明办授予“农民文化家园”
	凯里市防处办授予凯里市“无邪教创建”“典型示范村”
	凯里市农村信用合作联社授予“信用村”

① 来自村寨广告牌。

附录二：乡约民规处罚制度[①]

条款	内容
第一条	田土四周范围（南花村：田坎上、左、右各11米，坎下各5.5米，老鸦：田坎上为10米，左、右坎下各为5米，土坎上、下、左、右各为3米）内的草木属耕种者所有，不准任何村民以任何借口乱占、乱割，违者除每人每次罚款50～100元外，所得赃物归还原主（不含风景林区）。
第二条	盗窃他人田土的农副产品，按当年市场价处以3倍的罚款，并没收将其归还原主。
第三条	盗伐他人自留山、责任山、责任田、土四周范围内的用材木、经济林木，均以看到树木的全部重量（包括树叶在内）处以每市斤3～5元。
第四条	未经允许，不准以捡干柴等为由进入他人的自留山内偷砍柴，违者罚款50元，偷砍得的柴全部没收归还原主。
第五条	村民的自留山、责任山、田土四周范围内的各种树木如有枯死、风吹雨打、冰雪封冻、折断、山崩树倒的，任何人不得乱砍，违者仍然按照盗伐正常树林的规定罚款50元。 严禁在风景林区、封山育林区盗伐树木，违者按本村规民约第三条的规定承担责任。

① 来自村寨广告牌。

附录三：南花村环境保护卫生制度[①]

<table>
<tr><td rowspan="5">创
文
明
城
市</td><td colspan="2">门前三包责任牌</td><td rowspan="5">建
美
好
家
园</td></tr>
<tr><td>包卫生</td><td>负责做好门店前清洁卫生工作，垃圾实行袋装化，做到门店前无渣土、无污染、无污水、无溢流、无果皮纸屑和其他杂物。及时清除门店前的建筑垃圾。</td></tr>
<tr><td>包秩序</td><td>门店前杜绝乱搭乱建、乱堆乱放、乱停乱靠、乱摆乱卖、乱贴乱画、乱吊乱挂、乱跑乱撒、乱泼乱倒等有碍市容观瞻和阻碍公共交通及破坏市政公用设施的行为，门前无打牌赌博现象。</td></tr>
<tr><td>包绿化、美化</td><td>负责做好门店前花草、树木及人行道彩砖的养护，制止践踏、攀折毁坏花草树木和破坏绿化设施的行为。临街墙体牌匾保持整洁美观。</td></tr>
<tr><td colspan="2">凯里市人民政府</td></tr>
</table>

① 各种制度条例写于村寨广场牌上。

附录四：传说故事[①]

序号	名称	内容
1	出门的故事	古时候，有两个兄弟各自带着一只行李箱出远门。一路上，重重的行李箱将兄弟俩都压得喘不过气来。他们只好左手累了换右手，右手累了又换左手。忽然，大哥停下来，在路边买了一根扁担，将两个行李箱一左一右挂在扁担上。他挑起两个箱子上路，反倒觉得轻松了很多。
2	额痕为断的故事	张泳，宋初名臣。一次，有个和尚行止不明，有犯罪嫌疑，被张泳下属拘留。张泳看了这个和尚一会，说："对他刑讯，他可能是个杀人犯。"经过审讯，这个人果然是个假和尚，负案在逃。他杀死一个僧人后，把他的东西据为己有，自己剃发为僧。下属问张泳何以得知其有杀人嫌疑，张泳说："我见其额犹有系巾痕也。"
3	宽容的故事	有一次，理发师正在给周总理刮胡须时，总理忽然咳嗽了一声，刀子立即把脸给刮破了。理发师十分紧张，不知所措，但令他惊讶的是，周总理并没有责怪他，反而和蔼地对他说："这并不怪你，我咳嗽前没有向你打招呼，你怎么知道我要动呢？"这虽然是一件小事，都使我们看到了周总理身上的美德宽容。
4	陈平忍辱苦读书的故事	陈平，西汉名相，少时家贫，与哥哥相依为命，为了秉承父命，光耀门庭，不事生产，闭门读书，却为大嫂所不容。为了消弭兄嫂间的矛盾，面对一再羞辱隐忍不发，随着大嫂的变本加厉，终于忍无可忍离家出走，欲浪迹天涯，被哥哥追回后，又不计前嫌阻兄休嫂，在当地传为佳话。终有一老者，慕名前来，免费收徒授课，学成后，辅佐刘邦，成就了一番霸业。
5	少年包拯学断案的故事	包拯包青天，自幼聪颖，尤喜推理断案。其家父与知县交往密切，包拯从小耳濡目染，学会了不少断案知识，尤其在焚庙杀僧一案中，包拯根据现场的蛛丝马迹，剥茧抽丝，排查出犯罪嫌疑人后，审清事实真相，协助知县缉拿凶手，为民除害。他努力学习律法刑理知识，为长大以后断案如神，为民除害，打下了深厚的知识基础。
6	马与兵的故事	战争期间，一个士兵用大麦精心喂养他的马。然而战争一结束，那马便被拉去服苦役，搬运沉重的货物。后来战火重燃，军号吹响了，主人备好马鞍，全副武装骑着马去迎敌。这时，马却毫无力气，不断摔倒，他对他主人说："你还是赶快再去找一匹战马吧，因为你已经把我变成一头驴子，又怎么能把我当成战马骑呢？"

① 具有教育意义的故事写于村寨广场牌上。

附录五：法治小故事[①]

序号	名称	内容
1	立木为信	春秋战国时期，为了树立威信，推进变法，秦国商鞅下令在都城南门外立一根三丈长的木头，并许诺："谁能把木头搬到北门，赏金十两。"围观的人不相信如此轻而易举的事能得到如此高的赏赐，结果没人肯出手一试。于是，商鞅将赏金提高到50两。重赏之下必有勇夫，终于有人站起将木头扛到了北门商鞅立即赏了他50两。商鞅这一举动，在百姓心中树立起了威信，使变法就很快在秦国推广开来，秦国渐渐强盛，最终统一了全中国。但严肃的法治故事下，有的是路人在此地的休息、闲聊。
2	太守断牛	于仲文任北周太守时，有任、杜两家各失其牛。后来任家得到一头牛，两家都说是自己家的牛，各执一词。他令两家各把自己的牛群驱至军衙前又把要认领的牛走入任家的牛群。先前，于仲文又令属吏悄悄微伤要认领的牛，借此观察两家的反应。任家见到后心疼不已，而杜家则无所谓。于是于仲文便据此下判断牛断给任家，杜氏服罪而去
3	况钟	况钟（1381—1453），明朝人曾任苏州知府，他整肃吏治，端正风气，注意清理冤狱，为民申冤。他安排了一个日程表，每天勘问一具的案，周而复始，从不间断，在刚到任的八个月中，就清理了1500多件案子。经他审理过的案子，无论大小，都能基本做到百姓不叫冤枉，土豪不敢为非作歹。有一副对联，高度赞扬了况钟这位清官。上联是："一肩行李，试问封建官场有几？"下联是："两袖清风，且看苏州太守如何。"
4	"六尺巷"的故事	清康熙年间，在京城做大官的张英在安徽梧桐的和邻居因建房占地闹起纠纷，互不相让，张家人便给当大官的张英写信，请他出面干涉。张英看到信后，并没有倚仗自己官威欺压邻居，而是回信说："千里来书只为墙，让他三尺又何妨？万里长城今犹在，不见当年秦始皇。"张家人看完便主动让出三尺空地。邻居也深受感动，也将墙退回三尺，两家和好如初，这就形成了同城著名的"六尺巷"。张家人的大度和气至今传为美谈。 启示：心宽则无墙。一切皆为身外之物，忍一时风平浪静，退一步海阔天空，让下三分就是路。

① 法制性的故事写于村寨广告牌上。

附录六：潘氏家谱史①

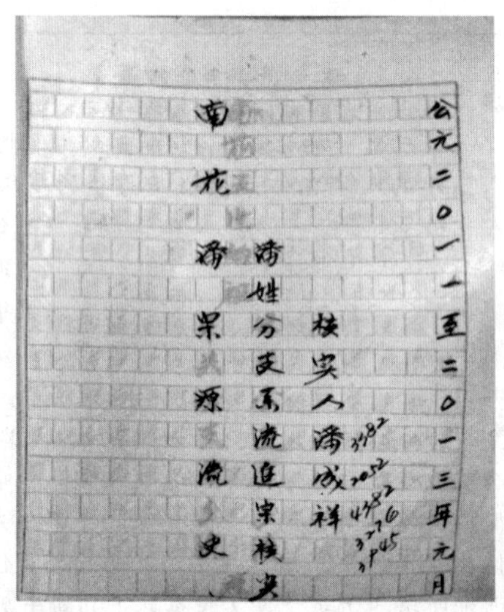

（南花村潘氏家族源流史，潘成祥提供）

（一）南花村潘氏宗族源流史

1. 南花村潘氏宗族来源史

潘姓分支系流追宗核实

核实人：潘成祥

2011—2013

（1）潘姓源于三姓，其中之一是芈姓，春秋时期，楚国公族潘崇之后，据《通志氏族略》记载，颛项后裔陆综生有六子，六子名叶毕，遂赐姓毕；周成王时封其后裔熊绎在荆州建国，公元前 740 荆昌熊通封为王，他的儿子于公元前 689 年改国号为楚，称楚文王。据楚氏记载，公族子弟潘崇助楚穆王继位有

---

① 南花村潘姓家谱和史料由潘成祥老人提供。引用时有所改动。

功受封为太师，其后代子孙以祖名为姓称潘氏，潘姓在楚国为有势力的家族，潘姓由此而来。

（2）潘姓来源之二是姫姓，为周代周文王裔孙，记载百季文后以邑名为氏，据亢和姓簒记载，周文王茅十五子毕公高让其子百季食采于潘邑（今陕西、西安咸阳一带），其子孙遂以邑名为姓称潘姓。

（3）出自姺姓，上古舜尧之后以国名为氏。据中国姓氏载舜帝于姺墟称姓姚，建都潘（今北京延庆县东北），后来，潘姓移到陕西省兴平县北，商代时，舜的后裔建子国，商末被国王灭，其子孙以国名为姓被赐为潘氏。

（4）据《魏书官氏志》记载，南北朝时期，北魏有代北复性拔略罗氏随孝文帝南迁洛阳后，定居中原，为汉姓潘氏。

（5）清康熙末年，台湾岸里大社（今台湾省台中市），神岗下酋长阿穆归顺清朝被赐姓为潘，光绪时台湾高族相继归顺清，也被赐姓为潘，这也是台湾高山族人大多姓潘的重要原因。

2. 潘氏始祖

楚成王时，潘姓中有名的潘崇者，曾为太子高臣之老师，在楚成王预谋别立太子时，潘崇极力支持太子高臣并成功地使之继位，被封为太师，楚穆王还把自己任太子时的财产全部给他。从此，潘姓在楚国成为有势力的家族，后人念潘崇兴潘姓有功，尊他为始祖。这种观点的准确性是相当高的，因为古籍中出现的春秋时代的潘姓氏族几乎都是楚国人。

3. 迁徙分布

（1）春秋战国时期，潘姓主要在今湖北省境内发展，此后有向山东、湖南迁徙了少数潘姓人。汉时有潘姓北迁至荥阳中牟（今属河南省），至三国时发展兴旺而为荥阳郡的大望族，以东汉献帝时尚书左丞潘勋为始祖。

（2）东汉灵帝有潘乾因任官而迁往苏州漂阳，此地以潘乾为始祖。

（3）吴国有右将军潘璋由今山东省冠县迁往建康（今南京），而吴国还有浏阳侯潘睿为汉寿（今湖南常德）人，而孙权之妻潘夫人是浙江省人，这说明在三国以前潘姓已迁往上述地方，其中以芈姓最为兴旺。晋代时，潘勖之裔孙潘才因任广宗而落籍广东金河北省威县后发展成为潘姓历史茅二大郡望族。此期亦有潘姓人播迁广东。北魏时破多罗改姓潘并在洛阳形成潘姓的第三大郡望，其开墓始祖为潘威；此期潘才的八世孙潘绍业因任隋州今湖北省隋县刺史落籍当地。

（4）唐初，陈元光父子开漳时有河南固始人潘节随入闽。此期潘绍业的曾孙潘求仁因任杭州刺史而定居当地。其间并有移居陕西的潘勖的后人兴旺发达起来。而江夏（今湖北省武昌）的唐代秘书监潘肃仁自称是汉寿潘的后裔。由此可见，自东汉末至唐朝，潘姓从中牟望族中又衍分出许多支脉，而潘威的后裔则从洛阳望出，又兴盛播迁怀朔（今内蒙古自治区固阳）和陕甘等地。

（5）豫章潘姓兴盛于唐代至五高唐时成为当地名门望族，宋时有杰后人迁广东、云南，元明清时期，潘姓分布广泛，广东、江苏、安徽、内蒙古、河南、四川、湖北、浙江、贵州、重庆等地都有分布。潘姓约占全国汉族潘姓人口的69%。潘姓在《百家姓》中排行第43位，在当今中国姓氏排行第52位，人口较多，约占全国汉族人口的0.41%。

（6）三国魏正始三年（242），潘姓为便于永久性接原设立始置郡制。

第一郡为荥阳郡，系潘崇的后代，古荥阳在今河南省荥阳市东北，北魏移至该县，曹魏曾置荥阳郡，此支潘氏为献帝时尚书右丞潘勖支族。

第二郡为广宗郡，至东汉永元五年（93）置县，置此在今河南威县东，隋仁寿元年（601），避太子广改名宗城，十六国后超为建兴郡治，北魏为广宗郡治比支潘姓出自潘勖之后，其开基始祖晋代广宗太守潘才。

第三郡河南郡，汉高祖二年（205），致秦三川郡治，治惟阳今河南省洛阳市，隋开豫川河南郡，唐乃为河南府，辖境小于汉河南郡，元为路，名为府此支潘氏出自鲜卑破多罗氏之后共开基姓祖位为潘威。

第四郡豫章郡，楚汉之时始置郡治南昌，辖境大致为今江西省，后世辖境渐缩为南昌附近一带，又隋改为南昌县，此支潘姓为潘崇之后代。

4. 潘姓名录

潘崇：河南省荥阳市，系季孙公十一世孙楚国太师公臣专理国事号令全臣。

潘章：山东宿县人，三国时吴国著名大臣。

潘岳：河南荥阳中牟人，系潘崇二十九世孙，西晋文学家、著名诗人。

潘综：浙江人，湖州人晋代名人。

潘泥：河南荥阳中牟人，潘岳之后，文学家、书法家。

潘大名：宋代文学家、教育家、思想家。

潘美：字仁美，河北人，北宋名人，攻辽时指挥失当使杨业牺牲，后被降级处分。

潘冀清：青田人，宋代文学家。

潘章：浙江金华人，明成化八年（1472）进士，历任国家一部司土事，郎司法主管。

潘来：浙江人，清初学者、文学和历史学家。

潘大监：字大老，湖北黄冈人，潘岳之裔孙，宋代诗人、文学家、普法家，著名柯三集甾传于今。

潘大观：湖北省黄冈县大监之盾，文学上与兄同平。

潘自中：字时，宋代松杨人，曾任江州司理。

潘季训：字时食，浙江吴兴人，明代著名水利研究者。

潘之恒：安徽人，明代文学家，从事历史研究之职。

潘章：江苏人，明代初学者。

潘平格：浙江人，明末清初的学者、思想研究专家。

潘亦秀：江苏人，苏州人，在美术、书法方面颇有研究。

潘祖明：江苏吴县人，国家工部左侍郎。

潘纯武：清代求嘉人。

潘子中：广西岑溪县人，中国共产党员，在广西百色起义中任七年团长、陆军中校。

潘顶兴：名平介意，又名義华客人，任讨袁军司令部参谋长。

潘文年：宜兴县人，归入国民革命。

潘天寿：浙江宜海人，现代国家美术二作。

潘寿：名国渠，福建省南安人，伟大的教育家和书法家。

潘清：乾隆三十一年（1766）清帮总司令为国家转运物资。

5. 潘姓分布于各省的字辈梳理如下：

表1　潘姓分布于各省字辈情况表

省份	市（县）	字辈
山东	日照	廷远昭惟，政远明广，延贵希兆
	诸城	远昭惟继
	青岛	立新惟为孝友
	慧民	宗昌迨德，洪书增佃
	聊城	尚文大福，廷金臣悦子立
	沂南	远振立一放，须照为元光，玉季松竹茂
	五莲	锡远为月
	曹县	赵尚守志常，崇善逖乃昌
	另支	有永业广，恒聚立昌功，怀光兆远，洪台庆云昌
	荥阳	永文玉荣尚，传家齐道光，善远能继志，永谋世靡长
广东	茂名	泰平安邦，国文章达朝廷
	新丰、四会、广宁	宗文士维世，廷宏成元绪；永启熙康英，才昌济明德；纯雅学智名，馨宪锡勋华；国器掌珠天，必有常超群；益众万古传，扬善积四海；兰桂腾芳恒
	海南	富庆海仲，干嘉裕敏
	海丰	锡穗礼团，孝吉
	五华山	文人士凰，维国士岳；迁昌宏运，定才成坤；元云帮绪，能恒业华；启科学视，熙高迨光；瑜朝新英
	陆丰	仕涧殿智，开有缀文，祺永锦长
	另支	玉崇文仕维，世庭宏定成；永启希英才，昌济名德胜；雅学致明声，信锡弘华扬

续表

省份	市（县）	字辈
湖南	荥阳	德力昭光宝，培植在心诚；美彦薛振超，宣述定儒林
	临相	世代芳名远，祖法泽长
	怀化	阔大熙亦作，尚德万年盛，成仁伯代昌
	石门	世如周卜，祚永承能兴；导红一品科，空勇飞佰桂；南春思前促，后威信保姖
	湘乡	元开放远远，若佑本宗昌；德泽永光代，家事兆战冈
	昭阳	彰世光显耀
江苏	漂阳	忠武贲威，俊多辅乾，程咭策楚
	海洪	长如迁学阳，建文道绍德
	徐州舟阳	建文道德绍
	宿迁	守存就良如
	江宜	国夲仕相，长明益天兴；家修里居正，道德秉明迁
	淮云	永志加祥大
湖北	董市	绍学祖大德，传承志可昌
	黄陂	中良立世荣华国后代传家
	汉川	永华国兵
	来凰	玉荣维士文，世迁宏走。元绪永启希，康梅才昌济，各德顺雅孚，智各事信锡、弘华
	天门	成人有德大，登兴洗言扬，四举家道隆昌
	道州	狄思熙选，世代永远
	另支	继克丰茂，世德传人祥
重庆	巫山	志应顺走秀，万再政道光，忠朝守宗远，承先启后昌，贤才登甲，奕绍书香，荣升魁士位，罚行庆余长
	万州	守世光维殿，正一仁景；中文承先绪，名贤启家常，珍道国经永；培福新泽长，纯德明大志，运化应隆昌

续表

省份	市（县）	字辈
江西	赣州	其衣尚家事，大示居元良；国一帮成名，立定安走兴；隆文章清秀，继传书香门
	大余	万事永代，其德大昌；江西上饶：时之大成，肇修人纪；德必希贤，行惟求实；自天笃生，思皇多事；卜世其昌，永召国史；惟之世茂，再嘉奉兴；荣宗道贵，师茇钟原；树换培鉴，栋炽基锦；鉴标炳钧，锡汝材料增
	九江	迁芳应朝向，士国文启昌；仁明依士锈，道德正荣老；卜世相愈，其献元世
广西	河池	翠应振发样，世代荣昌，观尚国
	穗县	赵文分贵学，国事朝显佑，广章相焕光锡远
	贺州	巨盛明杨奕世
	柳州、南宁	恒国远运，善敬承纬；泽文润国，红维华田；业永兴有，有余年道；真传万事，物俭富千秋
浙江	新昌	炳其官慈，狄光继洋；浙江乐清：巨鸿行统善，泰教济济礼；乐衣冠矛特，书奕叫隆真；忠全节義孝，地振能常
	东阳	华世联连士，惟慧译家帮，仁宜義学立；安徽芜湖：正世尚思，忠万兴明德龙
安徽	安庆	忠孝传家永，明良道国长；作善积福寿，报德世隆昌
	协宜	忠孝传家，读书华国；福扯南安：福禄寿永世，元子教思有允，可伸孙基今始。斯冀用展大成，尚其修文呼奕，世存先启后。昌德才智振着，有为人文科技；福面侯支：景汝世孙永，从元德百仲，思存文中与，则仰资强武，季良济美广，观皓谋光格，威超家齐活，文茇其祥，孝父其统，守绪兴昌
四川	德阳	变世其昌
	泸州	财必守章，变迁端正王；辽宁丹东：明友忠占
陕西	汉忠	茇进存多
河北	沧州	中春书栋建

续表

省份	市（县）	字辈
河南	南阳	克振家声远，观美各显扬，英贤成祖德，豪杰绍光馨，松柏迁培茂，贵丰杨锦堂，志存忠良厚，亦事永隆昌
宁夏	中宁	乃儒国建德，登文华安定，兴新家前进，风顺清玉生，金永得光明
贵州	贵阳	登仕老国名，显家帮天呈祖德，万事永昌
	荥阳	力昭治训芳，远泽深美屋，振超宣述懦。财际逢量建，为国深汉
	黔东南苗族侗族自治州	大热涧达赤亦作，世德万年正，成仁伯代昌济家为孝友，元应永光明
	贵州一支	永正兴隆德
	贵州一支	云世辙大有良
	贵州一支	锡永挂灵塔铸，汇材炽成金山，东峰鉴银河炼杰基；传千秋，狱思开新宇；宏图振家帮，清高长显谓
	安顺	正忠多锡光
	遵义	作仁本克树其
	威宁	学朝庭书万（祖籍江西）

8. 黔始祖潘岳系潘崇四十四孙，河南荥阳豫章郡开发荆州后发展成为荆国，后其子孙潘大临大观兄弟迁入江西（涵盖江西全）省，元中末期，由赣州迁入湘西，沿江西移进怀化的中方，发展立业期间其子孙继续向西迁移直到今湘西洪江，会同县进入黔东天柱，在湘西和黔东之间，其子孙分布不详，仅有一支沿清水江进达今炉山县原法正乡，育有五子。据江西湖南方言长子叫雅利，次子叫牙利，三子叫衣利往别沟也，四子克利，守老家翁项，五子叫砂利，下台江五文。

南花村以衣翁项分布的始祖牙利为始祖，二世祖叫香牙，三世祖叫关香，四世祖叫保关公，五世祖叫牛关公。

（二）家谱（南花村）

南花村五世始祖分为两个支流源：牛关支系分流和保关支系分流。潘家的家谱十年修订一次，第一版中的人名只有小名，没有汉名；2019 年，经过第二次修订，增加了汉明。下面是两个版本的内容：

第一版本①

1. 家谱第一系源

（1）牛关支系

牛关—金牛—沙牛—农沙—里农—兄里—任里 —龚兄—落龚，金龚—计落、高落、不落—由计、捡计、好计—相由（ 名成祥）—里相名仁章，九相名仁勋，勇相名大林，若相名玉林—开里名文帅—成九名仲成—勇相名大林—俊伟 —若相名玉林—小毕名红华铭镜名明星—高落—方高、牛高、龚高—川方—丢川、福川、农川—明农—牛高—丢牛—红丢—拉牛—约拴、矛拉—龚高在贵阳—不落—忍不，你不、拉不、勇不 —当忍、商忍、往忍—大卫、比法—发生—商忍—今商—天龙—许商—和喜—荣商—海荣—往忍—交往、牛往、丢往—平交—牛往—绍文—你不—别你、协你、休你—当别、若别、常别—保罗—若别—凯林—常别—协你—沙协，明协、九协、四协—天沙—明协—圣江—九协—四协—秀你—听秀、福秀、七秀—子七—拉不—天拉、平拉—勇不：保勇、应勇、衣勇—者你—春保、立保、龙保 —春保—利保—龙保—应勇—乔应、营应—营—衣勇—宏衣—者勇—海生—了兄—听了、当了—听了—动听—豆动—动—豆动—勇豆、江勇、若勇、金勇—姜勇—拉姜—若勇—拉若—里了—听里—衣听—凯听，丢听—衣听—凯听—当了—别当、宏当、金当（别当，参加反清行列，以身殉职）—宏当—送宏、胖宏—你送—你送—胖宏—王胖—当王、江王、翁王、四王—江王—翁王—农沙、者沙、

① 潘成祥提供，先放梅整理。

老沙—里农、商里、法里—商里：常商、确商、富商—建常—确商，影确、衣确—影确—凯景—衣确—兴衣富商—龙富—者沙—往者、你者—往者（小往、往、贤往、衣往）—小往—丢小、福小、农小—丢小，保丢、里丢—立保—祥里—福小—江福—会江—农小—莫农、送农—百俊、文祥 —小结—金、全在雷山—贤往—力贤、有贤、送贤—力贤—你力—哑角—天有、色有—色有—送贤—衣往—注平寨村—你者—先你、更你—六先—生六—更你—交更、勇更、五更—舍交、三交—宏舍、茅舍—三文—茅三—勇更—四勇、确勇、呈勇—文四—确勇—玲确—呈勇—五更—者五、应五—西安—老沙—送老、商老—练送—者练、兄练—牛兄、五兄—春牛—五兄—建五、安五—商老—九商、吉商—布九、龙九、四九—九四、长四、若四—明九—长四—玉长—若四—凯若—吉商—休吉—金休—白里—应白—白应—当应—当应—足当、豆当—农豆—太农—大农—保太、衣太、富太、莫达—保达—成保、力保—成保—小冈—力保—从力—衣达—营衣、豆衣—营岩—豆岩—祥豆—富达—沙富—莫达—明莫、平莫—保白—荣保、边保—当荣、沙荣—豆当、往当、勇当、拉当—更豆—剑豆—往当—下往、佰往—勇当—丢勇—拉当—九拉—沙荣—者沙、江沙、若沙、七沙—文者—生文—江沙—若沙—七沙—远七—边保—富边（在雷山）—舍白—者舍、你舍—昌者—里昌、福昌—福昌—龙福、平福、海福— 你舍—力你—常力、林力、党力、生力—保常、茅常—林力—贵林—党力—正党—生力—天宇 —舍牛—傲舍—保傲、别傲—牛保、听保—舍牛—翁舍—江翁—舍江、者江—应舍、妥舍、丢舍—你应、余应、牛应—清你—余应—中余—妥舍—成妥、二妥、三妥—丢舍—者江—九者、真者—九者—泽九、护九—拥护—真者（文真、平真）—建平—听保—市听、勇听—农市—你公、里公、妥公—往你、九你、丢你、舍你—福九、贤九—翁丢—海翁、天才—里公—勇里—妥公—九牛、拉牛—勇听—送勇—秀舍—龙秀、莫秀、千秀 —青龙—莫秀—茅莫—千秀—千牛—拉千、力千、往千—勇力（相勇、汞勇、口勇）—牛相、荣相—中牛、豆牛—荣相—平荣—建平—汞勇（里汞、堂汞、钱汞）—付里、拉里、平里—堂汞—海堂、长堂、茅堂—长堂—青长—茅堂—乔茅—钱汞—贵钱—凯力、舍力—凯力—乔凯—

舍力—九者—勇岩、宏岩—往千—你往、听往—落你、福你、善你—落你—真落、商落—战争、岩争、斗争—保战、往战—保战—往战—若真—贤若—凡贤—斗真—勇斗、青斗、生斗—建蒙—青斗—生斗—商落—保商、农商—保商—华保—华保—农商—福你—落福、言福—应落—应落—真应、三应—言福—和言、贵言—善你—往善、翁善、丢善—法九、平九—玲法、杏法—平九—勇平—翁善—丢翁、你翁、勇翁—法丢、天丢—你翁—福你、营你—福你—营你—勇翁—成勇、保勇—成勇—丢善—者丢—里者—听往—无听、兴呀—当无、贵无—当无—七当—拉七、有七—兴听—乔兴、苗兴

牛关之流至此。

（2）保关公支系

保关—你保—里你—东里—你东、足东—落你、商你—计落—者计—防者、别者—你防、勇防、保防—九你—宏九—宏—勇防—丢勇、协勇—丢—协勇—协—保防（贵阳不详）—别者—贵别—翁贵、七贵、营贵—翁—七贵—七—营贵—营—商你—勇商—往勇、江勇—千往—拉千、里千—保拉、舍拉、你拉—付保、保—舍拉—舍—你拉—你—里千—勇里、长里、营里—豆勇、衣勇—豆—衣勇—衣—长里—中长—营里—文杰—江勇—虾江、送江—应虾—往应—送江—九送、牛送—送（在四川不详）—牛送—福牛—足东—保足、农足、拉足—里保—牛里、送里—送里—六送—牛六、农六—豆牛、保牛—国豆—国—保牛—海保、往保—海—往保—往—农足—九农、后农、你农—牛九—多牛—布多—衣布—豆衣、往衣、当衣—豆—往衣—往—当衣—玉当—福布—其福—真—豆牛—莫豆、勇豆—豆莫、牛莫—豆—牛莫—相牛、生牛—小奇—生牛—生—勇豆—勇、勇—平、春此—你勇—牛你—沙牛—当沙、农沙—保当、你当、舍当—营保、保—小营、贵营—你当—拉你、者你、勇你—拉—者你—者—勇你—勇—舍当—奇舍—农沙—九农、贤农—翁九、法九—翁—法九—生—贤农—里贤、勇贤—里—勇贤—勇—你农—听你、者听—后农—力后、当后—九力、力—康九、往九、衣九—福康、当康、王康、四康、满康—福康，朋福—朋—当康—九当、树当—九—树当—树—王康—平王，龙王—平—龙王—龙—四康—兵四、四—兵—四—满

康—祥满—祥—往九—里往、七往—里—七往—七—衣九—妥衣—妥—力—保、者—莫保—者—当后—拉足—計拉、丢拉、送拉—翁计—然翁—妥然、牛然、当然—牛然—舍牛—你舍、豆舍、者舍—当然—丢拉—莫丢、保丢—狗莫、奶莫—丢狗—得丢—龙得、堂得、莫得、四得—白龙—堂得—七堂、凯堂—莫得—莫—四得—四—奶莫—福奶—福—往送—保往、商往、动往—当保—当报—里当、往当、农当—若里—庆若—往当—你往—你—农当—凡农—凡—商往—你商—动往—吉动、休动、文动—福吉、贤吉、应吉、舍吉、腰吉—长福—长—贤吉—付贤、双贤、五贤、春贤—付—双贤—双—五贤—五—春贤—春—应吉—泽应、胜应—泽—胜应—胜—舍吉—豆舍、六舍、当舍—豆—六舍—六—当舍—当—腰吉—余性—休动—妥休—成妥、兴平—文动—丁文、明中、另丁。

第二版本（2019 年修订）①

南花村寨潘姓承谱 13 世移后核源

<table>
<tr><th>序号</th><th>代号</th><th>祖名</th><th>字辈</th><th>代号</th><th>祖名</th><th>字辈</th><th>代号</th><th>祖名</th><th>字辈</th><th>代号</th><th>祖名</th><th>字辈</th></tr>
<tr><td rowspan="5">1</td><td rowspan="5">13</td><td rowspan="5">相由</td><td rowspan="5">潘成祥</td><td>14</td><td>里相</td><td>潘仁章</td><td>15</td><td>平里</td><td>潘文帅伯字辈</td><td>16</td><td>海平</td><td>潘海龙代字辈</td></tr>
<tr><td>14</td><td>九相</td><td>潘仁勋</td><td>15</td><td>成九</td><td>潘仲成伯字辈</td><td>16</td><td></td><td></td></tr>
<tr><td>14</td><td>勇相</td><td>潘大林仁字辈</td><td>15</td><td>伟勇</td><td>潘俊伟伯字辈</td><td></td><td></td><td></td></tr>
<tr><td rowspan="2">14</td><td rowspan="2">若相</td><td rowspan="2">潘玉林仁字辈</td><td>15</td><td>华若</td><td>潘小华伯字辈</td><td></td><td></td><td></td></tr>
<tr><td>15</td><td>铭若</td><td>潘铭星</td><td></td><td></td><td></td></tr>
</table>

① 潘家家谱每隔 10 年修订一次，2019 年第二次修订。第二版本家谱由潘成祥提供，黄启香和先放梅整理。

续表

<table>
<tr><th>序号</th><th>代号</th><th>祖名</th><th>字辈</th><th>代号</th><th>祖名</th><th>字辈</th><th>代号</th><th>祖名</th><th>字辈</th><th>代号</th><th>祖名</th><th>字辈</th></tr>
<tr><td>2</td><td>13</td><td>里茹</td><td>潘明清成字辈</td><td>14</td><td></td><td></td><td>15</td><td></td><td></td><td>16</td><td></td><td></td></tr>
<tr><td rowspan="2">3</td><td rowspan="2">13</td><td rowspan="2">以方</td><td rowspan="2">潘成林</td><td>14</td><td>丢以</td><td>潘仁欧</td><td>15</td><td></td><td></td><td>16</td><td></td><td></td></tr>
<tr><td>14</td><td>荣以</td><td>潘仁敏</td><td>15</td><td>明荣</td><td>潘小明伯字辈</td><td>16</td><td></td><td></td></tr>
<tr><td>4</td><td>13</td><td>丁牛</td><td>潘成凯</td><td>14</td><td>红丁</td><td>潘超仁</td><td>15</td><td></td><td></td><td>16</td><td></td><td></td></tr>
<tr><td rowspan="2">5</td><td rowspan="2">13</td><td rowspan="2">拉牛</td><td rowspan="2">潘成章</td><td>14</td><td>约拉</td><td>潘仁超</td><td>15</td><td></td><td></td><td></td><td></td><td></td></tr>
<tr><td>14</td><td>和拉</td><td>潘和平仁字辈</td><td>15</td><td></td><td></td><td>16</td><td></td><td></td></tr>
<tr><td rowspan="2">6</td><td rowspan="2">13</td><td rowspan="2">当壤</td><td rowspan="2">潘正全</td><td>14</td><td>大卫当</td><td>潘仁智</td><td>15</td><td></td><td></td><td>16</td><td></td><td></td></tr>
<tr><td>14</td><td>比德当</td><td>潘仁海</td><td>15</td><td></td><td></td><td>16</td><td></td><td></td></tr>
<tr><td rowspan="3">7</td><td rowspan="3">13</td><td rowspan="3">双壤</td><td rowspan="3">潘成明</td><td>14</td><td>金双</td><td>潘仁永</td><td>15</td><td>天龙金</td><td>潘天龙伯字辈</td><td>16</td><td></td><td></td></tr>
<tr><td>14</td><td>许双</td><td>潘泓兵仁字辈</td><td>15</td><td>和许</td><td>潘镜聪伯字辈</td><td>16</td><td></td><td></td></tr>
<tr><td>14</td><td>荣双</td><td>潘小荣仁字辈</td><td>15</td><td>海荣</td><td>潘海华伯字辈</td><td>16</td><td></td><td></td></tr>
<tr><td rowspan="4">8</td><td rowspan="4">13</td><td rowspan="4">往壤</td><td rowspan="4">潘成炳</td><td rowspan="2">14</td><td rowspan="2">交往</td><td rowspan="2">潘仁开</td><td>15</td><td>平交</td><td>潘小平伯字辈</td><td>16</td><td></td><td></td></tr>
<tr><td>15</td><td>生交</td><td>潘小生伯字辈</td><td>16</td><td></td><td></td></tr>
<tr><td>14</td><td>牛王</td><td>潘仁凯</td><td>15</td><td>绍文牛</td><td>潘绍文伯字辈</td><td>16</td><td></td><td></td></tr>
<tr><td>14</td><td>丢往</td><td>潘仁银</td><td>15</td><td></td><td></td><td>16</td><td></td><td></td></tr>
<tr><td rowspan="3">9</td><td rowspan="3">13</td><td rowspan="3">别你</td><td rowspan="3">潘成武</td><td>14</td><td>当别</td><td>潘仁炳</td><td>15</td><td>保罗当</td><td>潘保罗伯字辈</td><td>16</td><td></td><td></td></tr>
<tr><td>14</td><td>若别</td><td>潘仁义</td><td>15</td><td>凯林若</td><td>潘凯林伯字辈</td><td>16</td><td></td><td></td></tr>
<tr><td>14</td><td>长别</td><td>潘仁政</td><td>15</td><td>俊宇长</td><td>潘俊宇伯字辈</td><td>16</td><td></td><td></td></tr>
</table>

续表

序号	代号	祖名	字辈	代号	祖名	字辈	代号	祖名	字辈	代号	祖名	字辈
10	13	协你	潘成辉	14	沙协	潘光仁字辈	15	天文沙	潘天文伯字辈	16		
				14	明协	潘先王仁字辈	15	圣江明	潘天义伯字辈	16		
				14	九协	潘仁卫	15	天义九	潘天义伯字辈	16		
11	13	秀你	潘成贵	14	听秀	潘丁仁字辈	15	聪听	潘伯聪	16		
				14	福秀	潘福生仁字辈	15	城福	潘长城伯字辈	16		
				14	棋秀	潘仁玉	15	子建棋	潘子建伯字辈	16		
							15	子维棋	潘子维伯字辈	16		
12	13	天拉	潘天明	14			15			16		
13	13	贵拉	潘贵平	14			15			16		
14	13	保勇	潘成盛	14	春保	潘军祥仁字辈	15	冬春	潘铨斌伯字辈	16		
				14	立保	潘军文仁字辈	15			16		
				14	龙保	潘军国仁字辈	15	昊龙	潘权夫伯字辈	16		
15	13	应勇	潘成宏	14	乔应	潘仁乔	15			16		
				14	营应	潘仁波	15			16		
16	13	衣勇	潘成平	14	宏衣	潘宏衣仁字辈	15			16		
17	13	者勇	潘成和	14	海者	潘海生	15			16		
18	13	翁勇	潘成江	14			15			16		
19	13	勇豆	潘元周成字辈	14	江勇	潘仁华	15	拉江	潘白宏	16	第拉	潘玉光代字辈
				14	若勇	潘仁国	15	拉若	潘伯万	16		
				14	今勇	潘仁松	15			16		

续表

<table>
<tr><th>序号</th><th>代号</th><th>祖名</th><th>字辈</th><th>代号</th><th>祖名</th><th>字辈</th><th>代号</th><th>祖名</th><th>字辈</th><th>代号</th><th>祖名</th><th>字辈</th></tr>
<tr><td rowspan="3">20</td><td rowspan="3">13</td><td rowspan="3">里了</td><td rowspan="3">潘元祥成字辈</td><td rowspan="3">14</td><td rowspan="3">听里</td><td rowspan="3">潘仁贵</td><td>15</td><td>衣听</td><td>潘伯成</td><td>16</td><td>平发衣</td><td>潘平发代字辈</td></tr>
<tr><td>15</td><td>凯听</td><td>潘伯成</td><td>16</td><td></td><td></td></tr>
<tr><td>15</td><td>丢听</td><td>潘伯荣</td><td></td><td></td><td></td></tr>
<tr><td rowspan="4">21</td><td rowspan="4">13</td><td rowspan="4">你送</td><td rowspan="4">潘廷贵成字辈</td><td rowspan="2">14</td><td rowspan="2">今你</td><td rowspan="2">潘仁克</td><td>15</td><td>圣文今</td><td>潘伯文</td><td>16</td><td></td><td></td></tr>
<tr><td>15</td><td>俱文今</td><td>潘伯俱</td><td>16</td><td></td><td></td></tr>
<tr><td>14</td><td>平你</td><td>潘仁安</td><td>15</td><td>勇平</td><td>潘伯勇</td><td>16</td><td></td><td></td></tr>
<tr><td>14</td><td>明你</td><td>潘仁勇</td><td>15</td><td>生明</td><td>潘伯生</td><td>16</td><td></td><td></td></tr>
<tr><td rowspan="8">22</td><td rowspan="8">13</td><td rowspan="8">王胖</td><td rowspan="8">潘廷珍成字辈</td><td>14</td><td>当王</td><td>潘正祥仁字辈</td><td>15</td><td>祺林当</td><td>潘伯祺</td><td>16</td><td></td><td></td></tr>
<tr><td>14</td><td>江王</td><td>潘正华仁字辈</td><td>15</td><td>永忠江</td><td>潘伯忠</td><td>16</td><td></td><td></td></tr>
<tr><td rowspan="2">14</td><td rowspan="2">翁王</td><td rowspan="2">潘正荣仁字辈</td><td>15</td><td>红翁</td><td>潘伯黔</td><td>16</td><td>凯林红</td><td>潘代凯</td></tr>
<tr><td>15</td><td>平翁</td><td>潘伯平</td><td>16</td><td>俱雄平</td><td>潘代俱</td></tr>
<tr><td rowspan="4">14</td><td rowspan="4">四王</td><td rowspan="4">潘正伦仁字辈</td><td rowspan="2">15</td><td rowspan="2">凯勋四</td><td rowspan="2">潘伯勋</td><td>16</td><td>阮峰勋</td><td>潘代峰</td></tr>
<tr><td>16</td><td>阮洁勋</td><td>潘代洁</td></tr>
<tr><td>15</td><td>凯旋四</td><td>潘伯旋</td><td>16</td><td></td><td></td></tr>
<tr><td>15</td><td>凯挥四</td><td>潘伯挥</td><td>16</td><td></td><td></td></tr>
<tr><td>23</td><td>13</td><td>常双</td><td>潘成龙</td><td>14</td><td>建红常</td><td>潘俱红仁字辈</td><td>15</td><td>小宇俱</td><td>潘伯宇</td><td>16</td><td></td><td></td></tr>
<tr><td rowspan="4">24</td><td rowspan="4">13</td><td rowspan="4">确双</td><td rowspan="4">潘成周</td><td rowspan="2">14</td><td rowspan="2">影确</td><td rowspan="2">潘仁专</td><td>15</td><td>凯影</td><td>潘兴凯伯字辈</td><td>16</td><td></td><td></td></tr>
<tr><td>15</td><td>磊影</td><td>潘兴磊伯字辈</td><td>166</td><td></td><td></td></tr>
<tr><td rowspan="2">14</td><td rowspan="2">衣确</td><td rowspan="2">潘仁键</td><td>15</td><td>文衣</td><td>潘兴文伯字辈</td><td>16</td><td></td><td></td></tr>
<tr><td>15</td><td>勇衣</td><td>潘兴勇伯字辈</td><td>16</td><td></td><td></td></tr>
</table>

续表

序号	代号	祖名	字辈	代号	祖名	字辈	代号	祖名	字辈	代号	祖名	字辈
25	13	付双	潘成书	14	龙付	潘龙付仁字辈	15			16		
26	13	丢小	潘成秀	14	保丢	潘仁标	15	立保	潘黎明伯字辈	16		
				14	里丢	潘仁普	15	强里	潘志强伯字辈	16	伟强	潘代伟
27	13	福小	潘成旭	14	江福	潘江华仁字辈	15	贵江	潘贵江	16		
28	13	农小	潘成兴	14	莫农	潘仁平	15	约莫	潘伯俊	16		
							15	参莫	潘文坛伯字辈	16		
				14	送农	潘送军仁字辈	15	杰送	潘小杰伯字辈	16		
							15	昊送	潘文昊	16		
29	13	金属	潘元兴	14	西安	潘世武仁字辈	15			16		
30	13		潘元林	14			15			16		
31	13	莫西	潘元忠成字辈	14	福莫	潘天父仁字辈	15	明福	潘黎明伯字辈	16		
				14	林莫	潘金林仁字辈	15	杰林	潘城杰伯字辈	16		
32	13	力协	潘成伟	14	乜力	潘仁森	15	雅阁乜	潘雅阁伯字辈	16		
33	13	友协	潘成亚	14	天友	潘晓天仁字辈	15	平天	潘伯渠伯字辈	16		
				14	色友	潘鑫仁字辈	15	奇色	潘伟奇伯字辈	16		
34	13	芎协	潘成海	14	凯军芎		15			16		
35	13	六先	潘成庆	14	生六	潘生福仁字辈	15			16		

续表

序号	代号	祖名	字辈	代号	祖名	字辈	代号	祖名	字辈	代号	祖名	字辈
36	13	交更	潘成元	14	今交	潘仁宝	15	红今	潘贵 友 伯字辈	16		
							15	第今	潘冬晋 伯字辈	16		
				14	三交	潘仁超	15	第三	潘开博 伯字辈	16		
37	13	勇更	潘成福	14	四勇	潘标 仁字辈	15	文四	潘小文 伯字辈	16		
				14	乔勇	潘君 仁字辈	15	玲乔	潘丛林 伯字辈	16		
				14	呈勇	潘胜 仁字辈	15	东呈	潘东旭 伯字辈	16		
38	13	五更	潘成云	14	应五	潘仁凤	15	玮应	潘伯玮	16		
				14	者五	潘海荣 仁字辈	15	安者	潘锦辉 伯字辈	16		
39	13	者练	潘元清 成字辈	14			15			16		
40	13	兄练	潘元昌 成字辈	14	生兄	潘仁坤	15	春生	潘伯春	16	天宇 春	潘天宇 代字辈
				14	五兄	潘仁团	15	建五	潘建林 伯字辈	16		
							15	安五	潘安平 伯字辈	16		
41	13	布九		14			15			16		
	13	龙九		14			15			16		
	13	保九										
	13	四九	潘成荣	14	九四	潘仁先	15	明九	潘小明 伯字辈	16		
				14	长四	潘仁重	15	凯长	潘凯平 伯字辈	16	龙凯	潘子龙 代字辈
				14	若四	潘仁远	15	平若	玉平 伯字辈	16		
42	13	休吉	潘成发	14	今休	潘仁胜	15			16		

续表

序号	代号	祖名	字辈	代号	祖名	字辈	代号	祖名	字辈	代号	祖名	字辈
43	13	太农	潘正林成字辈	14	保太	潘仁发	15	成保	潘胜伯字辈	16	刚成	潘小刚代字辈
							15	力保	潘海伯字辈	16	宇力	潘宇轩代字辈
				14	岩太	潘仁才	15	银岩	潘伯银	16		
							15	豆岩	潘建国伯字辈	16	强豆	潘志强代字辈
				14	付太	潘仁忠	15	沙付	潘伯军	16		
				14	莫太	潘仁和	15	明莫	潘伯龙	16		
							15	乔莫	潘伯江	16	坤乔	潘鸿坤代字辈
44	13	当荣	潘元忠诚诚字辈	14	透当	潘仁祥	15	更透	潘伯兵	16	凯更	潘剑凯代字辈
				14	往当	潘仁连	15	吓往	潘伯华	16		
							15	丁往	潘伯安	16		
				14	勇当	潘仁光	15	丢勇	潘小清伯字辈	16		
				14	拉当	潘仁跃	15	九拉	潘兴文伯字辈	16		
45	13	沙荣	潘正先成字辈	14	者沙	潘仁今	15	文者	潘伟才伯字辈	16	扬文	潘抒扬代字辈
							15	发者	潘伯发	16	瑞发	潘楷瑞代字辈
				14	江沙	潘仁宇	15	胜江	潘胜伯字辈	16		
				14	若沙	潘仁恒	15			16		
				14	七沙	潘文武仁字辈	15			16		
46	13	付别	潘成福	14	可付	潘仁忠	15	保可	潘伯静	16	平保	潘代平
							15	第可	潘伯第	16	真保第	潘代真
47	13	力你	潘正光成字辈	14	长力	潘仁德	15	保长	潘伯波	16	荣保	潘小荣代字辈
										16	红保	潘志红代字辈
							15	第长	潘维伯字辈	16	阳第	潘东阳代字辈

续表

序号	代号	祖名	字辈	代号	祖名	字辈	代号	祖名	字辈	代号	祖名	字辈
48	13	昌者	潘正则成字辈	14	里昌	潘仁林	15	红里	潘晓红伯字辈	16	志红	潘志涵代字辈
				14	福昌	潘仁宏	15	龙福	潘伯文	16		
							15	平福	潘伯智	16		
							15	海福	潘伯联	16		
							15	四福	潘伯第	16		
49	13	力你		14	林力	潘仁文	15	贵林	潘贵伯	16	永贵	潘盛永代字辈
										16	远贵	潘盛远代字辈
50	13	应金	潘成凤	14	你应	潘仁授	15	清你	潘清林伯字辈	16		
							15	凯你	潘凯林伯字辈	16		
				14	余应	潘云仁字辈	15	中余	潘中林伯字辈	16		
							15	庆余	潘庆林	16		
				14	生应	潘红专仁字辈	15			16		
51	13	安金	潘成渊	14	成安	潘永城仁字辈	15	胜成	潘胜伯字辈	16		
				14	银安	潘永银仁字辈	15	江银	潘江宏伯字辈			
							15	继银	潘继文	16		
							15	重银	潘重文伯字辈	16		
				14	长安	潘永长仁字辈	15	廷长	潘廷伯字辈	16		
52	13	丢金	潘成优	14	龙丢	潘玉龙仁字辈	15			16		
53	13	九者	潘成志	14	才九	潘泽生	15			16		
				14	付九	潘付生仁字辈	15	勇付	潘志勇伯字辈	16		
							15	国付	潘志国	16		

续表

序号	代号	祖名	字辈	代号	祖名	字辈	代号	祖名	字辈	代号	祖名	字辈
54	13	扩者	潘成全	14	文扩	潘华文仁字辈	15			16		
				14	平扩	潘华平	15	豪平		16		
55	13	豆者		14			15			16		
56	13	往你	潘正基	14			15			16		
57	13	九者	潘正方	14	福九	潘仁生	15			16		
58	13	九你		14	协就	潘协九仁字辈	15	飞协	潘飞伯字辈	16		
							15	勇协	潘勇伯字辈	16	豪勇	潘嘉豪代字辈
59	13	丢你	潘正文	14	翁丢	潘仁东	15	海翁	潘海平伯字辈	16		
							15	天翁	潘天才	16	伟天	潘伟豪代字辈
60	13	勇里	潘正茂	14	保勇	潘仁忠	15	成保	潘凯成伯字辈	16		
							15	二保	潘凯二伯字辈	16		
				14	豆勇	潘仁昌	15	正豆	潘生正伯字辈	16		
61	13	牛妥	潘营昌成字辈	14	九牛	潘宏才仁字辈	15	岩九	潘伯挥	16	潘代际	
							15	明九	潘伯光	16		
							15	三九	潘伯顺	16		
				14	拉牛	潘宏贵仁字辈	15	秋拉	潘伯付	16	荣秋	潘代荣
							15	羊拉	潘伯宗	16		
							15	清拉	潘伯金	16	顺清	潘代顺
										16	俊清	潘代俊
62	13	秀金		14	龙秀	潘仁龙	15	青龙	潘伯伟	16		
				14	莫秀	潘仁广	15	第莫	潘第帽伯字辈	16		
				14	千秀	潘仁勇	15	凯千	潘凯生伯字辈	16		

续表

序号	代号	祖名	字辈	代号	祖名	字辈	代号	祖名	字辈	代号	祖名	字辈
63	13	牛相	潘成先	14	中牛	潘仁高	15	余中	潘小余伯字辈	16		
				14	豆牛	潘光明仁字辈	15			16		
64	13	荣相	潘成坤	14	俊平荣	潘俊平仁字辈	15	宇俊	潘昊宇伯字辈	16		
65	13	里汞	潘正荣	14	付里	潘仁勋	15	波付		16		
							15	涛付	潘伯涛	16	吉涛	潘鲸吉代字辈
				14	拉里	潘仁飞	15	卫星拉	潘伯华	16		
				14	平里	潘仁军	15	伟强平	潘伯强	16		
66	13	堂汞	潘正科	14	海堂	潘仁帮	15			16		
				14	长堂	潘仁恩	15	俊长	潘俊伯字辈	16		
				14	第堂	潘贵平仁字辈	15	杰第	潘杰伯字辈	16		
							15	伟第	潘伟伯字辈	16		
67	13	钱汞	潘中华成字辈	14	贵钱	潘贵灵仁字辈	15	成贵	潘晨伯字辈	16		
68	13	力所	潘成文	14	凯力	潘仁勤	15	桥凯	潘小桥伯字辈	16		
				14	今力	潘仁雄	15			16		
69	13	者所	潘成锦	14	九者	潘仁立	15	军九	潘军志伯字辈	16		
68	13	岩所	潘成进	14	勇岩	潘明亮仁字辈	15	宁勇	潘语宁伯字辈	16		
				14	宏岩	潘永光仁字辈	15			16		

续表

序号	代号	祖名	字辈	代号	祖名	字辈	代号	祖名	字辈	代号	祖名	字辈
69	13	张劳	潘可发成字辈	14	占张	潘仁明	15	保占	潘伯刚	16	林保	潘小林代字辈
							15	往占	潘伯专	16	金往	潘金成代字辈
										16	义往	潘天义代字辈
				14	若张	潘仁富	15	贤若	潘伯阳	16	凡贤	潘云凡代字辈
				14	豆张	潘仁武	15	勇豆	潘伯勋	16	建勇	潘建豪代字辈
							15	成豆	潘伯清	16		
							15	凯豆	潘伯生	16		
70	13	商劳	潘正福	14	保商	潘仁荣	15	华保	潘小华伯字辈	16		
				14	农商	潘仁定	15	文农	潘伯文	16		
71	13	劳福	潘正隆	14	应劳	潘仁先	15	真应	潘真应伯字辈	16	贤真	潘代贤
							15	文应	潘伯标	16		
72	13	言福	潘正帮	14	和言	潘仁亮	15	生和	潘强生伯字辈	16		
							15	现和	潘德县伯字辈	16		
				14	贵言	潘仁辉	15	宝贵	潘国才伯字辈	16		
							15	富贵	潘圣国伯字辈	16		
73	13	往善		14	九往		15	发九	潘伯富	16	林发	潘小林代字辈
							15			16	相发	潘胜代字辈
							15	平九	潘伯平	16	勇平	潘世勇代字辈

续表

序号	代号	祖名	字辈	代号	祖名	字辈	代号	祖名	字辈	代号	祖名	字辈
74	13	翁善	潘正才	14	丢翁	潘仁学	15	海丢		16		
							15	天丢		16		
				14	你翁	潘仁昌	15	福你	潘伯福	16	青福	潘超群代字辈
							15	银你	潘德峰伯字辈	16		
				14	勇翁	潘仁茂	15	成勇	潘成勇伯字辈	16		
							15	保勇	潘小飞伯字辈	16	俊保	潘子俊代字辈
75	13	丁善	潘正清	14	者丁	潘仁优	15	里者	潘里平伯字辈	16		
76	13	当无	潘正明	14	七当	潘仁杰	15	拉七	潘荣华伯字辈	16		
							15	友七	潘友生伯字辈	16	林友	潘柏林代字辈
77	13	你防	潘正昌	14	九你	潘仁君	15	红九	潘伯红	16	文红	潘代文
78	13	勇防	潘正国	14	丢勇	潘仁良	15	阳丢	潘伯阳	16		
				14	贤勇	潘炳烈仁字辈	15			16		
79	13	保防	潘正邸	14			15			16		
80	13	贵别	潘成敏	14	翁贵	潘仁江	15	凯翁	潘书凯伯字辈	16		
				14	七贵	潘斌仁字辈	15	文七	潘俊文伯字辈	16		
				14	营贵	潘仁信	15	东营	潘东文伯字辈	16		
81	13	拉千	潘成禹	14	保拉	潘仁录	15	富保	潘小富伯字辈	16		
							15	龙保	潘小龙伯字辈	16		
				14	今拉	潘建华仁字辈	15	江今	潘江军伯字辈	16		
				14	你拉	潘仁帅	15			16		

续表

序号	代号	祖名	字辈	代号	祖名	字辈	代号	祖名	字辈	代号	祖名	字辈
82	13	里千	潘成连	14	勇里	潘仁伟	15	豆勇	潘伯才	16		
				14	衣勇	潘伯峰	15	楠衣	潘瞿楠代字辈	16		
				14	长里	潘仁彪	15	中长	潘小中伯字辈	16		
				14	营里	潘仁锦	15	杰营	潘文杰伯字辈	16		
							15	刚营	潘文刚伯字辈	16		
83	13	应吓	潘成清	14	往应	潘红伟仁字辈	15	丁往	潘丁丁伯字翠	16		
84	13	九送	潘成标	14	长九	潘仁春	15	兵长	潘长春伯字辈	16	毛兵	潘代毛
				14	宝九	潘仁宝	15			16		
85	13	牛送	潘成金	14	福牛	潘仁安	15	俊福	潘俊逸伯字辈	16		
							15	文福	潘伯文	16		
86	13	豆牛	潘成泽	14	国斗	潘仁芳	15			16		
				14	江豆	潘仁江	15	扬江	潘伯扬	16		
87	13	保牛	潘成顶	14	春保	潘仁春	15			16		
				14	往保	潘明福仁字辈	15	明往	潘锦明伯字辈	16		
88	13	衣布	潘成鹏	14	豆衣	潘仁兴	15	杰豆	潘冠桦伯字辈	16		
	13	往衣	潘仁刚	14	仲往	潘小仲伯字辈	15	睿哲仲	潘睿哲代字辈	16		
	13	当衣	潘飞仁字辈	14	玉当	潘文玉伯字辈	15			16		
89	13	福布	潘成昌	14	真福	潘真仁字辈	15	浩真	潘宇浩伯字辈	16		

续表

序号	代号	祖名	字辈	代号	祖名	字辈	代号	祖名	字辈	代号	祖名	字辈
90	13	豆莫	潘成光	14	拉豆	潘志强仁字辈	15			16		
91	13	牛莫	潘成安	14	相牛	潘志文仁字辈	15	奇相	潘道奇伯字辈	16		
							15	宇相	潘俊宇伯字辈	16		
				14	生牛	潘志江仁字辈	15	浩生	潘容浩伯字辈	16		
92	13 13	所勇	潘成正	14	平所	潘志平仁字辈	15			16		
				14	春所	潘志春仁字辈	15			16		
93	13	你勇	潘成勇	14	华你	潘晓华仁字辈	15			16		
94	13	保当	潘成忠	14	营保	潘仁权	15	海营	潘晓龙伯字辈	16	玮海	潘嘉玮代字辈
							15	贵营	潘贵林伯字辈	16		
				14	乔保	潘仁金	15			16		
95	13	你当	潘成恩	14	者你	潘仁进	15	冬者	潘伯冬	16		
				14	拉你	潘仁思	15	营拉	潘伯忠	16		
				14	勇你	潘仁占	15			16		
96	13	金当	潘成国	14	七金	潘七金仁字辈	15			16		
97	13	九农	潘成飞	14	翁九	潘仁清	15	东翁	潘伯勇	16		
				14	发九	潘仁通	15	生发	潘小生伯字辈	16		
98	13	协农	潘成跃	14	里协		15			16		
				14	勇协		15			16		
99	13	福康	潘成德	14	鹏福	潘东鹏仁字辈	15			16		

续表

<table>
<tr><th>序号</th><th>代号</th><th>祖名</th><th>字辈</th><th>代号</th><th>祖名</th><th>字辈</th><th>代号</th><th>祖名</th><th>字辈</th><th>代号</th><th>祖名</th><th>字辈</th></tr>
<tr><td rowspan="3">100</td><td rowspan="3">13</td><td rowspan="3">当康</td><td rowspan="3">潘成峰</td><td rowspan="2">14</td><td rowspan="2">九当</td><td rowspan="2">潘东晖仁字辈</td><td>15</td><td>展九</td><td>潘晨曦伯字辈</td><td>16</td><td></td><td></td></tr>
<tr><td>15</td><td>煜九</td><td>潘博煜伯字辈</td><td>16</td><td></td><td></td></tr>
<tr><td>14</td><td>树当</td><td>潘树林仁字辈</td><td>15</td><td></td><td></td><td>16</td><td></td><td></td></tr>
<tr><td rowspan="2">101</td><td rowspan="2">13</td><td rowspan="2">王康</td><td rowspan="2">潘成学</td><td>14</td><td>平王</td><td>潘东平仁字辈</td><td>15</td><td></td><td></td><td>16</td><td></td><td></td></tr>
<tr><td>14</td><td>龙王</td><td>潘东文仁字辈</td><td>15</td><td>霖龙</td><td>潘奕霖伯字</td><td>16</td><td></td><td></td></tr>
<tr><td rowspan="2">102</td><td rowspan="2">13</td><td rowspan="2">四康</td><td rowspan="2">潘明光成字辈</td><td>14</td><td>琴四</td><td>潘雪琴仁字辈</td><td>15</td><td></td><td></td><td>16</td><td></td><td></td></tr>
<tr><td>14</td><td>兵四</td><td>潘雪兵仁字辈</td><td>15</td><td>宇兵</td><td>潘博宇伯字辈</td><td>16</td><td></td><td></td></tr>
<tr><td>103</td><td>13</td><td>满康</td><td>潘成里</td><td>14</td><td>强满</td><td>潘东祥仁字辈</td><td>15</td><td>宇轩强</td><td>潘宇轩伯字辈</td><td>16</td><td></td><td></td></tr>
<tr><td>104</td><td>13</td><td>里往</td><td>潘成开</td><td>14</td><td></td><td></td><td>15</td><td></td><td></td><td>16</td><td></td><td></td></tr>
<tr><td rowspan="2">105</td><td rowspan="2">13</td><td rowspan="2">七往</td><td rowspan="2">潘成彬</td><td>14</td><td>保七</td><td>潘仁区</td><td>15</td><td></td><td></td><td>16</td><td></td><td></td></tr>
<tr><td>14</td><td>海七</td><td>潘海七仁字辈</td><td>15</td><td>熙海</td><td>潘源熙伯字辈</td><td>16</td><td></td><td></td></tr>
<tr><td>106</td><td>13</td><td>妥衣</td><td>潘成君</td><td>14</td><td></td><td></td><td>15</td><td></td><td></td><td>16</td><td></td><td></td></tr>
<tr><td>107</td><td>13</td><td>莫保</td><td>潘明安成字辈</td><td>14</td><td></td><td></td><td>15</td><td></td><td></td><td>16</td><td></td><td></td></tr>
<tr><td>108</td><td>13</td><td>岩所</td><td></td><td>14</td><td>和岩</td><td></td><td>15</td><td>江和</td><td>潘江发伯字辈</td><td>16</td><td></td><td></td></tr>
<tr><td rowspan="6">109</td><td rowspan="6">13</td><td rowspan="6">金牛</td><td rowspan="6">潘少奎成字辈</td><td rowspan="3">14</td><td rowspan="3">你金</td><td rowspan="3">潘仁富</td><td rowspan="2">15</td><td rowspan="2">拉你</td><td rowspan="2">潘伯银</td><td>16</td><td>兴隆拉</td><td>潘代军</td></tr>
<tr><td>16</td><td>凯杰拉</td><td>潘凯杰代字辈</td></tr>
<tr><td>15</td><td>保你</td><td>潘伯宝</td><td>16</td><td></td><td></td></tr>
<tr><td rowspan="2">14</td><td rowspan="2">豆金</td><td rowspan="2">潘仁忠</td><td>15</td><td>平豆</td><td>潘平安伯字辈</td><td>16</td><td></td><td></td></tr>
<tr><td>15</td><td>东豆</td><td>潘东城伯字辈</td><td>16</td><td></td><td></td></tr>
<tr><td>14</td><td>者金</td><td>潘仁荣</td><td>15</td><td>红者</td><td>潘先红伯字辈</td><td>16</td><td></td><td></td></tr>
</table>

续表

序号	代号	祖名	字辈	代号	祖名	字辈	代号	祖名	字辈	代号	祖名	字辈
110	13	德丢	潘正兴	14	龙德	潘仁福	15	白龙	潘伯乐	16		
							15	青龙	潘伯俊	16		
				14	堂德	潘仁彬	15	七堂	潘伯建	16		
							15	凯堂	潘凯堂伯字辈	16		
				14	莫德	潘仁泉	15	荣莫	潘荣发伯字辈	16		
							15	贵莫	潘贵发伯字辈	16		
				14	四德	潘仁成	15			16		
111	13	莫福		14	丁莫		15			16		
	13	呃莫		14	保呃	潘仁忠	15	红保	潘红发伯字辈	16		
				14	里呃	潘仁富	15	勇里	潘勇发伯字辈	16		
112	13	里当	潘成郁	14	若里	潘仁奎	15	庆若	潘庆发伯字辈	16		
		往当	潘成义	14	你往	潘仁科	15	者你	潘怡晨伯字辈	16		
		农当	潘成华	14	保农	潘仁凡	15	源浩保	潘源浩伯字辈	16		
113	13	保相		14	长生		15	东明		16	尼鑫	
				14	海乔		15	敏佳		16		
				14	龙生		15	东焱		16		
114	13	福吉	潘正文	14	长福	潘仁义	15	贵江	潘伯荣	16	远航	潘代远
115	13	贤吉	潘正刚	14	福贤	潘仁均	15	二宝	潘伯建	16	代军	潘代军
				14	武贤	潘仁会	15	少良	潘少良	16		
							15	少权	潘少权	16		
				14	双贤	潘仁贵	15	明双	潘伯万	16		
				14	春贤	潘仁高	15			16		
116	13	应吉	潘正华	14	泽应	潘仁明	15	四泽	潘四强	16	勇四	潘勇安
				14	胜应	潘仁胜	15			16		

续表

序号	代号	祖名	字辈	代号	祖名	字辈	代号	祖名	字辈	代号	祖名	字辈
117	13	金吉	潘正祥	14	透金	潘仁勇	15	华透	潘伯华	16		
							15	国透	潘伯国	16		
				14	六金	潘仁富	15	堂六	潘伯堂	16		
				14	当金	潘仁才	15	俊当	潘俊伯字辈	16		
118	13	腰吉	潘正林	14	余腰	潘仁清	15	镜文	潘伯文	16	代权	潘代权
										16	代棋	潘代棋
							15	锦平	潘伯平	16		
119	13	丁文	潘正清	14	明中	潘明仁字辈	15	雪超	潘伯超	16		
				14	林中	潘荣仁字辈	15	顺林	潘伯顺	16		
120	13	妥休	潘正龙	14	成妥	潘仁兵	15	新平	潘伯新	16	书瑞	潘书瑞代字辈

（三）潘姓的宗族特征

1. 潘姓知名人士辈出。据悉，汉代以后，潘姓的知名人士，堪称人才济济，仅收录《中国名人大辞典》就有二百多人。

2. 潘姓外表俊秀。西晋潘岳以“美姿容”著称，潘妃以妖艳著称。

3. 潘姓部分宗族行为有记载，如江苏溧阳潘姓一支的行为：“忠武费威，峻卿辅乾，程皓策楚；浙江新昌潘姓一支字行为：“炳其宣慈，承先继泽。”

上述特征，来源于潘成祥整理的“潘姓宗祠通用对联”。现将对联列举部分如下：

潘姓宗祠四言通用联

（1）源流多支，广出望宗。

——佚名撰“潘姓宗祠通用联”。全联记载有潘姓的姓氏源流和郡望。

（2）友文佛子，世长天才。

——佚名撰“潘姓宗祠通用联”。上联典记载南宋金华人潘友文，字文叔，一心仰幕善人，并力行善事，陆九渊曾称赞他慈祥而诚恳，有恻隐之心，人称“潘佛子”。下联典出西晋汉寿人潘京，字世长，二十岁时任郡主簿，善于论辩，举秀才后到洛阳，与善谈的尚书令乐广畅谈几天，乐广惊叹佩服他的口才：“你口才过人但是学的知识还不够，如果再加强学习一定会成为一代谈宗。”于是他又勤奋苦学，后历官巴丘、邵陵、泉陵三县县令，颇有政绩。

（3）栽花满县，画墨成仙。

——佚名撰“潘姓宗祠通用联”。上联记载西晋文学家潘岳，字安仁，河南荥阳中牟人，举秀才，官河阳令，勤于政事，在县中满栽桃李，后官著作。擅长诗赋，特别善于写哀诔文章，辞藻华丽，与陆机齐名。下联典指北宋祐歙县人潘谷，善于制造墨，很有名声，当有人不给钱求墨，他常慷慨相赠。苏轼曾写诗赠他，有句：“一朝入海寻李白，空看人间画墨仙。”

（4）栽花满县，置田给族。

——佚名撰“潘姓宗祠通用联”。全联典指晋代潘岳，曾任河阳令，在县遍种桃李。李白有诗云：“河阳花作县。”下联典指明代潘岳家置田给族人。

（5）名高吴将，位列楚卿。

——佚名撰“潘姓宗祠通用联”。上联典记载清代将领潘韬，吴川人。乾隆中任闽浙督标水师营参将，守护台湾有功，官至南澳镇总兵。下联典记载春秋楚成王时太师潘崇，助楚穆王继位有功，被穆王封为太师，兼掌上环列之尹。

（6）诗称邠老，赋重安仁。

——佚名撰“潘姓宗祠通用联”。上联典出宋代诗人潘大临，字邠老，黄岗人，与弟大观皆以诗名。从苏轼、黄庭坚、张耒游，雅所推重，有《柯山集》。下联典出西晋文学家潘岳（247—300），字安仁，荥阳中牟（今属河南）人。曾任著作郎、给事黄门侍郎等职。长于诗赋，与陆机齐名。明人辑有《潘黄门集》。

（7）三中省试，七秉文衡。

——佚名撰“潘姓宗祠通用联”。上联典指元代潘伯修，至正年间，三中省试。下联典指明代潘文奎修国史，七秉文衡。

（8）绩著司空，功推武惠。

——佚名撰“潘姓宗祠通用联”。上联记载宋代潘美，景著战功，卒谥武惠，追封郑王。下联记载了潘驯四次治河，功绩最著，累官至宫保大司空。

（9）系承季孙，望出河南。

——佚名撰“潘姓宗祠通用联”。全典指出周文后人毕公子之季孙，食采于潘，因以为氏。

（10）立定五溪，射穿七札。

——佚名撰“潘姓宗祠通用联”。上联指出春秋的潘党，善射，与养由基较射，射穿七札。下联典指出三国的潘溶新敌数万，平定五溪蛮。

（11）赋重安仁，诗称邠老。

——佚名撰“潘姓宗祠通用联”。上联典指宋代潘大临，下联典指西晋潘岳。

（12）德传花县，馨衍荥阳。

——佚名撰“广东省梅州市梅县潘姓宗祠通用联”。上联记载的“花县”指的是晋代潘岳于河南省河阳（今孟县西）任县令时。因该县已满种桃李，所以称为花县；荥阳处于河南黄河原设郡地方。作此对联，目的是教导潘氏子孙勿忘源出河南地方的历史源流。

潘姓宗祠五言通用联

（1）殉节碎玉石，舍身拼蛾眉。

——佚名撰“潘姓宗祠通用联”。上联记载宋代潘妙圆破元兵围于城，中将受辱，潘先焚夫骨，火发，遂跃入烈焰而死。下联典指梁武帝得南齐潘玉儿，王茂谏曰：“亡齐者此物也，不可留。将以赐田安启，玉儿不从，自缢而死。”

（2）四任治河总理，三源支系宗。

——佚名撰“潘姓宗祠通用联”。全联典出明代水利家潘季训（1521—1595），字时良，号印川，乌程（今浙江乌程）人；明代后期，曾四次出任总理河道，主持治理黄河，总结出一套治黄河的方法。著有《两河管见》《宸断大工录》《河防一览》等。出自“潘姓宗祠七言通用联”。

（3）祖德高深开大业，网形雄耸。

——佚名撰“潘姓宗祠通育英才用联”。此联为广东省梅县南口镇桥乡村潘氏宗祠联。源自“潘姓宗祠七言以上通用联”。

（4）典籍淹通，赋成华岳；丰姿秀美，果满香车。

上联典出西晋文学家潘岳。下联典出宋代学者潘翼，字雄飞，青田人。自幼博览群书，精通诸子百家，著有《九域赋》《星图证验》等。举家兴旺，当地知名人士，登科中举者，大多出其门下。其中，王十朋成名后常叹未尽其能得使之所学。

（5）春发其华，秋结其实；精于勤，行成于思。

——清代潘龄撰“潘姓宗祠通用联”。此联为清末进士潘龄皋自题联。潘龄皋，字锡九，河北安新人，历任甘肃布政使等官职。

（6）玉儿尚且拼生，金莲绝舞；妙圆独甘殉节，白骨扬灰。

——佚名撰“潘姓宗祠通用联”。上联记载了南朝齐时期潘玉儿，下联记载了宋末的潘妙园。

（7）南峙秀文峰，雾合烟云资豹变西流环武水，涛兼雷雨助蛟腾。

——佚名撰“潘姓宗祠通用联”。此联为安徽省黟县古筑村潘氏宗祠联。

（8）人同胞为教，三广文将军；九乡贤，九代相继九进士。

——佚名撰“潘姓宗祠通作功臣”。此联为贵州省安顺市北街大磨边潘氏宗坊联。联语短，但归纳了潘氏历代鼎盛的情况。

（9）满城风雨。

据潘姓典故、趣事的记载，潘大临，字邠老，黄冈（湖北省黄冈）人；著有《柯山集》二卷，是江西诗派的重要代表人物；能文善画，并擅长于书法，与其弟潘大观都以诗闻名。潘大临家境不好，但写的诗却优美动人，受到名家的称赞。据记载，有一年重阳节，窗外下着绵绵细雨，秋风吹动树叶，发出轻轻的沙沙声。面对此景，正在家中研诗的潘大临忽然诗兴大发，构思了一首好诗，提笔写了起来，刚写了第一句“满城风雨近重阳”，突然门外响起“砰砰”的敲门声，原来是收租税的来了。待打发收租税的人走后，他却怎么也想不起后面的诗句了，于是就把这一句诗送给了朋友，以后就有了“满城风雨”这个成语。

（四）潘氏历史名人

潘崇：春秋楚成王时代任太师，因助楚穆王继位有功，被穆王封为太师，兼掌上环列之尹。

潘璋：今山东省冠县人，三国时期东吴名将。年轻时家贫，跟随孙权后得到赏识，不断升迁。（与下文明代潘璋有别）

潘岳：字安仁，荥阳中牟（今属河南省）人。西晋著名文学家，善缀辞令，长于铺陈，造句工整，充分体现了太康文学讲求形式美的倾向，所以在当时受到推崇，以“美姿容”著称。在文学方面，善于诗赋，文辞华靡，与同时代的文学家陆机齐名，其《悼亡诗》《闲居赋》为世传诵，明人辑有《潘黄门集》。

潘综：宋代吴兴（今属湖州）人。小恩起义，与父骠路遇兵。兵砍其父，乃伏身保护，被砍四刀。一人曰：“杀孝子不祥。”于是父子俱得免。后官遂昌长。南朝宋元嘉间改其里名曰纯孝，免其家三世税租。

潘尼：西晋文学家，潘岳之侄，官至太常卿，在文学上与潘岳齐名，世称“两潘”；其诗注重词藻，多应酬赠答之作，明人张溥辑有《潘太常集》。

潘美：大名（今属河北省大名县）人，北宋名将，在灭南汉、南唐、北汉时立下奇功。宋太宗雍熙三年（986）攻辽，潘美因指挥失误，使名将杨业牺牲，受降级处分。

潘阆：大名人，宋太宗时进士，其诗词笔调清新，往往有出尘之语。

潘来：江苏省吴江平望人，清朝官员，涉经史及历算声韵之学，曾参与纂修《明史》。

潘大临：黄冈市人，宋代诗人，与大观皆以诗名，有《柯山集》遗世。

潘自中：字时义，宋代松阳人，江州司理。

潘季驯：字时良，号印川，浙江省乌程（今吴兴）人，明代著名水利家。嘉靖二十九年中进士，由大理寺左少卿进右佥都御史，主持治理河道，先后达二十七年，习知地形险易，成绩显著，著有《两河管见》《宸断大工录》《河防一览》等。

潘之恒：歙县（今属安徽省）人，明代文学家，撰有《叙曲》《吴剧》等剧评，并有诗集《涉江集》。

潘柽章：江南吴江（今属江苏省）人，明末清初学者，著有《国史考异》，顾炎武推其精审。

潘平格：浙江省慈溪人，明清思想家，强调追求真理，提出“浑然一体”“见在人心”的理论，著有《求仁录》。

潘亦隽：江苏省苏州人，清初画家，其族弟潘奕鏊、潘奕钧、潘交荫、潘奕藻等都是知名画家。

潘作梅：字肖野，号戒平，清代乌程（今属湖州）人，安吉籍。雍正元年拔贡，官海宁学正；冷官二十年，慕荣利；博学多艺，精书法；画山水得倪云林逸致。

潘祖荫：字伯寅，江苏吴县人。年十七应顺天乡试挑取誉录；年十九以其祖太傅潘世恩年八十赐寿恩赏举人，成丰进士；光绪元年授大理寺卿，署礼部右侍郎；次年，署刑部右侍郎、补礼部右侍郎，兼署工部左侍郎；四年，调户部右侍郎，仍兼署工部左侍郎；五年，转户部左侍郎，升都察院左副都御史，擢工部尚书，加太子少保衔，调刑部尚书；著有《四本堂文集》二卷等。

潘宗耀：字绳武，号虹桥，清代永嘉人；嘉庆六年举人；历丹徒、江浦知县，土民爱戴。著有《五梅一研斋钞》。

潘子忠：广西岑溪县人，中国共产党党员；1929 年参加广西百色起义，担任中国红军第七军的基层干部，随部投入创建和巩固右江革命根据地的斗争；1930 年红七军集中河池整编，任连长，随主力北上，转战桂黔湘粤赣边，参加湘赣苏区的反“围剿”作战；同年进入中央苏区，他历任红七军副营长、营长、红三军团某团副团长，率部参加了中央苏区的第三、四、五次反“围剿”作战和红一方面军长征；调任某师特派员；1935 年夏，在四川过草地途中牺牲。

潘鼎新：名毓，又名平界，字祖义，华容人；1906 年率兵响应萍浏澧起义，事败逃亡日本，入同盟会；次年8月，参与组织共进会；1908年回国，参与创办《商务报》；未几，焦达峰在湖南联络大举，被委驻守岳州；辛亥年长沙光复，他组率义军攻入华容县城，旋率部驰援武汉；南北议和成立时，任共进会及湖北同盟会干事；二次革命时，任讨袁军总司令部代理参谋长，事败，再亡日本；护国战争时回国举兵讨袁，被授予陆军中将、二等大绥嘉禾章，后转入报界，在天津任《泰晤士报》华文版主笔；曾出任东北边防军驻热河特别党部政治部主任兼参谋长及热河省政府秘书长，遭软禁，被救后定居北平，闭门读《易》；七七事变后，将幼子送赴抗日前线，他遭日军捕押，折磨致精神失常。出狱后病卒家中。

潘天寿：浙江省宁海人，现代画家、美术教育家，擅长写意花鸟和山水画，布局普于险、破险；笔墨有金石味，朴厚劲挺、气势雄阔，融诗、书、画印于一炉，著有《中国绘画史》《治印谈丛》等。

潘汉年：宜兴归径人；1925年入党；1927年任国民革命军总政治部机关报《国民军日报》总编辑；1928年被调到中共中央宣传部，负责文化界的统战工作，先后任中国左翼作家联盟和左冀文化总同盟党组书记；1933年任中央局宣传部部长；1934年参加长征，任总政治部宣传部部长兼地方工作部长；1935年起在香港、广州、武汉、上海等地领导对敌斗争和统一战线工作；1949年任上海市委副书记、副市长；1955年被逮捕判刑；1977年含冤病逝。

潘受：（1911—1999）原名潘国渠，福建南安人；1930年，9岁的他南渡新加坡；潘受是一位伟大的教育家、书法家。中国书法和诗词上取得了优异的成就，为东南亚华人的精神文明提供了宝贵的文化资产；他在艺术和文学方面也有高深修养，更成为传统中国知识分子的典范。1995年，新加坡政府为肯定潘受对国家文化与教育的卓越贡献，正式宣布他为国宝；1998年，潘受得知南洋理工大学将授以名誉文学博士之时，特地请见新闻及艺术部长杨荣准将，表示不能肯定自己是否应该接受这项荣誉，因为他的贡献是在“南洋大学”，而非“南洋理工大学”。杨部长认为南大精神仍然活在南洋理工大学校园里，鼓励他接受。在颁授典礼中，潘受主张恢复南洋大学校名，可见他对南洋大学感情的深厚。他的呼吁，获得东南亚华人社会热烈的反响。

潘清：乾隆三十一年，为青帮三祖之一，于雍正四年间的翁岩、钱坚创立青帮。青帮在清初以来，是流行最广、影响最深远的民间秘密结社之一；青帮虽为翁、钱、潘三位祖师所创，然而在翁钱二位祖师爷先后仙逝后，潘祖独撑大志，与门下弟子共同订定家规法则，劝诫帮众修得论道，将一帮市井船夫，治理得有条有序，强调师带徒的体制。帮中大小以字辈论之，俨然是个大家族，并设立家庙，凡入帮者，不论何姓，一旦入帮，均为潘家子孙。因此不仅仅是入帮会，而是入家族，且不论何字班辈，一师皆为师，一徒皆为徒，受四方长辈恩下，也使得清帮有别于其他帮派会社，师徒兄弟间感情特别亲切。乾隆三十一年，潘祖于运粮时在风林闸下仙逝，由潘祖开山门弟子王降字相阳（浙江杭州西门外人）及关山弟子萧玉德（字明新，苏州府昌门外人）扶柩回杭州武林门外。

（五）家族服兵大事记

1. 潘峰少将

潘峰：（1915—1994），安徽省六安县人。1930 年参加中国工农红军；1931 年加入中国共产主义青年团；1932 年转入中国共产党。土地革命战争时期，任红 25 军 73 师政治部干事，红 4 军 10 师 29 团连指导员，红 30 军 267 团营政治委员，第 267 团总支书记，1937 年入延安中国人民抗日军政大学学习；抗日战争时期，任八路军冀热察挺进军随营学校政治处主任，第 12 支队政治处副主任，第 4 团政治委员，挺进军政治部副主任，晋察冀军区第 11 军分区政治部主任，第 3 军分区政治部主任；解放战争时期，任冀东军区第 18 军分区司令员；1948 年任冀东军区司令员，接到上级指示，保障四野进入冀东地区；同年 11 月和冀东区委书记兼冀东军区政委吴德到遵化晋见林彪、罗荣桓、刘亚楼；向四野首长汇报内容是这样的：罗东军区有两个独立师，一个参加锦州战役，一个参加平北战役，只剩下八九个团，集中在铁路沿线阻敌，军区本身只掌握一个团；罗荣桓要求翼东军区机关随东总行动，负责后勤支援保障工作，林彪要求冀东军区接受平、津的俘虏；潘峰和吴德按照林彪和罗荣桓的指示，筹集了 13 亿公斤军粮、40 万公斤食油，出动了 70 万车工、70 万驴工，保障军粮供应；动员200万民工拓宽、碾平、新修公路5000千米，翻修、加固桥梁500余座：组建了6个补训师和4个野战医院；动员了30万人，组成了20个担架团。中华人民共和国成立后，任华北军区干部部副部长、防空军干部部部长，是中国人民政治协商会议第三、四五届全国委员会委员。1955年被授予少将军衔，荣获二级八一勋章、一级独立自由勋章、一级解放勋章；1988年7月被中央军委授予中国人民解放军一级红星功勋荣誉章；1994年1月19日因病逝世，终年79岁。

2. 潘焱少将

潘焱（1916—1999），河南省新县卡房乡老叶湾村潘家下湾人。1929年参加红军游击队编入光山县独立营；1930年12月编入红4军10师29团，在该团特务连当传令兵；1932年加入中国共产党；土地革命战争时期，任红4军10师28固排长、副连长、连长、营长，第35团营政治委员，四川独立团政治委员，红4军12师司令部作战股长，参加了粉碎国民党军队对鄂豫皖四次反围剿斗争、苏区的二创建川陕革命根据地的斗争；1934年在“肃反”中被误认为是改组派，受到撤职处分；长征途中，率领一个营在救济寺战斗中攻克敌碉堡数个；抗日战争时期，进入中国人民抗日军政大学第2期学习，毕业后留校任队长兼教员，高级干部营营长，步兵科科长兼军事主任教员，因教学好，军委调他到第二野战军战史编辑委员会工作，任编辑室副主任，编写第二野战军的战史；后又调到海军，任北海舰队参谋长；1961年任北海舰队副司令员，1968年任海军参谋长，北京军区副司令员兼北京卫成区司令员；1975年8月任解放军海军顾问；1979年1月任北京卫成区司令员，8月任北京军区副司令员兼卫成区司令员，是第六届全国人民代表大会常务委员会委员；1955年被授予少将军，获二级勋章、二级独立自由助章，荣获朝鲜民主主义人民共和国二级自由独立勋章；1988年7月被中央军委授予中国人民解放军级红星功勋荣誉章。

3. 潘世征少将

潘世征（1916—1961），湖南省宁乡人。1930年参加中国工农红军；1932年加入中国共产主义青年团；1934年转入中国共产党；土地革命战争时期，任红 3 军团军医处卫生队队长，红 6 军团卫生部医生，第 17 师野战医院医务科科长，军团后方医院院长，军团卫生部政治委员，参加了长征；抗日战争时期，任八路军 120 师团卫生队队长，旅后勤部卫生部政治委员，旅卫生部部长，南下支队卫生部部长；解放战争时期，任中原军区卫生部部长，第一野战军第 2 军卫生部部长，第 1 兵团卫生部部长。中华人民共和国成立后，任新疆军区后勤部政治委员兼卫生部部长；1951 年赴苏联莫斯科中央医师进修学院学习，获医学博士学位，后入苏联基洛夫军事医学科学院特别系学习；1956 年回国，后任军事医学科学院副院长；1955 年被授予少将军衔；荣获二级一勋章、二级独立自由勋章；1961 年 8 月 19 日逝世，终年仅 45 岁。著有中篇回忆录《忆陈东尧》，用质朴、流畅、简洁的语记述了自己的老战友——在抗日中牺牲的英雄团长陈冬尧的生平。《忆陈冬尧》在他去世三年后由作家出版社出版。著名文学家周立波作序，给予这本遗著很高的评价。

4. 潘寿才少将

潘寿才（1906—1974），河南省新县人。1928 年参加光山县游击队；1930 年加入中国共产党；土地革命战争时期，任红 4 军 10 师 29 团参谋、政治处组织股股长，红 31 军 93 师组织科科长第 277 团政处主任，278 团政治委员，红四面军政治部组织科科长，参加了鄂豫皖、川陕苏区反“围剿”和长征；1935 年在四川阿坝地区率领团直和一个营掩护红四方面军转移，受到红 31 军政治部通令嘉奖；1936 年在四川灌县率一个团掩护红四方面军北上，被敌军包围，经过昼夜激战，突出重围，穿过 100 余里无人区，找到主力部队；抗日战争时期，任八路军 129 师 385 旅 769 团营政治教导员，津浦支队政治委员，山东纵队第 2 支队政治委员；1937 年 10 月，参加了 769 团夜袭阳明堡日军飞机场烧毁敌机 24 架；同年底，参加了 129 师在晋中地区粉碎日军的六路围攻战役；1938 年 1 月参加了平定以东的柏水井伏击战，后又参加涉县、黎城间响堂铺伏击战；1941 年起，先后入延安军政学院军事学院和中央党校学习，后到延安中央党校工作。解放战争时期，任 4 纵 12 师政治委员，参加了著名的塔山阻击战，后升任 41 军政治部副主任；中华人民共和国成立后，任第 23 步兵学校政委。1955 年被授予少将军衔，荣获二级勋章、一级独立自由勋章、一级党中央解放勋章。1974 年 2 月 9 日因病逝世，终年 68 岁。

5. 潘振武少将

潘振武（1907—1988），湖南省常德县人。1926 年加入中国共产主义青年团；1927 年参加常德县秋收暴动，常德县第八区的 5 名共青团员发起暴动。暴动开始时有数百人参加，很快发展到 1000 余人，戴修文担任总司令，潘振武担任总指挥。暴动队伍毁了区团防局，处决了团防大队长、印花局长和当地有名的土豪劣绅。这次暴动历时 3 天，由于孤军作战，没有外援，未能坚持下去，也没有按照上级的答复拉上山去。抗日战争时期，任八路军 115 师政治部敌工部部长、民运部部长，鲁南军区政治部主任。解放战争时期，任冀察热辽军区政治部敌工部部长、政治部秘书长，嫩江军区政治部副主任，西满军区政治部组织部部长，西线后勤部政治部主任、政治委员。中华人民共和国成立后，任中南军区治部主任，后勤部副政治委员，广州军区后勤部段治委员，驻苏维埃社会主义共和国盟大使馆武官，国防部办公厅副主兼外事局局长，武汉军区副政治委员、顾问。1970 年 8 月担任湖北省革命委员会副主任，1971 年 3 月担任湖北省委书记，1977 年底退出省革命委员会班子，1983 年退出省委班子。他是中国人民政治协商会议第五届全国委员会委员，中国共产党第七次全国代表大会代表。1955 年被授予少将军衔，获二级八一勋章、一级独立自由勋章、一级解放勋章。1988 年 7 月被中央军委授予中国人民解放军一级红星功勋荣誉章。1988 年 9 月 22 日因病逝世，享年 81 岁。

6. 潘瑞吉中将

潘瑞吉（1945—?），浙江省永嘉县渠口乡泰石村人。1963 年参加中国人民解放军。1970 年任中国人民解放军南京军区陆军某师政治部宣传科副科长，后入解放军政治学院深造。毕业后，历任陆军第 12 军某师政治部主任、政治委员、南昌陆军学院政治委员，南京军区陆军第 12 集团军政治委员、沈阳军区政治部主任等职。2000 年 12 月调任南京军区政治部主任。2005 年 8 月调任沈阳军区副政治委员。1988 年 9 月被授予大校军衔，1992 年晋升为少将军衔，2002 年晋升为中将军衔。著有《邓小平新时期军队建设思想》《冲出人口困境》《军队政治工作研究与实践》等。

潘姓高级将领、革命英雄烈生平简介

1. 潘虎烈士

潘虎（1900—1931），湖南省浏阳县人，出生于一个贫苦农家，1930 年 9 月加入中国共产党。大革命时期，1926 年参加国民革命第 8 军，随军北伐，因作战勇敢，相继升任排长、连长。1927 年 5 月，因不满国民党右派在北伐军内清查共产党，辞官返回家乡。土地革命战争时期，1930 年 4 月在家乡组织一支农民武装，自称“红军游击队第一大队”，任队长。同年 6 月，错把中共党员邓洪作为国民党好细抓获，后经邓教育，游击队接受浏阳共产党组织领导，仍任队长。不久，游击队与南乡游击队合编为浏阳赤都第 5 师，担任副师长兼机枪连连长，10 月奉命率部由浏阳西区转入乡，执行扩军任务。为打破国民党反动派对浏阳苏区发动的军事“围剿”，带领一个加强连，将居守西乡市的敌军一个营歼灭。同年，护送 2000 名新兵从浏阳去中央苏区。12 月初到达芦溪至宜风一带山区时，突然遭到大队敌人阻击。为掩护部队转移，带头冲杀，不幸身中数弹，壮烈牺牲，时年 30 岁。

2. 潘涛烈士

潘涛（1912—1937），福建省仙游县人。少年时入县立中学读书。1978 年春，积极参加农民反抗烟苗捐斗争和县立中学学生罢课、示威游行活动。1929 年中学毕业后在小学执教，向学生介绍进步思想，并积极联络革命同志，支持农民抗税斗争。1931 年加入中国共产党。1931 年 11 月被选为互济会县总会常委。1932 年 10 月任中共仙游县委委员，负责城区和南区工作，不久被调到莆田，任中共普田县委书记兼莆田工农红军游击队政治委员。1934 年春率领游击队在莆田忠门地区发动农民 1000 余人冲入区署，斗区长、开仓分粮，受到中共福州中心市委的表扬。9 月重建中共前莆田中心县委，任中心县委委员兼在莆田游队政治委员。12 月率游击队潜入常太地区，奇袭国民党枫叶糖乡公所常备队，缴枪 20 多支、子弹数千发，拔掉了常太地区的反动堡垒，打响了闽中三年游击战争的第一枪，为创建闽中游击区立下首功。1935 年 5 月，莆田中心县委与福清中心县委合并成立中共闽中特委，任委员。莆田游击队整编为中国工农红军闽中游击队第 2 支队，任政治委员。与第 1 支队协同作战，主动出击，四处萎批式敌人，闽中游击区得到不断固发和展。1937 年 2 月，中共闽中特委在莆田洪度村举行会议，由叛徒出卖被捕。6 月 23 日英勇就义于福州西门外，牺牲时 26 岁。

3. 潘骥烈士

潘骥（1896—1931），江西人，早年加入中国共产党，1930 年 6 月参加中国工农红军。大革命时期，1925 年参加国民革命军，在第 5 军随营学校学习。毕业后任排长、连长等，后因从事革命活动被解职。1928 年在波阳县警卫团任连长。1930 年 5 月因筹划率部起义事泄被捕，关押于乐平监狱，被判处死刑待决。6 月，红 10 军共田攻克乐平时获救出狱，加入中国工农，任红 10 军教导团团长，参加了攻打景德镇等重要战役。1931 年 1 月任北闽红军独立团团长。5 月在建安作战时牺牲，时年 35 岁。

4. 潘一福烈士

潘一福（1911—1932），安徽省金赛县人。学徒出身，1929 年参加革命，从事地方工作。1930 年参加中国工农红军，先后在红 1 军、红 4 军 12 师 36 团当战士。1932 年调入红 25 军 75 师 225 团 2 营 4 连当文书，后调任 225 团政治宣传传委员、红 75 师政治部宣传科科长。参加鄂豫皖根据地一、二、三次反“围剿”斗争。随军南下蕲（春）、黄（梅）、广（游），在黄安、商潢、潢光、苏家埠战役中，屡建功绩。1932 年 6 月，在第四次反“围剿”斗争中，在霍邱作战时牺牲，时年 21 岁。

5. 潘月明烈士

潘月明（1904—1932），湖北省阳新县人。早年家庭贫苦，从小在煤窑做工、拾煤。1926 年 10 月七约煤矿工人成立工会，常去参加开会，后来参加了海口农民军。1927 年 5 月任七约山农民协会委员会会长。1928 年在煤矿区加入中国共产党，任七约赤卫队队长，1929 上七约乡苏维埃政府成立，任军事委员会委员，兼金龙区赤卫纵队七约大队长，不久改任纵队鼓动部长。1930 年 7 月率 30 多名赤卫队骨干参加红 3 师第 7 团，任 2 营 4 连副政治指导员，8 月任营副政治教导员。1931 年红 3 师三个团的建制建成后，任红 9 团副政治委员。同年 7 月，在木石港玉岭山战斗中，胜利地完成了歼敌任务。战后任红 3 师政治委员，主持新兵思想政治工作。1932 年 5 月率部在四季山与敌作战，不幸牺牲，时年 28 岁。

6. 潘心元将军

潘心元（1903—1930），又名潘心元、潘心源，化名彭清泉，湖南省浏阳县人。1920 年考入长沙岳云中学读书，同年加入中国社会主义青年，1923 年 6 月经夏明翰、田波扬介绍加入中国共产党，是中国共产党早期从事工农运动和武装斗争的重要领导人之一。大革命时期，1924 年以小学教师身份作掩护，开展革命工作，同年冬在浏阳北乡建立了第一个农村党支部。1927 年 2 月又在浏阳建立了浏阳工农义勇军，并兼任党代表。4、5 月出席在武汉召开的中共五大，支持毛泽东等提出的武装工农的主张。8 月 31 日参加毛泽东在安源张家湾主持召开的地方党组织会议，按照中共关于举行秋收暴动的指示，作了起义的部署，浏阳工农义勇军被改编为工农革命第 1 军第 1 师第 3 团，兼任团党代表。会后与毛泽东同赴铜鼓，直接指挥第 3 团的战斗，到达济阳境内的张坊时，遭到十几个“团防局”团丁的拦截。他勇敢机智地掩护毛泽东脱险，自己被敌人抓住，在被押解去浏阳县城途中，机敏脱逃。土地革命战争时期，1927 年 9 月 9 分日参加湘赣边界秋收起义，被任命为工农革命军第 3 团党代表。15 日第 3 团攻克浏阳县城，遭到敌军的包围，部队被打散，经与党联系，返回浏醴平地区继续开展游击战争。1928 年任湘东特委副书记，同年冬调任中共湖南省委委员、省委农民部长，专门负责农运工作。1929 年，在上海党中央工作一段时间之后，被中央任命为中央巡视员。1930 年 2 月 7 日被派回江西，当选为红 4、5、6 军组成的中国工农红军总前委员会常务委员。曾任红 3 军代理政治委员、红 4 军政治委员、中国革命军事委员会委员。后受“左”倾机会主义路线迫害，半年多未被分配工作。1930 年沿革工 8 月下旬，在主持中央军委工作的周恩来的干预下恢复工作，被中央派到浙南视察，帮助整顿浙南特委和红 13 军组织，发展红 13 军队伍，巡视瑞安、温州、海门（今椒江区）等地区，调查了浙南党组红 13 军的情况后，于 9 月下旬到上海，加入部队，并争取伙苔山湘乡长改邪归正、投身革命。12 月上旬接上级通知，从玉环县誉山岛坐船去温州参加特委会议，与前往温州治病的战士同行。因奸人告发，两人在乐清湾九眼港洋面遭到拦截，与该战士在日芦浦分水山修遭枪杀，时年27岁。潘心源牺牲后，红13军2团即派战士从分水山抢回尸体，第二天在苔山兴行了简朴而隆重的追悼会，并把烈士安葬在苔山岛的最高处，党中央得知消息，向全党发了悼念文，并在上海龙华殡仪馆为烈士举行了一次秘密的追悼会，追认二人为革命烈士。他的名字和生平事迹先后载入《中国革命英名录》《中共党史人物传）和《红军将领传》。苔山岛的潘心源烈士墓，已于1995年重新修葺，并被浙江省玉环县人民政府列为爱国主义教育基地。

7. 潘世雅烈士

潘世雅（1903—1937），浙江省苍南县五风乡上村人。1934年参加革命，1935年加入中国共产党。1934年在福鼎黄仁加入赤卫队，任交通员。1935年后历任鼎平上东区、藻溪区肃反队长。1936年任鼎平游击队队长兼指导员，先后率队在浙闽边区域战斗十余次。1937年2月率队参加红军挺军师在泰顺峰文训练，受敌军包围，突围后仅剩6人，到马站南关岛山洞中隐蔽，又因叛徒告密，19日与妻子王玉英同时被捕。敌人施用各种酷刑始终没能从他口中得到红军的消息，转而想从他妻子王玉英口中获得，王玉英毅然咬断自己的舌头。28日敌人将潘世雅押到桥墩溪滩，将他手脚砍断，全身淋上煤油烧死，牺牲时34岁。

8. 潘永阶烈士

潘永阶（1910—1934），湖北省潘县人。1930参加革命，同年加入中国共产党。1930年受进步思想影响而毅然参加革命，后编入中国工农红军，历任排长、连长、营长等职。在艰苦的环境中克服重重困难，长期转战于大别山区，参加过保卫鄂豫皖根据地的历次反“围剿”斗争。1932年在通江与敌作战中，率部奋力抗击敌人，遭到敌军大部队的反击，身负重伤，英勇牺牲，时年24岁。

9. 潘幼卿烈士

潘幼卿（1912—1935），湖北省大悟县人，出生于一个贫苦农民家庭。早年加入中国共产党，1930年参加中国工农红军，历任班长、排长、连长、营长、团长、红军9军325师副师长等职。1933年8月，率红9军25师74团在攻打仪陇战斗中，以较小的代价突破敌人的坚固防线，歼敌200余人，缴枪200余支，俘敌数十人，为营渠战役的胜利做出了贡献。在保卫川陕革命根据地斗争中，率部参加仪南、营渠、宣达三大战役。1935年1月，在四川广昭战役中，身先士卒，英勇牺牲，时年23岁。

10. 潘兆麟烈士

潘兆麟（1907—1931），湖北省兴山县人。早年因家境清贫，勉强读完高等小学堂，到古夫许成商店当学徒。1927年4月加入中国共产党。大革命时期，到秭归县天生煤矿公司当店员。1927年初，在大革命高潮时，兴山籍在外求学的知识青年刘子和、白海泉、徐大孝等从省党务干部学校毕业后，回县筹建县党部，宣传马列主义和中国共产党的纲领，认识到只有共产党才能救中国。“四一二”反革命政变后，经白海泉、钱林介绍，毅然加入中国共产党。同年秋组建了中共兴山县委，任县委宣传委员，领导平邑口一带发展党组织和武装建设工作。迅速建起了平邑口区委员会，发展党员25人。土地革命战争时期，1928年秋，随着斗争的深入发展，中共巴兴归县委成立，当选为宣传委员，积极开展党的政治宣传工作。同年10月1日，县长万日藩勾结国民党宜昌正规军罗少波连，伙同金泰和地方团防共1000余人，大肆围捕地下党员和革命群众，破坏党群组织，革命力量受到摧残。县委书记张华甫在转移途中被捕牺牲后，率兴山县的游击武装转移到巴东，与黄大鹏会合，组成了鄂西游击大队，游击在巴兴归三县边界，沉重地打击了敌人，保存了自己。1930年5月17日，刘子泉、黄大鹏率鄂西游击大队首次攻克兴山县城，参加了战斗。战斗中不畏艰险，英勇杀敌，部队回师在滩坪休整，根据鄂西特委指示，鄂西游击大队改编为中国工农红军第49师，任政治部主任。9月15日，第二次攻打兴山县城，率领战士冲锋陷阵攻入东门城角，一枪击毙保卫团3中队队长郑立三，余敌狼狈溃逃。入城后带领政治部的同志张贴标语，宣传红军师肃清社会乱源的人民军队。10月又参加和领导了第三次攻克兴山县城的战斗。回师在滩坪、深渡河一带，没收了邱、吴、严、陈当地四大家族的部分财产，分给了穷苦百姓，为了粉碎敌人的“围剿”，组织政治部的人员编写歌曲在红军中教唱、演出，以鼓舞红军士气，在战场上英勇杀敌，1931 年 4 月 1 日，贺龙率红 3 军从长阳出发北上，长驱直入巴东，挥师东进秭归、兴山，一路势如破竹，在巴东过江后，贺龙接见了巴兴归苏区负责人胡云本、宋文明和他，听取了汇报，并代表红 3 军前委将 49 师改编为红 3 军教导第 2 师，任命黄大鹏为师长，涂美中为政委，周英为参谋长，他为政治部主任，为了保证红军东下洪湖，教导 2 师率命留下牵制敌人，与敌周旋于兴山、巴东、房县一带，多次粉碎敌人"围剿"，击溃了盘踞在巴兴归地区长达半年之久的川军戴天明部一个旅。5 月初教导 2 师在兴房边界遭敌追剿，部分人员冲出重围，东下洪湖找主力，另外部分与敌鏖战数十次，两次突围未成。受县委派遣，冒险越过敌人层层封锁线，取道巴东，返回兴山县平邑口，重建革命队伍。在平邑口与地下党组织取得联系，在农户楼上研制炸弹，被叛徒朱正品出卖，于 8 月被捕。当天被押到兴山县城，敌人严刑拷打，但他始终坚贞不屈。9 日在赴刑场途中沿街高唱《国际歌》，高呼"打倒新军阀蒋介石！""中国共产党万岁！"等口号。他被刽子手刘洪依惨无人道地剖腹，挖出了心肝，壮烈牺牲，时年 24 岁。

11. 潘寿德烈士

潘寿德（1900—1931），河南省新县人，出生于一个贫苦农民家庭。受农民土地革命运动的影响，向往革命。1928 年 10 月，参加弦南革命红学会。1929 年 4 月加入中国共产党。1929 年 7 月 1 日，配合红军主力攻克白沙关。11 月编入弦南赤卫队，任分队长。组织农民开展土地革命，打击反动地主武装。1930 年 7 月，任光山县独立师 2 团连长，8 月 15 日提升为营长，配合红军主力粉碎了第一次反革命"围剿"，巩固了革命根据地。1931 年 2 月在攻克新集的战斗中，身先士卒，冲进城内，与敌人白刃厮杀，立二等功，被提升为团长。3 月，蒋介石对鄂豫皖根据地发动了第二次反革命"围剿"，率部对国民党进犯之敌第 30、31 师不断进行侧击、尾击和袭扰，使之不敢久停，随后攻克多处地主围寨，给反动民团以有力打击。同年底，因抵制张国寿"极左"错误路线，惨遭杀害于光山县徐畈。1952 年，党和人民政府将其追认为革命烈士。

12. 潘克忠烈士

潘克忠（1882—1929），湖北省黄安（今红安）县人。1927 年参加革命，作秘密革命工作。同年加入黄安县赤卫军，参加了打土豪分田地的运动。1929 年的一天，赤卫军领导正在他园家开会，他担负放哨任务。不料进剿的敌人突然包围了潘家河村，见敌人冲到自己家门口，给室内开会的人送信已来不及，便机智地与敌人大吵大闹进行周旋，以掩护同志们撤走。敌人发现他的意图后，猛地向他冲来，他竭尽全力，几次将敌打退。赤卫军领导从后门安全撤走，敌人将他捉住捆绑起来，用刀砍断手脚，然后开枪扫射，当场英勇牺牲，时年 47 岁。

13. 潘伯成烈士

潘伯成（1908—1934），福建省福安县人，出生于贫苦农民家庭。1933 年加入中国共产党。1932 年，参加秘密游击队，在家乡发动群众，组建贫农团，开展抗捐抗洎税斗争，并参加了中共福安县委发动的“兰田暴动”和攻打溪尾民团等战斗。1933 年后，先后历任中国工农红军闽东游击第 1 支队班长、政治委员。1934 年 1 月率领第 1 支队参加著名的“赛岐暴动”“兰田缴枪”。不久，闽东工农红军第 2 独立团成立，历任排长、连长。同年 6 月，闽东独立团扩编为 3 个营，任 1 营营长，作战英勇，多次立功。同年 9 月底，闽东工农红军独立师成立，任第 2 团团长。11 月在收复闽东苏区首府相柱洋战斗中，率 2 团攻打溪柄，当部队遭到敌人交叉火力夹攻时，高擎战旗，身先士卒，猛冲敌阵，不幸胸部中弹，壮烈牺牲，时年 26 岁。

14. 潘忠汝烈士

潘忠汝（1906—1927），原名潘汝庭，湖北省黄陂县人，出生于农民家庭。1915 年入私塾读书。1918 年后转入本县高小继续学习。1925 年加入中国社会主义青年团。1926 年由团转入中国共产党。1924 年考进由共产党人董必武、陈潭秋等创办的武汉中学学习。1925 年积极参加五卅运动，宣传革命思想，成为学校里的活跃分子之一。1926 年中学毕业后考入黄埔军官学校。1927 年夏于军校毕业后，被党派到黄安县担任公安局军事教练。7 月，汪精卫叛变革命后，和郑位三等抵制了右倾投降主义的错误，粉碎了国民党收编劝降的阴谋，完整地保存了黄安的革命武装，为后来开展武装斗争奠定了基础。7月下旬，奉中共黄安县委指示，到武汉寻找上级党组织。后遵党指示留在黄安坚持斗争，任黄安农民自卫军大队长。

土地革命战争时期，1927年8月率黄安农民自卫军粉碎了麻城农民自卫军中旧军官熊振翼等发动的叛变，后兼任麻城县农民自卫军大队长，统率黄安、麻城两县的革命武装。中共八七会议后，中共黄安、麻城县委决定共同行动，实施武装暴动的计划。率黄麻两县农民自卫军驻防鄂豫边界，阻击河南光山反动红枪会的多次进攻，保证县委“九月暴动”计划的顺利进行。10月下旬鄂东特委成立，并重组了中共黄安县委，担任县委委员。11月3日，中共鄂东特委召开黄麻两县党团活动分子会议，成立黄麻起义指挥部，任总指挥。13日举行黄麻起义，次日夺取黄安县城。18日成立黄安县农民政府和中国工农革命军鄂东军，任鄂东军总指挥兼第一路（由黄安县农民自卫军编成）司令。同年12月5日遭敌围攻，率部由黄安突围，先后六次杀进城门，7次护送战士们冲出突围。大腿负伤后，仍坐着指挥战斗，接着又背部、腹部中弹，肠子冒出来仍在向敌人射击。最后因伤势过重，被战友们抬出城门后壮烈殉职，时年21岁。

15. 潘河瑜烈士

潘河瑜（1901—1932），湖北省黄安（今红安）县人。1927年参加革命，积极参与组建七里区防务会，不久加入中国共产党。1928年参加中国工农红军。1928年任中国工农红军手枪队队长。在反敌三次会剿的斗争中，勇猛顽强，后升任红4军第10师28团1营营长。敌人对鄂豫皖进行围剿时，带领全营，先后在黄安、商潢、苏家埠、潢光四大战役中歼敌数千，受到军部的嘉奖。后升任红4军第10师28团团长。1932年10月随红四方面军转移到川陕，途经枣阳时，遭敌重兵围追堵截，率领全团21战员与敌激战，不幸身中数弹壮烈牺牲，时年31岁。

16. 潘荣初烈士

潘荣初（1902—1931），安徽省金赛县人，出生于豪门家庭。1925年参加革命，同年加入中国共产党。1925年在南京金陵大学读书时参加革命。1927

年四二反革命政变后，变卖部分田产，在家乡白塔畈小街上开设天元公商店，作为革命联络点，购买武器，准备武装暴动。1929 年 12 月和汪映西率领农民武装 300 多人，夜袭王家老楼，在内应的配合下，同时率队挺进白塔警备营，收缴全部枪支弹药和财产，取得了白塔畈武装暴动胜利，后被调到皖西道区工作。1931 年任中国工农红军某营政治委员，后在作战中英勇牺牲，时年 29 岁。

17. 潘遐林烈士

潘遐林（1909—1929），湖北省黄安（今红安）县人。出生于一个贫苦农民家庭，少年时期当过学徒。1927 年参加革命，同年加入中国共产党。1927 年以做裁缝为掩护，宣传革命主张，发动农民革命，发展党的组织，组织农民协会。11 月带领农民自卫队参加“黄麻起义”，起义胜利后参加了工农革命军鄂东军。12 月黄安县城失守后，随部队转战到黄陂木兰山进行游击战争。1928 年 7 月，第 7 军改编为中国工农红军第 11 军 31 师，任 1 大队（91 团）大队长。1929 年 4 月率部在黄安县华河成家湾与敌作战，身负重伤仍坚持指挥战斗到胜利，后因流血过多而壮烈牺牲，时年 20 岁。

郡望堂号

郡望

1. 荥阳郡：秦朝时置郡，其时辖地在今河南省原阳县。西汉时期，辖地在今河南省荥阳一带。三国魏正始三年（242）始置郡。古荥阳在今河南荥阳东北，北魏移至今县。南北朝时期，北齐为成皋郡。隋唐为郑州荥阳郡。

2. 广宗郡：东汉永元五年（93）置县，治所在今河北威县东。隋仁寿元年（601）避太子广讳，改名宗城。十六国后赵为建兴郡的治所，北魏为广宗郡治。此支潘氏出自潘勖之后，其开基始祖为晋代广宗太守潘才。

3. 河南郡：汉高帝二年（205）改秦三川郡治，治雒阳（今河南省洛阳市）。隋有豫州河南郡，唐为洛州河南府，辖境都远小于汉河南郡。元为路，明为府。此支潘氏多出自鲜卑破多罗氏之后，其开基始祖为潘威。

4. 豫章郡：楚汉之际始置郡治（今南昌），其辖地大致在今江西省南昌市。

后来，辖地渐缩为南昌附近一带。隋改南昌县为豫章县。唐朝后期，曾改钟陵县，又改为南昌。此支潘氏为潘崇之后。

堂号

黄门堂：西晋潘岳曾任河阳令、著作郎、给事黄门侍郎等职，故以其黄门侍郎之职称为堂号，又因其为荥阳中牟（今属河南）人，也称为“荥阳堂”。

此外，潘姓的主要堂号还有：承志堂、如在堂、花贤堂、笃庆堂、优肃堂、永言堂、司谏堂、春茂堂、花果堂、明伦堂、明经堂等[1]。

---

① 沈荣全编《始祖郡望堂号》，华南理工大学出版社，2015，第 234 页。

参考文献

一、著作

[1] 余舒 . 象征人类学视野下彝族葬礼文化研究 [M]. 北京：知识产权出版社，2017：8.

[2] 熊玉有 . 苗族文化史 [M]. 昆明：云南民族出版社出版 ,2003：1.

[3] 王平 . 中国竹文化 [M]. 北京：民族出版社，2001：8.

[4] 林耀华 . 民族学通论 [M]. 北京：中央民族大学出版社，2003：301.

[5] 罗兴贵，杨亚东 . 苗族婚姻礼词：苗汉对照 [M]. 贵阳：贵州民族出版社，2015.

[6] 马林诺夫斯基 . 文化论 [M]. 费孝通，译 . 北京：华夏出版社，2001：29.

[7] 陈淑君，陈华文 . 民间丧葬习俗 [M]. 北京：中国社会出版社，2008：122.

[8] 齐琨 . 悲欢离合：长江流域汉族地区丧葬仪式音声个案与比较研究 [M]. 北京：文化艺术出版社，2015：21.

二、主编作品

[9] 丹寨县民族事务委员会，丹寨文化馆编印 . 丹寨苗族民间文学资料 [M].1981：34-35.

[10] 彭立荣 . 婚姻家庭大辞典 [M]. 上海：上海社会科学出版社，1988：128.

[11] 中国民研会贵州分会贵州民族学院编印 . 民间文学资料第四十八集苗族焚巾曲 [M]. 2018：274-299.

[12] 中国作家协会贵阳分会筹委会等 . 苗族古歌（第 16 集）[M]. 贵阳：贵州人民出版社，1959:100-101.

[13] 黔东南苗族侗族自治州地方志委员会 . 黔东南苗族侗族自治州志 • 农业志 [M].

贵阳：贵州人民出版社，1993.

[14] 贵州省凯里市地方志编委员会 . 凯里市志 [M]. 方志出版社，2016:15.

[15] 凯里市人民政府 . 贵州省凯里市地名志 [M].1989：71.

[16] 姚永辉 . 中国的丧礼 [M]. 南京：南京大学出版社，2014：20.

[17] 王学文 . 节日 [M]. 北京：五洲传播出版社，2014：6.

[18] 霍布斯鲍姆兰格 . 传统的发明 [M]. 北京：译林出版社，2004：135-136.

[19] 贵州省文化厅 . 少数民族节日大观 [M]. 贵阳：贵州民族出版社，1991：141.

[20] 贵州省群众文化学会 . 贵州少数民族节日大观 [M]. 贵阳：贵州民族出版社，1991：362.

[21] 中国社科学院民族研究所编印 . 贵州少数民族社会历史调查资料 [M].1963.

三、期刊及论文

[22] 谢荣幸等 . 贵州黔东南苗族聚落空间特征解析 [J]，城市发展研究，2017（4）：54.

[23] 王媛 . 贵州黔东南苗族传统山地村寨及住宅初探 [D]. 天津大学，2005：16.

[24] 李涵闻，李一佩，李渊源 . 河南“河南七月半”节俗调查究——以信阳二十里河村为例 [J]. 地方文化研究，2013（4）：1.

[25] 龙晓添 . 丧葬礼仪传统与当代生活传承 [J]. 遗产与保护研究，2017（2）：30.

后　记

这是关于苗族礼仪文化研究的一本著作，在它要和读者们见面时，我的心情是激动的。毕竟这本书是经过调研—撰写—调研不断反复的过程才完成的，是在课题成员辛勤的耕耘和多方的支持下才得以问世。但是喜悦之余也有惶恐，因为时间、人力有限，难免有很多遗漏或者稚嫩的地方。

南花村礼仪是在与多方面因素互动的过程中形成的，其反映的是当地人适应社会环境的过程。具体看来，礼仪的整体性互动在政治、经济、生态、人们的观念等方面都有涉及。礼仪是动态发展的，对其考察不仅仅要关注到礼仪本身，而且要用宏观和微观、历时和共时等结合的方法来整体考察。对这些方面的综合考察也构成了该项目中的难点，所以难以做到全面且具体。

礼仪是南花村传统村落文化振兴的重要内容，其传承和发展为乡村文化的丰富、人们日常生活的乐趣等都奠定了基础。具体来说，人们从礼仪之中感受到了生活的意义，享受到了美好文化家园带来的幸福感。国家乡村振兴的宏伟蓝图为作为传统村落的南花村的礼仪发展提供了机遇，即使是在一定时期内受到破坏、走向濒危甚至消亡的礼仪，在该因素的推动和扶持下，也逐渐走向繁荣、复兴。显然，无论是从文化遗产保护还是从国家与地方互动背景下来看礼仪的发展，我们看到的不仅仅是礼仪本身，更重要的是还看到了南花村苗族社会文化的变迁。没有国家和地方的密切互动、相互支持、相互协调，乡村文化振兴、为人民谋利益是难以达到的。需要双方的共同协作、相互支持，乡村才能振兴。

在不同的时期，南花村的礼仪的内容都是不同的，只有和环境互动，礼仪才能顺利进行。如从人力资源这一角度来看，在传统的乡村，举行各种礼仪主要靠村子里的青年男女来完成，但是随着人们外出的增加，举行礼仪活动逐渐由老年人来承担，如今到此一游，人们会看到参加礼仪活动的人多是老年人。特别是大型的节日活动时，会看到很多年轻人都是旅游公司聘请来参加礼仪展演的人。以上这些都反映了礼仪的结构与人文环境结构的互动。

各种礼仪举行的时间、内容、目的都是不同的，而礼仪的深入性探讨需要具体参与才能够从视觉、听觉、嗅觉、味觉等方面感知。因此，课题成员们只要在有机会亲自参与礼仪的情况下，都会尽量参与。但是，由于时间限制，有的礼仪我们无法亲自参与，只能靠访谈、记录等方式来完成。在开始调研之前，我们也积累了许多相关的礼仪知识，而各地、各民族的礼仪在有着相似性的同时还存在差异性，而且礼仪还处于动态发展的过程中。若没有长时间的关注和亲自参与，收集到的知识肯定有遗漏，但这些知识也可以作为下一步研究的基础，为将来的研究提供了参考。

为了完成该项目，我和我的学生黄启香、先放梅多次前往南花村，感受那里的人们的生活点滴。礼仪渗透于人们的生活实践之中，所以不能仅仅考察礼仪本身，村庄的地理环境、国家政策对地方的影响、经济、文化、人的观念等方面都需要认真地进行观察和考察。在这样的思路之下，我们不仅要查阅大量关于苗族地方知识，还要融入当地人的实际生活之中去感受。项目实施以来，我们利用暑假的时间去到村庄里，在田野调查的实际过程之中，通常是白天深入群众的生活之中，晚上整理收集到的资料，若发现其中有缺失的因素，第二天又以体验、访谈等方式进行补充。在我们的共同努力之下，终于完成了初稿。

在撰写过程中若有不知道的或是疑问、遗漏的内容，我们也积极地听取了当地人的意见和建议，补充、核实材料并不断修改、完善。对于当地人也不了解的文化，我们就借助文献的记载等来展开进一步的核实。

在项目实施的过程中，我们得到了多方的支持和帮助，在此表示感谢。首先，感谢学院领导们的支持，邀请专家来为我们指导项目如何开展、如何实施，分析了重点、难点问题，在他们的关心和指导之下，项目才得以顺利进行。在此还要特别感谢办公室陈宏主任的关心和帮助，他在课题管理等方面也花费了不少时间和精力。

其次，还要感谢一路陪伴我调查与撰写村志内容的2018级历史与民族文化学院民族学研究生黄启香和2019级的先放梅同学。黄启香在选择调研地点时起了很重要的作用。她在本科阶段就在南花村进行过调研，对南花村相对了解，是她建议把田野点选在凯里市三棵树镇南花村。之后经过我的进一步了解得知，南花村是一个苗族相对集中，传统文化保护得相对完好，被选为贵州传统村落，获得"文化乡村"等称号的村寨。基于上述特点，我认为选择该村作为调研的个案，在对民族文化的保护、传统村落乡村振兴等方面都有实际意义，最后决定选择南花村作为考察点。经过调研进一步发现，南花村的乡村振兴主要是靠文化的振兴，而其中，各种礼仪文化是村寨打造地方文化的重要内容。礼仪文化的发展是地方地理环境、政治、经济、文化等方面互动的结果，所以，礼仪是我们了解地方社会的重要窗口。因此，我们将调研项目的主题确定为南花村礼仪。

在调研中，黄启香做了很多工作。在炎热的暑假，她与我们一同前往田野点收集资料，她收集整理了很多相关的礼仪资料，如婚礼、葬礼、宗教礼仪等内容。还有先放梅同学，她也积极地参与了调研工作，收集整理了地方资料，如潘氏家族谱系和端午节礼仪。这两位同学在项目实施的过程之中给予了我很多的帮助，我在此真心地感谢她们，愿她们学业有成。通过参与这个项目，同学们有机会进入传统村落展开深入调查，这个实践的过程不仅仅使她们了解到南花村苗族在不同文化模式、不同信仰之下进行的丰富礼仪，更重要的是，这也为她们调研水平的提高奠定了基础、为学科训练提供了空间。

此外，我还要感谢凯里学院邵忠祥博士的帮助，他的帮助为我们的田野调查提供了很多方便。邵博士是我们田野点的引路人，他是当地的苗族，会讲苗族语言，又熟悉当地的苗族文化。在我们开始田野调查的第一天，他同我们到凯里并陪我们前往南花村，为我们找到住处并向村民们介绍我们的来意，使得当地村民迅速信任和接纳了我们。

最后，我还要特别感谢帮助过我们的热心村民，在此要特别提到的是潘成祥、杨成德、文正英等。潘成祥老人80多岁，是当地的文化人，年岁已高的他总是热心地接待我们，为我们讲述了许多南花村的故事，如当地苗族的迁徙历史、当地礼仪的变迁、当地的地理生态变化、地方与地方的文化差异、地方的礼仪内容等。更为重要的是，他还为我们提供了他多年精心撰写的潘氏家谱。通过他提供的家谱，我们了解到潘氏家族的来历、名人名将、支系等知识。他把家谱提供给我们，希望我们将之作为本书内容的一部分，毕竟那也是反映村寨社会文化变迁的材料之一。杨成德老人有70多岁，据说，他以前也是南花村各种民间宗教仪式的执行人之一，当地有的人也称他为鬼师，当村民们要举行各种民间宗教仪式，如祭祖、祭桥、塔桥、祭井、祭水、祭树、祭山以及为人消除病痛的仪式时，都会请他。他也向我们述说了很多丰富的地方民间宗教礼仪内容。文正英老奶奶是一名基督教徒，她也是70多岁，她们一家都是基督教徒。她虽然年纪大，但是还在坚持着守护和传承老一辈的民族文化，她精通苗语、汉语，还会唱诵苗族歌曲，闲暇时会做一些刺绣，也向我们展示了一些她的刺绣作品。还有当地酿酒工坊的老板娘和芦笙店的老板，也为我们讲述了酿酒的过程和如何制作芦笙、芦笙的使用场合等内容。还有文奶奶的孙女潘福英同学，她为我们提供了很多南花村历年举行的各种礼仪活动的照片，为我们讲解了不同文化礼仪的差异和相似点等方面的知识。还有余艳一家，在我们完成初稿并进一步核查和补充内容时，她和她的丈夫也为我们提供了丰富的照片，并且还为我们核查了书稿的部分内容，在此特别感谢。

最后，我还要感谢家人的关心和帮助。为了我们的项目能够顺利进行，我的家人吴金航在繁忙的工作状态下还抽空来为我们开车，还针对我们的调研给出了很多建议。另外还要感谢我的父母，由于项目实施时间比较紧张，他们年岁已高，一直帮忙我照顾小孩。

总之，得益于许多人的帮助和支持，书稿才能顺利完成。我由衷地感谢他们的热情帮助，愿大家身体健康、生活幸福。